KB067311

UX 기획의 기술

UX 기획의 기술

페르소나와 시나리오 기반의
디자인 프로젝트 관리법

케빈 C. 브라운 지음
권보라 옮김
현호영 감수

유엑스리뷰

들어가며

거의 30년 전 놀라운 선견지명으로 매사추세츠 다트머스 대학University of Massachusetts Dartmouth에 사진 전자 처리Photographic Electronic Imaging 전공을 개설한 하비 골드먼Harvey Goldman에게 이 책을 바칩니다. 저는 그때 배운 기술을 지금도 매일 사용합니다. 이보다 더 의미 있고 종합적이며 즐거운 대학 교육은 없었으리라 생각합니다. 이 모든 것에 감사드립니다.

쟈닌 웡Janine Wong에게도 마찬가지입니다. 당신이 제게 그래픽 디자인을 가르치려고 노력한 인고의 시간에 그 말을 들었어야 했습니다. 시간이 한참 흐른 지금, 그래픽 디자인은 제가 가장 취약하고 그만큼 가장 마스터하고 싶은 분야이기도 합니다. 그다지 훌륭한 학생이 아니었는데도 배럿 커뮤니케이션즈Barrett Communications에 저를 데리고 가 주셔서 감사합니다.

배럿 커뮤니케이션즈에서 인턴으로 일하게 해 주신 줄리 타운젠드Julie Townsend 덕분에 저는 커리어를 시작하고 네이딘 플라워스Nadine Flowers, 리사 스코빌Lisa Scoville, 트레이시 프레스턴 마주카Tracy Preston Mazzuca, 개브리엘 미란다Gabrielle Miranda, 크리스 나이트Kris Knight, 토니 데피지오Tony deFigio, 데이브 포티에Dave Pothier, 제프 리드Jeff Reed를 비롯한 배럿 동료들과 함께 일할 기회를 얻었습니다. 여러분과 함께 일하던 시간이 그립습니다.

1년 가까이 사무실에 갇혀 이 책을 집필하던 저를 기다려 준 제 아내 크리스틴 Christine과 세 아들 다코타Dakota, 슬레이터Slater, 콜트Colt에게 감사를 전합니다. 가족과 함께 하이킹을 가고 싶은 마음이 그 어느 때보다 큽니다.

그리고 이런 책을 쓰겠다는 무모한 도전으로 저를 안내해 준 데본 루이스Devon Lewis와 그 과정 내내 옆에서 따라와 준 리사 코페닉Lisa Koepenick에게도 깊은 감사를 표합니다.

마지막으로, 지치지 않고 편집에 힘써 주신 존 니드John Need와 바라트 쿠마르 라자세카란Barath Kumar Rajasekaran에게도 특별히 감사드립니다.

케빈 C. 브라운

차례

이 책을 꼭 읽어야 할 사람들

이 책은 디자이너, 개발자, 제품 기획 관리자 또는 이런 커리어를 희망하는 학생에게 사용자가 좋아하는 경험을 구축하고 디자인하기 위한 방법과 도구를 소개한다. 또한 소프트웨어 프로젝트가 실패하는 대표적인 원인을 피할 수 있도록 도와줄 것이다.

이 책을 통해 쓸모 있고, 쓸 수 있고, 아름다운 사용자 경험을 만들기 위한 목표와 전략, 페르소나와 시나리오로 정의되는 과제, 그리고 활용 사례를 적용하는 방법을 배우게 된다. 이 책은 UX 전략과 실행 전반을 다루어 사용자가 사랑하는 제품을 만듦으로써 회사 매출 증대뿐 아니라 효율적인 운영을 통한 수익 향상까지 도와줄 것이다.

나는 다양한 독자를 염두에 두고 이 책을 썼다. 책을 처음부터 끝까지 읽으면서 전체적인 프로세스를 배울 수 있고, 특정 주제에 대한 도움이 필요할 때 책장에서 꺼내 찾아보는 참고 자료로 사용할 수도 있다. 중요한 개념은 책 전반에 걸쳐 다양한 맥락으로 여러 번 다루었으므로 읽는 방식에 상관없이 중요한 정보는 놓치지 않을 것이다.

이 책의 장점

- 사용 가능하고 아름다운 제품을 만들기 위해 돈과 시간을 들이기 전에 사용자에게 쓸모와 가치가 있는 일인지 검토할 수 있다.
- 아름다운 제품을 만만들기 위해 돈과 시간을 들이기 전에 그 시스템이 사용 가능한 지 확인할 수 있다.
- 아름다운 솔루션을 디자인하여 브랜드를 잘 나타내고, 사용자가 보고 읽고 이해하는 과정을 효율적으로 만들어 작업을 완료하도록 도와준다.
- 사용자 경험의 접근성과 성능을 극대화하는 방향으로 코딩하는 원리를 알려 준다.
- 솔루션의 성능을 측정하고 다음 단계로 이끄는 데 데이터를 활용할 수 있도록 한다.
- 당신이 반복하는 제품 로드맵이 고객과 회사에 가장 큰 가치를 가져다주는 방향으로 굴러가도록 한다.
- 이러한 방법과 도구가 당신이 속한 사회에서 성공으로 통하는 지름길이라는 확신을 준다.

독자 지원

책에 나오는 예시 중 일부의 파일은 www.chaostoconcept.com에서 다운로드 가능합니다.

서문: 황금 버터나이프

사용자 경험UX 리서치 세미나에 참석했다고 상상해 보자. 한 참가자가 시리얼 한 그릇을 먹는 중이고, 나 같은 연구자는 그를 유심히 관찰한다. 이러한 종류의 연구를 '맥락 질문법'이라고 하는데, 자세한 내용은 나중에 다룰 예정이니 일단은 너무 깊게 생각하지 말자. 이 가상 세미나에서 우리가 알아야 할 가장 중요한 것은, 참가자가 시리얼을 퍼서 먹을 때 숟가락 대신 버터나이프를 사용하고 있다는 점이다.

우유와 시리얼이 참가자의 입에 도달하기도 전에 나이프에서 계속 떨어질 것이므로, 버터나이프를 사용하면 숟가락보다 비효율적임이 분명하다. 이 경우 우리는 참가자가 시리얼 한 그릇을 먹는 데 걸리는 시간을 측정할 수 있고, 이를 기준으로 '작업에 소요되는 시간'을 생성할 수 있다. 이 기준을 사용하여 이후 우리가 만든 변화가 사용자 경험을 개선했는지 혹은 더 나쁘게 만들었는지 측정할 수 있다.

이 예시에서 버터나이프가 작업에 적절하지 않은 도구라는 사실을 깨닫기는 어렵지 않다. 참가자는 잘못된 상호작용을 하고 있다. 무엇이 잘못되었는지 알면 문제 해결 방법이 분명해진다. 참가자에게 숟가락을 제공하여 상호작용을 바꾸어 주면 작업에 소요되는 시간을 줄이고 시리얼을 먹는 사용자 경험이 개선될 것이다.

소프트웨어 제품을 디자인할 때 기획자, 디자이너, 개발자가 만나는 현실 세계의 이슈는 버터나이프 예시보다 정의하기 어렵다. 현실 세계의 이슈들을 정의하기 어렵기 때문에 소프트웨어 디자인 팀과 개발 팀은 간단히 재활용 가능한 숟가락을 만드는 대신, 가장 좋은 재료로 아름답고 가치 있으며 산업을 선도하는 버터나이프를 구체화하고 설계하고 개발하는 일에 많은 시간과 돈을 투자한다.

전 세계의 수많은 제품 개발 팀에게는 고통스러운 현실이다. 그릇된 노력은 사용자 경험을 개선하지 못하고 고상하기만 한 제품을 생산하기 때문이다. 제품 개발 팀은 문제의 원인을 보는 통찰력도 없어 왜 제품이 시장에서 허우적대기만 하는지 이해하지 못한다.

이 책에서 설명하는 프로세스를 통해 정교한 황금 버터나이프보다 못생기고 재활용 가능한 숟가락이 사용자에게 더 나은 경험을 제공한다는 사실을 깨닫게 될 것이다. 사용자 경험 개선은 곧 매출 증가와 원료비 절감으로도 이어져 운영 효율성을 높이며, 이로 인해 수익 또한 증대될 것이다.

1장

쓸모 있게 만들기

무엇을 하려고 하는가?
그것을 했는지 어떻게 판단하는가?

성공으로 향하는 첫걸음은 팀이 무엇을 해야 하고 어떤 결과를 만들어야 하는지 분명히 정의하는 일에서 시작한다. 뻔한 이야기 같지만, 수많은 프로젝트 출범 회의에서 프로젝트 주주로부터 위의 두 가지 질문에 대한 답을 듣게 된다. 경영진은 구체적으로 실행 가능한 내용은 하나도 없이 'UX를 강화하라', '이 업계의 애플이 되자' 같은 모호한 말로 고차원적인 지시를 내리곤 했다.

이는 나만의 생각이 아니다. 《MIT 슬론 매니지먼트 리뷰MIT Sloan Management Review》에 게재된 글에는 다음과 같은 연구 결과가 인용되어 있다. "회사의 전략적 우선순위 다섯 가지 중 세 가지를 묻는 관리자 조사에서 응답 대상의 1/4만이 이에 답했다. 안타깝게도 회사의 전략 수립을 담당한 경영진조차 셋 중 한 명은 아무것도 말하지 못했다." (sloanreview.mit.edu/article/no-one-knows-your-strategy-not-even-your-top-leaders)

거위 무리를 향해 활시위를 당기면 아무것도 맞힐 수 없다. 한 마리를 골라 목표물로 삼아야 한다. 사업도 그렇다. 성공하기 위해서는 가장 먼저 목표를 정의하고 문서화해야 한이다.

한 고객이 아주 구체적인 목표를 수립해 온 적이 있다. 그들은 스스로 분석한 자료를 토대로 특정 제품을 구입하는 소비자의 평균 주문 금액Average Order Values, AOV 이 높다는 사실을 알아냈다. 따라서 해당 제품을 구입한 사람들이 그들의 웹사이트에 방문하는 수를 늘리겠다는 목표를 설정했다.

나는 명확한 목표에 집중하여 경쟁업체들이 같은 문제를 어떻게 풀어 나갔는지 조사했다. 그러나 모두가 똑같이 대응하는 것처럼 보였기 때문에 아무런 영감을 얻지 못했다. 경쟁업체를 조사하면서는 도움이 될 만한 아이디어를 얻지 못했고, '완료까지 클릭 수' 평가를 통해 처음부터 끝까지 작업을 수치화해 보았다. 완료까지 클릭 수 평가는 간단히 말해 특정 작업이나 행위를 마무리할 때까지 필요한 클릭 수를 세는 방법이다. 클릭(혹은 기타 인터랙션) 수를 알면 이슈를 정의하고 잠재적 해결 방안을 검증하는 데 도움이 된다.

기존 웹사이트에서 이 작업을 완료하기까지 클릭이 50번 필요했다. 나는 이 과정에서 몇 가지 큰 문제를 발견했다. 첫 번째이자 가장 큰 문제는 현재 사용자 시나리오에서는 서로 다른 작업 사이를 왔다 갔다 해야 한다는 점이었다. 이는 사용자가 흐름을 잃고 그 과정을 포기하게 만들 가능성이 있다. 두 번째 문제는 50번의 클릭 때문에 사용자가 '작업에 소요하는 시간'이 늘어난다는 사실이었다. 작업 시간이 오래 걸릴수록 삼천포로 빠질 가능성도 크다.

사용자 분석으로 두 가지 문제를 검증한 후, 나는 사용자가 사이트에서 흐름을 잃지 않으면서 완료까지 걸리는 클릭 수를 줄이기 위해 실행 가능한 선택지를 찾기 시작했다. 방법을 찾는다면 전환율(웹사이트로 유입된 방문자가 웹사이트의 목적에 해당하는 행위를 한 비율)을 높이고 평균 주문 금액이라는 핵심 성과 지표Key Performance Indicators, KPI도 높일 수 있다.

먼저 맥락을 잃는 상황을 줄이는 데 집중했다. 그리고 사용자가 작업을 완료할 때까지 앞뒤로 오가는 과정을 여러 번 반복하는 불편을 제거하기 위한 영감을 얻고자 다양한 인터랙션 패턴을 살펴보았다. (www.welie.com/patterns 및 www.patternfly.org/v3)

결국 나는 마법사 기반의 사용자 플로우를 도입하여 부분 작업은 사용자가 한 번에 완료하도록 만들고 이 과정을 단계별로 밟아 가도록 했다. 마법사 인터페이스는 복잡한 사용자 플로우를 단계별 화면으로 나눈다. 이 방법으로 사용자는 한 번에 하나의 작업에만 집중할 수 있고 설명 문구를 넣을 공간도 더 많아졌다. 첫 번째 문제는 이렇게 해결하여 클릭 수가 유의미하게 감소했지만, 생성된 화면에 입력 창이 많다 보니 조금 복잡하게 느껴졌다. 해당 와이어프레임wire-frame(어떠한 기능이나 시스템을 테스트하기 위해 뼈대만 만든 것)을 처음으로 테스트했을 때, 동료들은 입력해야 하는 창이 너무 많아 겁부터 먹게 된다고 말했다. 그 말이 맞았다.

디즈니Disney 테마파크에도 유사한 문제가 있었다. 방문자들이 놀이 기구를 타기 위해 늘어선 줄의 실제 길이를 본다면 줄을 설 엄두를 내지 못할 것이다. 디자인 명서인 《디자인 불변의 법칙 125가지Universal Principles of Design》에서 이야기했듯, 디즈니는 문제를 해결하기 위해 '점진적 개방' 기술을 사용했다. 놀이 기구가 있는 건물 안의 길고 긴 줄이 보이지 않게 지그재그로 배치해 방문자에게 대기 줄 전체가 아닌 일부만 보이게 한 것이다. 사용자가 줄을 서서 기다리는 동안 전체 길이가 서서히 드러나게 된다.

줄의 일부만 보면 별로 위협적이지 않기 때문에 사람들은 기꺼이 줄을 섰다. 사람들은 일단 한번 줄을 서면 투자한 시간이 아까워 순서가 올 때까지 더 오랜 시간을 기다리는 데 할애했다.

나는 화이트보드로 돌아가 내가 만든 마법사 인터페이스에 아코디언 인터랙션 패턴을 사용하여 점진적 개방 기술을 적용해 보았다. 아코디언 UI(사용자가 페이지 전환 없이 세부 정보를 확인할 수 있는 인터페이스)는 추후 확인이 필요한 각 요소의 요약 정보를 보여 준다. 입력이 필요한 첫 번째 요소가 확장되어 사용자가 필수 인터랙션을 완료하는 동안, 다른 요소는 공간을 절약하고 사용자의 부담을 덜어 주기 위해 숨어 있다. 이러한 접근은 사용자가 보는 입력 요소의 수를 줄여 더 쉽게 프로세스를 시작하도록 만든다. 또한 한번 프로세스를 시작하면 투자한 시간이 계속 쌓이기 때문에 쉽게 포기하지 못한다.

클릭이 가능한 아코디언 형식의 새로운 마법사 인터페이스를 완성했으나 사용자에게 테스트할 예산이 없어 더 많은 동료와 테스트를 진행했다. 이러한 방법이 정석은 아니고 이상적인 모집단도 아니지만, 일반인을 대상으로 하는 시스템을 구축할 때 테스트를 아예 안 하는 것보다는 훨씬 낫다.

새로운 인터페이스는 작업 완료까지 클릭 수를 50% 줄였고 기존 버전에서 맥락을 잃는 문제도 해결했다. 테스트 결과가 좋아서 매우 뿌듯했다.

동료들이 테스트 작업을 잘 완료했고 더 이상 피드백이 없었으므로 우리는 이 솔루션으로 개발에 착수했다.

고객이 분석한 자료를 가지고 토론한 첫 회의부터 새로운 인터랙션이 웹사이트에 올라가기까지 고작 2개월이 걸렸고 개발 비용도 3만 5천 달러가 채 들지 않았다. 이 솔루션을 적용한 후 전환율이 높아졌고 평균 주문 금액도 약 9달러 상승했다. 크지 않은 비용을 투자하여 AOV 상승이라는 값진 결실을 얻어낸 것이다.

이 프로젝트에는 디자이너 한 명과 계약직 개발자 한 명만이 참여했고, 시간과 자원 부족을 이유로 더 많은 사용자 경험 디자인 프로세스는 생략했다. 사업에 영향력을 미치기 위해 반드시 수백만 달러의 예산이나 몇백 명의 팀원이 필요하지는 않다. 명확한 목표와 이를 달성하기 위한 과정을 수치화하는 방법에 대한 지식만 있으면 충분하다.

프로젝트 구조 생성 - 팀에 권한을 부여하는 프레임워크

자신만의 독서 모험을 선택하자. 또 다른 일화를 읽으면서 추후에 나오는 내용과 맥락을 이어 가고 싶다면 그냥 읽고, 그렇지 않다면 19페이지로 넘어가면 된다.

박람회에서 한 약속으로 생겨난 베이퍼웨어^{vaporware},
(계획만 있고 실체는 없는 소프트웨어)

소프트웨어 산업에 오랜 기간 몸담고 있다면 박람회에 한번쯤 가 보았을 것이다. 박람회 시즌은 이사회에서 입이 닳도록 이야기하는 비용 상승을 정당화하기 위해 영업 팀이 새로운 가치를 충분히 보여 주고자 모든 것을 한데 모으는 중요한 시기이다. 모두가 힘든 역할을 맡는다.

기획자들은 부족한 시간 내에 계획을 실행하여 새로운 가치를 정의해야 한다. 기획 팀이 '다르게' 생각하여 마침내 꽤 괜찮아 보이는 아이디어를 도출하기까지는 그리 오랜 시간이 걸리지 않는다. 하지만 현실적으로 시작의 방향이 옳았다고 가정해도 개발에 최소 5년은 걸린다.

디자이너들은 이제 서둘러야 한다. 그들은 시간이 부족하다는 이유로 사용자 테스트 또는 시장 분석으로 점검하는 대신 경영진과 제품 생산 팀의 추측을 기반으로 움직여야 한다는 사실을 알고 있다. 디자이너는 또 한편으로 데모로 만드는 정교한 화면에 실상 개발이 불가능한 기능이 포함되어 있는지 의심한다. 이 말은 스케치 Sketch(그래픽 디자인 도구의 일종)와 인비전InVision(제품 프로세스 디자인 도구의 일종)을 사용하여 최악의 아이디어도 멋지게 보이도록 만드는 힘을 가졌다는 뜻이다.

그리고 여기 개발자가 있다. 그들은 이런 과정을 너무 많이 겪은 탓인지 그저 무덤덤하다. 개발자들은 미심쩍고 모호한 디자인 사양과 확정된 박람회 데드라인 사이에서 오도 가도 못하는 신세가 된다.

개발 팀은 가짜 데이터와 구멍으로 가득한 조작된 데모를 가지고 열심히 일한다. 경영진에게는 박람회 이후 '제대로 만들' 시간을 약속받고, 대개는 결과적으로 실행 가능한 제품을 생산한다.

나는 소프트웨어 팀이 이런 문제를 피할 수 있도록 목표와 전략, 과제와 전술을 활용하여 합의를 도출하고, 불필요한 반복이나 단거리 질주 또는 기타 탈선으로부터 팀을 보호한다.

이를 적용하기 위해서는 기획·개발·UX·디자인·리서치·QA 팀의 의사 결정자를 워크숍에 초대하여 다 함께 목표와 전략, 목적을 수립해야 한다. 그 방법은 다음 장에서 설명할 것이고 일단 지금은 이 단계에서 합의가 필수적이며 모든 팀을 완벽하게 갖추지 않아도 괜찮다는 사실을 이해하면 된다. 몇몇 회사에서 '스쿼드squad'라 부르기도 하는 핵심 팀에는 반드시 기획·UX·개발 팀 인원을 포함하여 제품이나 서비스를 구축하는 가장 핵심적인 팀이 계획에 동의하도록 해야 한다. 스쿼드는 프로젝트 구조를 생성한 후, 그 프로젝트가 잘 굴러가도록 효율적으로 운영한다.

영업 담당자가 박람회에서 '당장 처리해야 하는' 고객의 피드백을 가지고 돌아왔다면, 스쿼드 멤버들은 프로젝트 구조를 바탕으로 이 고객의 요구가 긍정적인 영향을 미칠 프로젝트 과제가 무엇인지 물어볼 수 있다. 이 새로운 아이디어가 현재 과제를 달성하는 데 도움이 된다면 팀은 우선순위 조정을 고려해도 좋다. 만약 그렇지 않다면 이 아이디어를 저장해 두었다가 현재 진행 중인 과제를 달성한 이후에 다시 꺼내 본다. 이것은 구조를 수정할 수 없다는 의미가 아니다. 수정이 필요한 상황도 분명 있다. 그저 방향 전환이 쉽게 이루어지지는 않으며 수정 프로세스의 일부로 핵심 멤버들의 의견을 청취해야 한다는 뜻이다.

목표, 전략, 과제, 그리고 전술 – 팀이 따라가야 할 계획

팀을 위해 계획을 통합할 필요를 인식했다면 이제 초기 워크숍에 필요한 시간을 얻기 위해 조직의 승인을 받아야 한다.

수년간 나는 개인적인 의견에서 가치를 찾으면 안 됨을 느꼈다. 개인적인 의견을 바탕으로 사업적 결정을 내리면 겨우 사업을 진행할 수 있을지는 몰라도 항상 계획을 반대하거나 팀에 협조하지 않는 사람들이 있을 것이다. 직관과 본능으로 팀을 이끌 때 잘못된 방향으로 갈 확률이 더 크다.

데이터와 정보는 관찰의 견고한 토대가 된다. 의사 결정을 뒷받침하는 데이터를 사용한다면 팀을 위해 내놓는 의견에 방어막을 만들 수 있다. 결정 근거로 데이터를 사용하는 것이 항상 가능하지는 않지만, 가능할 때는 시도하는 편이 낫다.

승인을 받기 위한 첫 번째 규칙은 포함이다. 내 경험에 의하면 사람들은 처음부터 자신과 관계가 있던 계획이나, 수립하는 과정에서 자신이 의견을 낸 계획에 협조할 확률이 훨씬 높다. 팀원들의 이야기를 듣다 보면 더 다양한 영감을 얻게 되고, 따라서 강력한 솔루션이 탄생할 가능성을 높인다는 부수적인 이점도 발생한다.

첫 번째 단계는 월요일 아침 당신 조직의 핵심 멤버들에게 이메일을 보내 당신의 사업이 직면한 가장 큰 과제를 어떻게 이해하고 있는지 15분 동안 생각한 후 회신을 달라고 부탁하는 것이다. 다음의 예시를 보자.

○○○ 님, 안녕하세요.

저희는 조직을 위한 사용자 경험 프로젝트를 출범하려 합니다. 이 과정에 당신의 피드백을 포함하고 싶습니다. 가능하시다면, 수요일까지 15분만 시간을 내시어 저희 사업이 현재 마주한 가장 큰 이슈가 무엇인지 목록으로 작성해 답변 주시면 감사하겠습니다.

궁금하신 점이 있으면 언제든 연락 주세요.

〈당신의 이름〉

〈당신의 연락처〉

목요일 아침까지 답변을 최대한 많이 수집한 다음, 스프레드시트spreadsheet(마이크로소프트 엑셀과 같이 도표와 수식을 이용할 수 있는 프로그램의 총칭)를 열어 중복되는 내용을 제거하고 팀이 정의한 이슈를 우선으로 하여 분석한다. 정리한 이슈 목록은 워크숍의 훌륭한 출발점이 될 것이다. 분석을 완료했다면 그림 1.1과 같은 문서가 생겼을 것이다.

다음 단계는 참가자들이 무엇을 기대해야 할지 이해하도록 돕고 세계 굴지의 기업에서 증명된 프로세스의 일부분이 된다는 기쁨을 주는 워크숍 일정을 수립하는 것이다. 나는 스프레드시트를 활용하여 프로세스 출범 일정을 만들었다. 대개 최종 문서는 워크숍 동안 사용한 발표 자료지만, 스프레드시트를 활용하면 프로세스를 비롯해 내용과 시기, 발표자를 반복적으로 빠르게 작성하여 문서화할 수 있다. 또한 팀과 공유하여 피드백을 얻거나 승인을 받는 산출물로도 유용하다.

내가 처음으로 완성한 워크숍 일정은 그림 1.2에서 보는 것과 유사하다. 워크숍 일정의 스프레드시트 형식은 다음의 링크에서 확인할 수 있다.

www.chaostoconcept.com/artifacts/Workshop-Agenda.xlsx

일정의 초안이 잘 작성되었다면 팀의 핵심 멤버와 공유하여 피드백을 얻는 것도 좋다. 피드백을 참고하여 최종 버전을 만들고 워크숍 초대장의 일부로 사용한다.

초대장에 일정 초안이 첨부된 것을 참가자에게 알리고 워크숍의 목표가 무엇인지, 시간 약속이 어떻게 될지 확인하도록 하라. UX의 투자 수익을 설명하는 휴먼

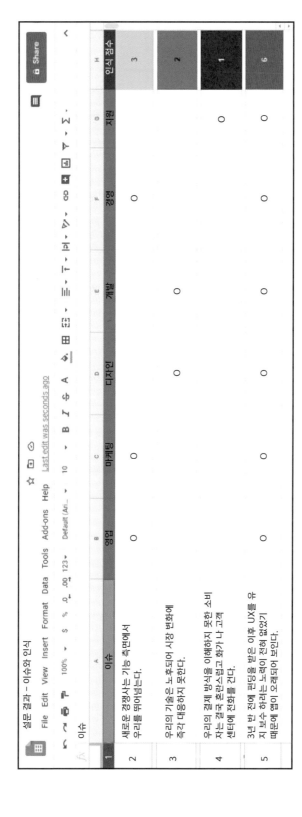

그림 1.1 │ '이슈와 인식' 문서로 우선순위 설정을 훈련하면 토론의 주제를 제시하며 팀에게 새로운 정보를 전달할 수 있다.

워크숍 1일차 - 2020/02/02

시간	일정	설명	위치 (3층 대강당)	준비물	팀	비고
8.45 AM	조식				케빈, 트레이시, 크리스, 리사, 토니, 가브리엘, 나딘, 줄리	
9:00am – 9:30am	킥오프 kickoff (프로젝트 등의 출범을 뜻함)	1. 환영사 2. 팀 소개 3. 워크숍 목표 검토 4. 일정 검토	3E	회의록		
9:30am – 10:00am	목표 중심 디자인	목표, 전략, 과제가 디자인 프로세스의 기반이 되는 방법 검토	3E	회의록		
10:00am – 10:45am	회사 및 목표	회사 및 목표 이해 1. 가치지향적 사업 목표 2. 이 프로젝트의 사업적 목표 3. 영업 전략: 이렇게 판매할 것인가? 4. 조직(영업, 마케팅, 기획, 디자인, 기술)	3E	초기 GSOT 문서	케빈, 트레이시, 크리스, 리사, 토니, 가브리엘, 나딘, 줄리	
10:45am – 11:00am	휴식					
11:00am – 12:00pm	연구 결과 검토	연구 결과와 가정 및 정부 사이의 관계성 검토	3M	연구 보고서	케빈, 트레이시, 크리스, 리사, 토니, 가브리엘, 나딘, 줄리	
12:00pm – 1:00pm	점심		배달			
1:00pm – 2:30pm	경쟁사 사용성 분석 검토	경쟁사 사용성 분석과 가정 및 정부 사이의 관계성 검토	3M	경쟁사 검토 보고서	케빈, 트레이시, 크리스, 리사, 토니, 가브리엘, 나딘, 줄리	
2:30pm – 2:45pm	휴식					
2:45pm – 3:45pm	개발 전략	사업 목표와 관련된 새로운 전략 논의 및 문서화	3M	수정된 GSOT 문서	케빈, 트레이시, 크리스, 리사, 토니, 가브리엘, 나딘, 줄리	
3:45pm – 4:00pm	정리	2일차 일정 안내, 정리 및 요약		회의록		

그림 1.2 | 워크숍 일정표는 참가자들이 미리 준비하고 팀이 앞으로 나아가도록 도와준다.

팩터스 인터내셔널Human Factors International사의 동영상 링크를 함께 보내는 것도 좋다. 일부 사람들이 워크숍에 의구심을 품는다면, 그들이 투자하는 시간이 가치 있을 것이라 설득하는 데 동영상이 도움이 된다. 워크숍에 준비된 안건과 관련하여 신중하게 선택한 동영상은 제법 설득력이 있을 것이다.

www.youtube.com/watch?v=O94kYyzqvTc&t=160s

워크숍 일정이 정리되고 최소 핵심 멤버(기획 팀·UX 팀·개발 팀 리더, 경영진의 목소리를 대표하는 간부도 있으면 좋다)가 참가 의사를 밝히면 이제 워크숍 발표 자료를 준비할 차례다.

나는 보통 그림 1.3과 같이 발표 자료를 만들며, 이 발표 자료는 다음 링크에서 다운로드할 수 있다.

www.chaostoconcept.com/artifacts/Workshop-Slides.pptx

목표

─

(45분)

목표 이해하기:

1. 고차원적 사업 목표
2. 다양한 조직의 목표(영업, 마케팅, 기획, 디자인, 기술)
3. 이 프로젝트의 사업적 목표
4. 영업 전략: 영업 팀이 어떻게 판매할 것인가?
5. 이 프로젝트의 성공 지표

|**그림 1.3**| 발표 자료는 단순하게 만들어야 참가자들이 발표 내용을 파악하기 쉽고 발표자가 근거 자료를 제시할 공간이 생긴다.

발표 자료가 준비되면 믿을 만한 동료와 예행연습을 해 보는 것도 좋다. 특히 이런 경험이 처음이라면 더욱 그렇다. 발표가 편안하게 느껴질 정도로 연습하면 계획한 대로 결과가 나올 것이라 자신할 수 있게 된다. 워크숍에서는 다음과 같은 결과물이 도출되어야 한다.

- **프로젝트의 고차원적 목표**

  예를 들어 특정 제품이나 서비스를 더 많이 판매하여 평균 주문 금액AOV이나 전환율 같은 수치 증가를 목표로 삼을 수 있다.

- **그 목표를 달성하기 위해 수립된 전략**

  정의된 목표를 달성하기 위한 전략으로 사용자가 제품을 더 찾기 쉽게 하거나, 제품 상세 페이지Product Detail Page, PDP에 더 많은 정보를 제공하여 사용자가 제품을 보다 쉽게 비교하며 자신의 선택에 자신감을 갖고 작업을 완료할 확률을 높인다.

- **전략을 실행하기 위해 수치화된 과제**

  제품 설명을 특정 키워드로 업데이트하여 검색 알고리즘이 더 많은 검색 결과에 제품을 노출하도록 하고, 이로 인해 사용자가 더 쉽게 제품을 접하도록 하는 것이 과제이다. 과제는 측정 가능해야 성패를 문서로 보고하기 용이하다. 이 경우 핵심 제품 10개의 설명에 사이트 사용 분석을 통해 얻은 주요 검색 키워드를 5개씩 추가한다고 수치화할 수 있다.

  그림 1.4에 나와 있는 스프레드시트는 목표Goals, 전략Strategies, 과제Objectives, 전술Tactics, 즉 GSOT를 어떻게 산출물로 나타내는지 보여 준다. 팀이 고려하는 무언가가 GSOT와 상충한다면 해당 이슈는 일단 묻어 두고 나중에 고려하거나, 회의를 열어 새로운 변화를 받아들이기 위해 GSOT 수정에 동의하는지 확인해야 할 것이다.

  GSOT 산출물 예시는 다음 링크에서 다운로드 받을 수 있다.

  www.chaostoconcept.com/artifacts/GSOT.xlsx

웹사이트 개편 GSOT 문서
버전: 1.0
작성자: 케빈 C. 브라운
2013/12/06

목표(사업 결과)	전략	과제	전술
매출액(수익) X%, Y배 증가	신규 고객을 확보하기 위한 마케팅 전략으로 새로이 디자인한 웹사이트 출범(UX 및 프론트 엔드 개발에 선진 기술 사용)	출시 후 X개월 내에 Y개의 신규 리드 생성	- 유기적 트래픽을 유도하는 SEO - 목표 대상의 트래픽을 유도하는 유료 검색 - 스크롤링을 활용한 가벼운 디자인 - 인포그래픽이라는 용어가 적절한가? - 영상 활용 고려 - 태블릿과 모바일 기기를 위한 반응형 디자인
		서비스에서 잠재 고객에게 명확한 메시지를 제공하는 콘텐츠(사이트에서의 성공 시간, 페이지 조회수, 전환율 측정 방법)	- 온라인 쇼핑 및 콘텐츠 관리 솔루션 콘텐츠 개발 - 관리 의료 콘텐츠 개발 - 공공시설 콘텐츠 개발 - 명확한 콜리 유도 문구
		사이트코어 7 Sitecore 7을 활용한 작업 소개	사이트코어 7 인증
수익성 향상(운영 효율성)	SDLC에 따라 'UX 디자인' 프로세스 생성	X주 이내에 웹사이트 개편 프로젝트의 요구 사항 해결	현재 SDLC 검토 및 녹음화를 위한 권장 사항 작성

| 그림 1.4 | GSOT 문서는 프로젝트 구조에서 핵심 역할을 하며, 팀원 모두가 문서에 접근 권한을 가지고 궁금한 점이 생길 때 참조한다.

- **각 과제와 연관된 페르소나, '사용자 세그먼트'**

  페르소나로 타깃 사용자에 관한 기본 정보를 빠르게 얻을 수 있다. 페르소나를 잘 작성했다면, 각 페르소나가 사업에 미치는 상대적 영향을 바탕으로 우선순위를 매긴다. 이 단계에서 우선순위를 매기면 기획 팀이 과제를 성공적으로 완수하기 위한 작업을 찾아내 추진하는 데 도움이 된다.

  페르소나는 크게 두 종류로 나뉜다. 첫 번째는 데이터에 근거하는 일반적인 페르소나이다. 두 번째는 데이터를 근거로 하지 않는 페르소나로 '프로토-페르소나'라고 불리며 경영진의 입증되지 않은 정보를 토대로 생성된다. 첫 번째 페르소나는 조직에 가치를 더할 리서치 기반 페르소나이다. 이 페르소나는 팀이 사용자를 분석하여 얻은 정보와 고객과의 직접적인 대화, 영업 마케팅 부서의 타깃 사용자 조건으로 만들어진다. 전체 페르소나가 정의되었다면 프로토-페르소나도 가치가 있을 수 있다. 만약 근거로 삼을 데이터가 없다 해도 일단 팀이 사용자에 대해 이해한 내용을 바탕으로 문서화하는 편이 낫다. 그래야 이를 검증하고 팀의 가정이 틀린 부분을 찾아낼 수 있다. UX 프로세스는 일회성 작업이 아니므로 페르소나를 대상으로 반복하는 작업을 문제 삼아서는 안 된다. 반복 없는 UX는 존재하지 않는다.

- **각 페르소나와 관련된 시나리오**

  시나리오란 페르소나가 무엇을 성취하려 하는지 전달하는 매우 짧은 이야기다. 시나리오는 대부분 사용 맥락을 짤막하게 제공하며, 최소 하나의 과제에서 페르소나와 직접적인 연관이 있어야 한다.

  시나리오는 '평범한 아빠 브래드는 아들에게 생일 선물을 사 주려고 한다'와 같이 작성한다. 이 얼마나 짧은 문장인가. 정말로 집중해야 할 정보를 벗어나 길고 구차한 설명을 구구절절 쓸 필요는 없다. 이 상황에서 어떤 페르소나를 이야기하는지, 그리고 그 페르소나가 선물을 산다는 과제와 관련이 있다는 사실만 인지하면 된다.

  애자일Agile(소프트웨어 개발 방법론 중 하나) 환경에서 일하고 있다면, 이는 사용자 이야기로도 쓰일 수 있다. 이 시나리오를 사용자 이야기로 바꾸는 것은 다음과 같이 매우 간단하다. '평범한 아빠로서 나는 아들을 위해 얼른 생일 선물을 사서 아이가 원하는 선물을 늦지 않게 받도록 할 것이다.'

  워크숍에서 팀이 이와 같은 주요 결과물을 도출해 내면 이번 과정은 성공이다. 이것이 완료되면 프로젝트에서 개선하려고 하는 시스템의 현재 상태와 역량을 문서화하는 단계로 나아갈 준비가 된 것이다.

현재 상태

경쟁업체와 비교할 때 UX 산업 표준 휴리스틱heuristic(경험적 지식으로 평가하는 방법론)과 관련하여 당신의 시스템은 어떤 위치에 있는가?

| 휴리스틱 평가

휴리스틱은 당신의 제품이 UX 산업 표준에 부합하는지 평가하는 방법의 일종이다. 가장 널리 쓰이는 휴리스틱은 제이컵 닐슨Jacob Nielsen이 만든 것으로, 소개 글과 더불어 상세한 정보는 닐슨 노먼 그룹Nielsen Norman Group의 웹사이트에서 찾아볼 수 있다.

www.nngroup.com/articles/ten-usability-heuristics

이 책 전반에 걸쳐 닐슨 노먼 그룹의 다른 정보들도 참조할 것이다. 보다 많은 정보를 제공하면서도 이런 아이디어를 내가 처음 생각해 냈다고 오해하지 않도록 대부분의 원문 링크를 공유하고자 한다. 나는 다양한 정보를 접하며 20년 이상 공부해 왔고 이 책의 독자들도 이런 정보에 직접 접근하여 가치 있는 내용을 찾아보기를 권한다. 닐슨의 휴리스틱은 다음과 같이 10가지 주요 항목으로 요약할 수 있다.

- **시스템 상태의 가시성**

  시스템 상태를 잘 보여 주기 위해서는 사용자가 지금 어느 시스템에 있고, 어디로 갈 수 있고, 어디를 지나 왔는지 쉽게 이해하도록 하면 된다. 문서 로딩이나 작업 저장 같은 시스템 프로세스의 상태를 표시하는 것도 좋은 방법이다. 일반적으로 사용자가 시스템 내에서 자주 길을 잃거나 현재 무슨 일이 일어나고 있는지 궁금해한다면 이 항목을 더욱 눈여겨봐야 한다.

- **시스템과 현실 세계의 연결성**

  시스템이 이 항목을 충족하지 못하는 이유는 사용자가 기대하는 작동 방식, 즉 사용자의 심리적 모델보다 시스템의 입장에서 구조를 설계했기 때문이다. 일례로 슈퍼마켓의 물품 데이터베이스를 생각해 보자. 슈퍼마켓의 물품을 데이터베이스에 정리할 때는 일반적으로 알파벳 순서로 저장할 것이다. 소프트웨어 개발 관점에서는 상당히 일리가 있지만, 만약 알파벳순으로 슈퍼마켓의 물품을 진열하면 고객은 키친타월과 키보드와 크루시아 화분이 한데 놓인 곳에서 장을 봐야 한다. 사용자는 키친타월이 화장실 휴지 옆에, 크루시아 화분은 화훼 코너에 있기를 바란다. 시스템과 현실 세계의 연결이 아주 잘못된 예이다.

- **사용자 통제와 자유**

만족스러운 경험을 위해서는 자신이 무언가를 망가뜨리고 실수를 수습하느라 시간을 허비할지도 모른다는 걱정 없이 시스템을 사용할 수 있어야 한다. 사용자는 주로 누군가에게 도움을 요청해야 할 때 '통제와 자유'에 관한 이슈에 직면하는데, 자신이 이해하지 못하거나 해결 방법을 알 수 없는 일이 벌어지도록 행동했기 때문이다. 의도하지 않은 행위를 실행 취소 하는 방법과 더불어 그 행위로 인해 무슨 일이 일어날지 명확히 알 수 있는 정보를 제공하면 대부분의 이슈를 해결할 수 있다.

- **일관성과 표준**

사용자 경험은 그들이 시스템의 내용을 보고 읽고 이해하는 능력에 좌우된다는 내용을 이 책에서 여러 번 다룰 것이다. 사용자가 어느 페이지를 보든지 쉽게 이해할 수 있도록 해야 한다. 제목 영역은 일관적인 스타일로 만들어야 사용자가 머리 아프게 생각하지 않고도 페이지를 넘나들며 어디에서 정보를 찾을지 알 수 있다. '일관성과 표준'은 사용자가 예상하며 시스템을 이용할 수 있게 도와주며, 이를 통해 생겨난 확신으로 사용자가 작업을 완료하는 데 좀 더 집중하게 된다.

- **오류 방지**

사용자의 실수를 빠르게 복구하도록 돕는 가장 좋은 방법은 애초에 실수하지 않도록 설계하는 것이다. 사용자가 오류를 발생시키지 않도록 명확한 안내와 설명을 제공하고 사용자에게 친숙한 방식으로 메시지를 작성하도록 한다.

- **기억보다는 인지**

제품 기획자는 "사용자에게 교육을 제공할 예정입니다"라는 말을 자주 한다. 그런 이야기를 들을 때마다 나는 이 항목을 떠올린다. 시스템이 완벽하다면 교육을 받지 않아도 시스템의 각 요소가 어떻게 동작하는지 정확하게 인식하기 때문이다. 여러 가지 이유로 이 항목이 항상 실용적이지는 않지만, 시스템이 직관적일수록 연상을 통해 기억하기 쉽고, 교육 관련 비용이 절감된다는 사실은 분명하다.

- **사용의 유연성과 효율성**

초심자가 가장 이해하기 쉬운 인터페이스가 전문가에게는 가장 효율적인 인터페이스가 아닐 가능성이 높다. 나는 프로젝트를 출범할 때 항상 이 부분을 염두에 둔다. 사용자가 자주 사용하지 않는 웹사이트를 만든다면 가능한 한 이해하기 쉬운 방향으로 만들 것이다. 예를 들어, 아이콘보다 공간을 많이 차지하는 텍스트 라벨을 사용하여 클릭하면 무슨 일이 일어날지 상상하고 추측할 필요가 없게 하는 것이다.

바쁜 콜센터 현장에서 사용할 소프트웨어라면 인터페이스와 인터랙션을 최대한 효율적인 방향으로 만들어야 한다. 어떤 경우에는 같은 공간에 더 많은 아이콘을 배치할 수 있다는 이유로 라벨을 포함한 버튼 대신 아이콘을 사용한다. 새로운 사용자는 버튼의 의미를 알지 못해 실수할 가능성이 있지만, 업무상 이 시스템을 하루 종일 날마다 사용하는 전문 사용자는 최소한의 인터랙션과 소요시간으로 많은 일을 할 수 있음에 감사할 것이다.

이 예시들은 다소 극단적이지만 사용의 유연성과 효율성을 충족하려면 융합적인 접근이 필요하다. 새로운 사용자를 위해 설명이 충분하면서도 직관적인 인터페이스를 제공하는 한편, 인터페이스 때문에 전문 사용자의 작업 속도가 느려지면 안 되므로 단축키나 맞춤 설정 기능 등을 포함해야 한다.

- **심미적이고 최소화된 디자인**

모두의 취향이 다르므로 심미적 기준은 수치화하기 어렵다. 심미적 디자인을 구현하기 위해 인터페이스에서 '주제 적절성'이라 이름 붙인 것을 찾아본다. 아기 옷을 판매하는 웹사이트를 떠올려 보자. 파스텔 톤의 색상, 히어로 그림 속 손 글씨, 병아리와 아기 양 같은 아기 동물 그림 등이 주제 적절성 요소가 될 것이다. 적절한 요소는 이 밖에도 수없이 많다. 따라서 이 항목을 평가할 때는 일반적으로 시스템의 브랜드, 콘셉트, 주제에 부합하지 않는 인터페이스 요소를 찾는다. 주로 저가 브랜드의 색상 선택이나 시스템의 전반적인 내용을 잘 전달하지 못하는 버튼과 아이콘 사용에서 심미적 측면의 문제를 발견한다.

부트스트랩Bootstrap(웹사이트 개발 프레임워크의 일종)을 비롯한 개발 프레임워크는 웹사이트의 주제 적절성에 부정적인 영향을 미치기도 한다. 프레임워크는 디자인의 완성도를 0%에서 80%로 손쉽게 끌어올려 주는데, 많은 팀이 여기에서 멈춰 버리기 때문이다. 나머지 20%를 고려하지 않으면 브랜드 가치가 흐려져 고객에게 부정적인 인상을 줄 수도 있다.

최소화된 디자인이라는 부분은 에드워드 터프티Edward Tufte의 '출력물 중 데이터 비중' 수

칙에 잘 들어맞는데, 최고의 데이터 시각화는 오직 데이터의 의미를 나타내는 데 필요한 잉크(혹은 픽셀)만을 사용한다고 말한다. 지난 10여 년 동안 마이크로소프트 윈도우, 맥 OS, iOS, 안드로이드 등의 대형 운영 체제 대부분이 '플랫 디자인' 스타일로 디자인을 변경 했다. 플랫 디자인이란 인터페이스는 오직 내용의 의미, 즉 사용자가 작업을 완료하는 동안 필요한 인터랙션을 가능하게 하는 필수 요소로만 구성되어야 한다는 아이디어에서 출발한다.

하지만 정도가 지나쳐도 안 된다. 디자이너가 최소화된 디자인 기준을 충족하기 위해 인터페이스 요소를 지나치게 단순화하면 모든 행동 유도성affordance(특정 행동을 하도록 유도하는 요소)을 제거하여 인터랙션을 찾을 수 없는 위험이 따르기 때문이다.

- **사용자가 스스로 오류를 인식, 진단, 복구하도록 지원**

  온라인 양식을 작성해 본 경험이 있다면 이 항목을 충족하지 못한 시스템을 만나 봤을 것이다. 양식을 제출할 때 오류가 발생하면 시스템은 어디에서 무엇이 잘못되었는지, 그 문제를 어떻게 해결하는지 알려 줘야 한다. 사용자에게 오류 메시지를 띄워 고쳐야 할 항목을 쉽게 연결할 수 있도록 하는 방법이 가장 좋다.

- **도움과 문서화**

  아주 잘 디자인된 시스템도 사용자가 어떤 기능을 사용할 수 있는지, 그 기능은 어떻게 동작하는지 학습하도록 도와주는 문서가 필요하다. 문서는 종합적이면서도 쉽게 접근 가능해야 한다. 미래에 발생할 오류를 피하는 방법을 즉각적으로 전달하는 방식으로 제공되는 것이 가장 좋다.

휴리스틱 평가는 대표 사용자들이 행한 사용성 테스트를 대체하지는 못하지만 처리되어야 할 이슈들의 개요를 제공하고, 사용성 테스트 세션에서 얻은 양질의 정보로 팀이 앞으로 나아갈 수 있기 때문에 여전히 중요하다.

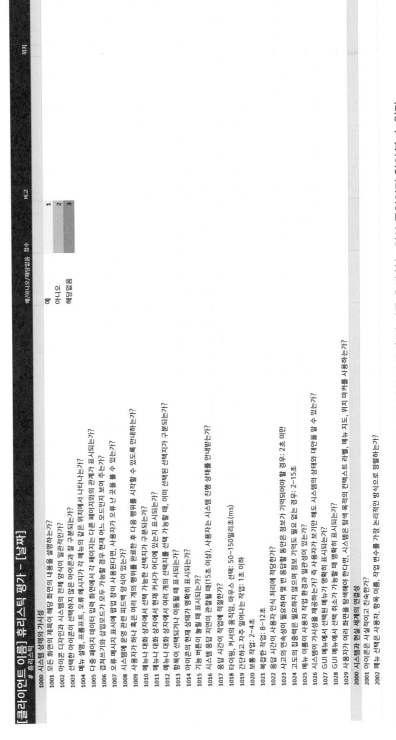

[클라이언트 이름] 휴리스틱 평가 - [날짜]

휴리스틱

	예/아니오/해당없음	점수	비고	위치
	예			
	아니오			
	해당없음			

1000 시스템 상태의 가시성
1001 모든 화면이 제목의 내용을 설명하는가?
1002 아이콘 디자인과 시스템의 전체 양식이 일관적인가?
1003 선택한 아이콘이 선택하지 않은 아이콘과 잘 구분되는가?
1004 메뉴 설명, 프롬프트, 오류 메시지가 각 메뉴의 같은 위치에서 나타나는가?
1005 다중 페이지 데이터 입력 화면에서 각 페이지는 다른 페이지와의 관계가 표시되는가?
1006 검색 쓰기와 삽입모드가 모두 가능할 경우 현재 어느 모드인지 보여 주는가?
1007 오류 메시지 표시에 팝업 장이 사용된다면, 사용자가 오류 난 것을 볼 수 있는가?
1008 시스템의 운영 관련 피드백 양식이 있는가?
1009 사용자가 하나 혹은 여러 개의 명령을 완료한 후 다음 명령을 시작할 수 있도록 안내하는가?
1010 메뉴나 대화 상자에서 선택 가능한 선택지가 구분되는가?
1011 메뉴나 대화 상자에서 현재 커서가 어디에 있는지 표시되는가?
1012 메뉴나 대화 상자에서 여러 개의 선택지를 선택 가능할 때, 이미 선택된 선택지가 구분되는가?
1013 항목이 선택되거나 이동될 때 표시되는가?
1014 아이콘이 현재 상태가 명확히 표시되는가?
1015 기능 바름이 놀릴 때 표시되는가?
1016 시스템 응답 지연이 관찰될 때(15초 이상), 사용자는 시스템 진행 상태를 안내받는가?
1017 응답 시간이 작업에 적절한가?
1018 타이핑, 커서의 움직임, 마우스 선택: 50~150밀리초(ms)
1019 간단하고 자주 일어나는 작업: 1초 이하
1020 보통 작업: 2~4초
1021 복잡한 작업: 8~12초
1022 응답 시간이 사용자 인식 처리에 적당한가?
1023 사고의 연속성이 필요하며 몇 번 응답할 동안은 정보가 기억되어야 할 경우: 2초 미만
1024 고도의 집중력은 필요하지 않으며 정보 기억도 필요 없는 경우: 2~15초
1025 메뉴 이름이 사용자 작업 환경과 일관성이 있는가?
1026 시스템이 가시성을 제공하는가? 즉 사용자가 보기만 해도 시스템의 상태와 대안을 알 수 있는가?
1027 GUI 메뉴에서 선택된 메뉴가 명확히 표시되는가?
1028 GUI 메뉴에서 선택 취소가 가능할 때 명확히 표시되는가?
1029 사용자가 여러 화면을 탐색해야 한다면, 시스템은 탐색 목적의 컨텍스트 라벨, 메뉴 지도, 위치 마커를 사용하는가?

2000 시스템과 현실 세계의 연결성
2001 아이콘은 사실적이고 친숙한가?
2002 메뉴 선택은 사용자, 항목 이름, 작업 변수를 가장 논리적인 방식으로 정렬하는가?

| 그림 1.5 | 휴리스틱 평가를 통해 고객은 어디에 문제가 있으며 산업 표준 측정 기준에 반하는 것이 무엇인지 알아볼 수 있다.

▍전문가 검토

휴리스틱 평가와 전문가 검토는 밀접한 연관이 있다. 나는 휴리스틱 평가를 하기 전에 시스템과 시스템 성공의 핵심인 기본적인 사용자 흐름에 익숙해지고자 전문가 검토를 진행한다. 이 과정은 사용성 테스트를 시작하거나, 휴리스틱 평가를 완료하거나, 때로는 새로운 클라이언트와 나아갈 방향에 관해 간단히 토론하기 위해 나의 생각을 집중시키는 데 도움이 된다. 따라서 목적이 무엇이든 새로운 프로젝트를 출범할 때 먼저 전문가 검토를 한다.

전문가 검토를 성공적으로 완료하기 위해서는 사용자가 시스템을 사용하면서 얻으려는 것이 무엇인지 확실하게 알아야 한다. 그다음 사용자의 여정을 구성하는 각 주요 인터랙션의 모범 사례 연구와 함께 어떠한 사용자 기대가 업계를 선도하는지를 이해하기 위한 조사가 필요하다. 시간이 지나면 자연스럽게 알게 되지만, 혹시 경험이 많은 전문가도 알지 못하는 새로운 트렌드나 접근 방식이 있는지 시간을 들여 검증해야 한다.

이 기반을 다진 후 나는 각 유스 케이스^{use case}(제품의 시스템과 기능을 사용자의 관점에서 표현한 시나리오의 한 형식)에서 한 단계 한 단계를 거치며 사용자에게 영향을 미칠 가능성이 있는 이슈를 모두 문서화한다. 대부분의 이슈는 시스템에서 사용자가 그다음 어떻게 할지 결정하도록 도와주는 충분한 맥락과 정보를 제공하지 않는 경우에 발생했다. 한눈에 바로 이해하기 어려운 시각적 메뉴와 사용자에게 효율적이지 않은 인터랙션 등도 자주 보이는 이슈였다.

전문가 검토를 할 때 찾아낸 이슈를 어떻게 문서화하는지 그림 1.6에서 예시를 볼 수 있다. 이 화면은 아주 중요하게 기억해야 할 사실을 하나 알려 준다. 바로 애플, 구글, 아마존이 한다고 무작정 따라 하지 말라는 것이다. 물론 그들은 나 한 사람이 가진 역량보다 훨씬 뛰어난 디자인 능력을 가진 대단한 팀이지만, 그렇다고 그들이 하는 모든 것이 옳다는 의미는 아니다. 이 화면은 애플의 휴먼 인터페이스 가이드라인의 첫 페이지를 예로 든 것이다. 애플의 가이드라인과 올바른 방법의 예가 기본 접근성 테스트에 실패한 곳에 표시를 해 두었다. 이런 문제를 찾아내면 나는 비슷한 양식으로 문서화하여 우선순위 과정에서 고객에게 도움을 줄 수 있도록 공유한다.

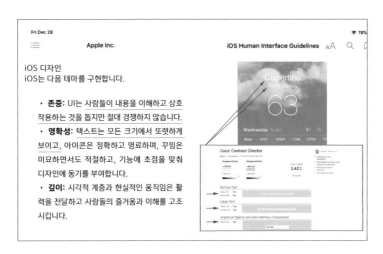

|그림 1.6| 애플에서 일한 적은 없지만 애플의 휴먼 인터페이스 가이드라인을 검토할 때 첫 번째 페이지부터 이런 문제를 발견하여 충격을 받았다.

기대라는 개념은 사용자가 무엇을 사용하기 쉽다고 느끼는지 알고자 할 때 매우 중요하다. 사용자는 애플, 아마존, 구글과 같은 기업의 제품과 반복적인 상호작용을 하면서 당신의 시스템도 그와 유사할 것이라 기대한다. 이를 명심하여 기본적인 작업을 두 번, 세 번 하지 않도록 잘 활용하는 것이 매우 중요하다. 나는 이 예시를 통해 우리 모두가 리더의 말을 무작정 따르기보다는 사고하는 능력을 발휘해야 한다는 점을 분명히 하고 싶다.

전문가 검토에서 어떤 이슈를 찾으면, 미리 생성한 스프레드시트(그림 1.7)에 추가하여 문제를 추적하고 해결 방안을 논의하도록 한다. 이슈가 어디에서 발생했는지, 해당 이슈에 관한 짧은 설명, 어떻게 반복되는지, 해당 화면의 스크린샷으로 연결되는 링크, 잠재적 해결 방안, 이에 따르는 영향, 해결 난이도 등을 추적하게 해주는 간단한 도표이다. 이것은 나의 방식일 뿐이며 이 방식도 계속해서 진화한다. 예시를 참고하여 여러분도 각자의 스프레드시트를 만들어 보길 바란다.

전문가 검토 양식은 다음 링크에서 다운로드 받을 수 있다.

www.chaostoconcept.com/artifacts/Expert-Review.xlsx

부분	이슈 설명	스크린샷	잠재적 해결 방안	영향도	난이도
부분1					1
부분2					2
부분3					3

|**그림 1.7**| 전문가 검토 문서는 휴리스틱 평가와 마찬가지로 팀이 함께 일하도록 도와주며 고객들이 이슈를 쉽게 보고 추적할 수 있게 해 준다.

| 경쟁 분석

여타 도움이 되는 정보들은 경쟁 분석을 시행하여 얻을 수 있다. 경쟁자와 비교하여 당신의 솔루션이 어떻게 기능하는지 이해하는 것은 지금부터 이야기할 네 가지 주요 요소로 구성된다. 대부분의 회사가 이 네 가지를 정확히 갖추지는 못한다. 따라서 권장 사항이 완벽하게 준비되지 않았다고 시작부터 위축될 필요는 없다. 미합중국 헌법에서조차 '더 완벽한 연방을 만들기 위해'라는 구절을 통해 그 어떤 것도 시작부터 완벽하지 않으며, 완벽이라는 것이 가능하지 않다고 인정한다. 당신이 무엇을 구축하든 UX 프로세스의 어떤 과정도 한 번에 해결되지는 않으니 안심해도 좋다. 데이터를 토대로 반복하다 보면 자연스럽게 기반이 탄탄해지고 지속적인 개선을 위해 반복 가능한 프로세스로 팀을 꾸려 나가게 된다.

경쟁 분석의 주요 요소는 시장 점유율, 제품 인식, 기능 표, 그리고 가치를 확실하게 이해하는 것 등이다.

시장 점유율

시장 점유율을 계산하는 공식은 아주 간단하다.

시장 점유율 = 일정 기간의 총수입 / 일정 기간의 업계 총매출

업계의 총매출을 알아내기 위해서는 업계 내 조직의 보고서를 검토하거나 대

기업의 연간 보고서를 살펴보는 것이 가장 쉬운 방법이다.

시장 점유율과 침투를 정확히 이해하면 사업을 전략적인 방향으로 운영할 수 있을 것이다. 사업 초반에는 제품을 인식시키는 것이 중요하지만, 이후 제품의 생명 주기 동안에는 유지 관리에 집중하는 방어적인 방향으로 움직여야 한다. 어느 쪽이든 첫 번째 단계는 당신의 위치를 이해하기 위해 필요한 정보를 수집하는 것인데, 영업 및 마케팅 팀에서 얻을 수 있는 정보가 많을 것이다. 작은 스타트업에서 일한다면 설립자에게 얻는 것이 최선이며 그렇게 하기 위해서는 그들과 가깝게 일하는 사이여야 한다.

▎제품 인식

당신의 팀은 다양한 방법으로 브랜드 인식을 추적할 수 있다. 제품 디자인 팀에서는 순고객추천지수Net Promoter Score, NPS와 구글의 HEART 프레임워크를 가장 많이 사용한다.

NPS는 세계 여러 기업에서 사용하는데 고객의 상대적 만족도를 0부터 10까지의 척도로 측정하는 방법이다. 경쟁업체의 NPS를 알아낼 방법은 없지만, 일반적인 업계 기준은 알 수 있다. 리텐트리Retently에서 게시하는 기준 자료를 다음의 링크에서 볼 수 있다.

www.retently.com/blog/good-net-promoter-score

NPS 데이터를 모으기 위해 설문 응답자에게 "이 회사의 제품이나 서비스를 친구 혹은 동료에게 추천하고 싶은지, 0부터 10까지 숫자로 응답해 주세요"와 같이 질문한다.

0~6. 당신의 제품에 0부터 6 사이의 점수로 응답한 사람들은 이 시스템에서 '비방자'라고 부른다. 비방자는 당신의 제품에 만족하지 않았으며 제품을 다시 구매하거나 다른 사람들에게 추천하지 않을 것이다.

7~8. 7 또는 8의 점수로 응답한 사람들은 '수동적'이라고 볼 수 있다. 수동적인

응답자는 당신의 제품에 화가 나지는 않았지만 그렇다고 만족한 것도 아니다. 이 사람들은 다른 제품으로 갈아탈 확률이 높고, 다른 사람들에게 제품을 추천한다면 어떤 조건을 덧붙일 것이다.

9~10. 9 또는 10의 점수를 매긴 사람들은 '옹호자'이다. 이들은 당신의 제품에 만족했고 다른 사람들에게 조건 없이 제품을 추천할 확률이 높다.

이 질문은 다른 정보를 수집하면서 마지막에 물어보는 경우가 많다. 점수를 수집했다면 다음의 공식으로 계산해 본다.

$$\text{NPS} = \text{옹호자 비율} - \text{비방자 비율}$$

이를 계산하기 위해 먼저 알아야 할 옹호자 비율은 다음 공식으로 계산한다.

$$\text{옹호자 비율} = \text{옹호자 수} / \text{응답자 수}$$

비방자 비율을 계산하기 위해서는 다음 공식을 사용한다.

$$\text{비방자 비율} = \text{비방자 수} / \text{응답자 수}$$

이 값을 NPS 점수 계산 공식에 대입하면 된다.

방법을 알았으니 굳이 어렵게 계산할 필요가 없다는 사실을 아는 것도 중요하다. 온라인에서 계산기를 제공하는 곳이 몇 군데 있는데, 그중 하나인 서베이 몽키Survey-Monkey를 소개한다.

www.surveymonkey.com/mp/nps-calculator

▎ 구글의 HEART 프레임워크

HEART란 만족Happiness, 참여Engagement, 유입Adoption, 유지Retention, 작업 성공 Task Success 등 다섯 가지를 뜻하며(그림 1.8 참조) 솔루션이 잘 작동하는지 측정하는 구글의 도구 중 하나다. 이러한 접근은 우리가 함께 살펴본 다른 방법에 새로운 방법을 융합하여 종합적인 프레임워크로 탄생한다. 조직 내에서 만들기 어려운 시스템에 속하지만 모니터링과 유지 보수에 전념하는 팀이 있다면 그만한 가치가 있다. 내가 이 방법을 처음 접했을 때 일하던 조직에서는 다양한 팀에서 모니터링할 수 있는 대시보드를 만들었다. 이 대시보드를 본 경영진은 상당히 만족했을 것이다. 시스템이 어떻게 작동하고 있는지를 하나의 페이지에서 실시간으로 보는 것은 처음이었기 때문이다. 실행 중 결함도 존재했고 시간이 지날수록 데이터를 실시간으로 완벽하게 유지하는 것은 쉽지 않았지만, 내가 보고 느낀 바로는 그 가치를 충분히 확신했다.

　나는 HEART 프레임워크를 꽤 좋아하는데, 이 책에서 전반적으로 다루는 내용과 밀접하게 연관되어 있기 때문이다. 정의된 목표와 진행 상황 측정에 집중한다면 이 프레임워크를 적용하기는 그리 어렵지 않다.

　방향이 옳다면 어떠한 노력이든 안 하는 것보다 낫다. 당신의 팀이 HEART 프레임워크로 아주 작은 정보라도 정확하고 꾸준히 관리한다면 아무것도 측정하지 않는 것보다 훨씬 낫다는 뜻이다. 유입부터 측정하기 시작해서 참여, 유지로 넘어가면 수월하다. 상황은 모두 다르므로 최대한 요약해서 이 주제로 구글 인포메이션에 링크를 만들어 추후 관심이 있는 독자들이 더 읽어 볼 수 있도록 하겠다.

만족 Happiness

　만족은 몇 가지 방법으로 측정할 수 있는데, 그중 하나는 설문으로 만족도를 물어보는 방법이다. 아니면 앞에서 다룬 순고객추천지수에 의존할 수도 있다. 소셜 미디어나 인터넷 커뮤니티를 조사하여 후기를 모으는 방법도 있다. 어떤 방법을 택하든 만족에 관한 정보를 모으면 이슈의 영향력을 이해하는 데 도움이 된다. 만약 기술적인 이슈가 있는데 만족 수치는 크게 변하지 않았다면, 해당 문제에 관한 향후 반응을 더 정확하게 측정하면 된다. 반면에 팀에서는 사소하게 여겼던 문제가 사용자 포럼이나 트위터 등에서는 큰 문제로 인식되고, 게다가 사람들이 그에 동의하고 공유하고 해시태그를 달고 있다면 해당 문제를 우선적으로 재정비해야 한다.

나는 포어씨ForeSee 팝업 피드백 프롬프트로 정보를 모아 우선순위를 정의하여 문제를 제기했고, 고객 감정을 직접적으로 드러내는 정보가 큰 도움이 된다는 사실을 몸소 느꼈다.

참여Engagement

참여는 추적하는 재미가 있는 항목이다. 오늘날 대부분의 제품 관리자에게 질문을 던진다면, 그들의 제품에 중독성이 있었으면 좋겠다는 대답이 많을 것이다. 사용자가 그들의 제품에 매일 참여했으면 좋겠다는 뜻이다. 하루에도 몇 번이고 참여한다면 더 좋다.

하지만 항상 그렇지만은 않다. 만약 사용자가 전국적인 운영 현황을 확인하는 고위 간부라면 굳이 매일 참여할 필요는 없다. 이 상황에서는 일주일에 두 번 확인하는 것이 더 합리적이다. 별다른 문제가 없는 일반적인 상황에서는 일주일에 두 번, 30초 정도 대시보드를 확인하는 것이 이 고위 간부에게는 더할 나위 없는 사용자 경험이 된다.

사용자의 강력한 참여를 이끌어 내고 싶은 마음도 이해하지만, 나는 이 문제에 너무 집중하지는 않기를 바란다. 해결할 수 있는 강력한 사용자 요구가 매일 있다면 그것에 집중하라. 일일 사용량만을 목표로 삼으면 오히려 진정한 목표에 집중하지 못할 수 있고, 이는 곧 팀원들을 달성할 수 없는 일로 몰아넣어 사기를 꺾는 결과를 초래할 수 있다.

일단 초기 사용자의 요구 사항에 따르고, 시간이 흐를수록 점점 가치를 더해 참여를 이끌어 내기를 추천한다.

유입Adoption

앞서 언급했듯이 유입은 간단한 모니터링으로 확인한다. 매주, 매달, 매년 시스템에 새로운 고객이 얼마나 유입되었는지 파악하는 방법으로 신규 가입과 신규 체험 등을 추적할 수 있다. 유입을 지속적으로 추적하면 당신의 제품이 시장에 얼마나 잘 맞는지를 나타내는 좋은 지표로 삼을 수 있다.

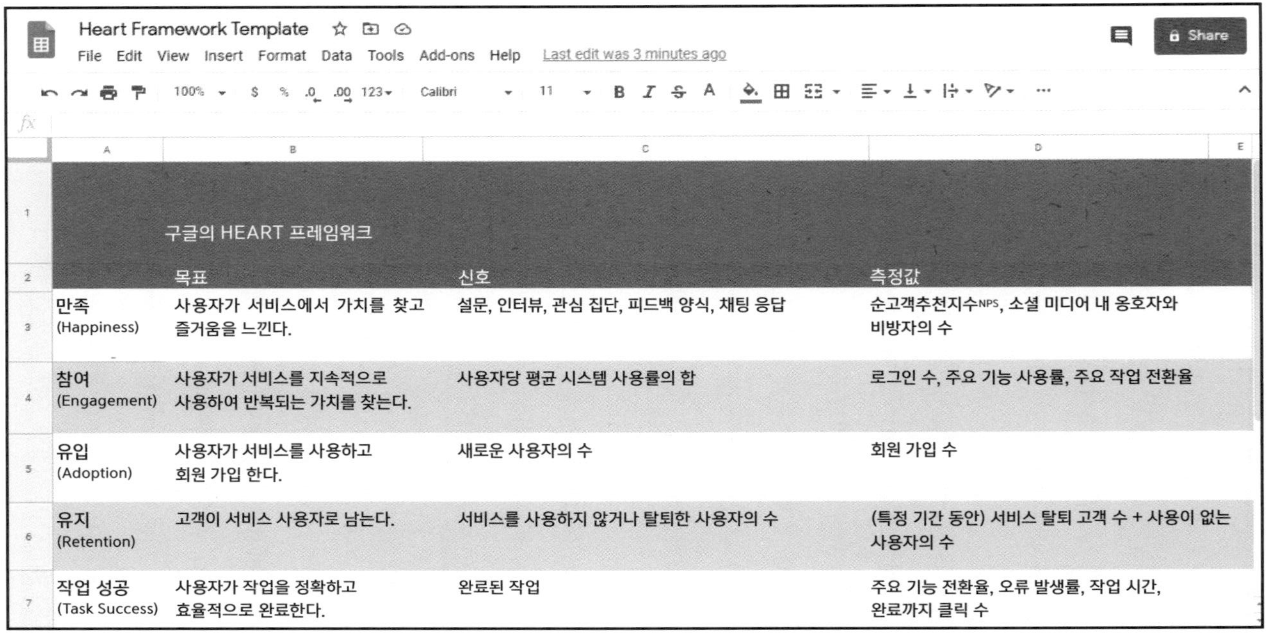

Heart Framework Template

File Edit View Insert Format Data Tools Add-ons Help Last edit was 3 minutes ago

구글의 HEART 프레임워크			
	목표	신호	측정값
만족 (Happiness)	사용자가 서비스에서 가치를 찾고 즐거움을 느낀다.	설문, 인터뷰, 관심 집단, 피드백 양식, 채팅 응답	순고객추천지수NPS, 소셜 미디어 내 옹호자와 비방자의 수
참여 (Engagement)	사용자가 서비스를 지속적으로 사용하여 반복되는 가치를 찾는다.	사용자당 평균 시스템 사용률의 합	로그인 수, 주요 기능 사용률, 주요 작업 전환율
유입 (Adoption)	사용자가 서비스를 사용하고 회원 가입 한다.	새로운 사용자의 수	회원 가입 수
유지 (Retention)	고객이 서비스 사용자로 남는다.	서비스를 사용하지 않거나 탈퇴한 사용자의 수	(특정 기간 동안) 서비스 탈퇴 고객 수 + 사용이 없는 사용자의 수
작업 성공 (Task Success)	사용자가 작업을 정확하고 효율적으로 완료한다.	완료된 작업	주요 기능 전환율, 오류 발생률, 작업 시간, 완료까지 클릭 수

|그림 1.8| 구글 벤처스Google Ventures의 HEART 프레임워크는 팀의 진행 상황을 확인하고 이슈와 향후 작업 방향을 경영진과 공유하는 유용한 방법이다.

유지Retention

기존의 고객을 유지하는 일로서, 이들은 대개 당신의 조직에 가장 가치 있는 사람들이다. 유지는 주로 스펙트럼으로 측정된다. 참여하기 위해 매일 로그인하는 사용자가 얼마나 되는지 보고하거나, 같은 방법으로 지난달에 한 번 이상 로그인한 사용자의 수를 보고할 수도 있다. 어쨌든 당신은 이를 측정하기로 결정했고 유지는 그 사용자를 유지하는 데 성공하도록 추적하는 일이며, 당신의 제안으로 달라진 것들이 사용자 경험에 어떤 영향을 미치는지 이해하는 데 필수적인 부분이다.

작업 성공Task Success

크게 보면 작업 성공은 대부분의 사람이 전환이라고 생각하는 것과 연관된다. 전환은 사용자가 시스템에서 일으키는 상호작용의 최종 목표라 할 수 있다. 온라인 쇼핑몰을 예로 들면 결제까지 완료한 것을 전환이라 한다. 마케팅 사이트에서 연락처 양식 작성을 완료하는 것 또한 전환이다. 주요 작업과 그로 인한 결과를 정의하는 일은 사용자 경험을 측정하고 개선하는 필수 과정이다.

구글의 HEART 프레임워크와 관련해서는 다음의 링크에서 더 많은 정보를 얻을 수 있다.

ai.google/research/pubs/pub36299

▌기능 비교표

당신의 제품이나 서비스가 다른 경쟁 제품과 어떻게 비교되는지 이해하기 위한 또 다른 도구로 기능 비교표가 있다. 시장에서 제공되는 종합적인 기능 목록을 왼쪽 열에 작성하고, 자사 제품과 경쟁업체 제품을 첫 번째 행에 하나씩 입력한 단순한 스프레드시트이다. 일반적으로 각 제품명 아래에 해당 제품에서 각 기능을 제공하는지 여부를 체크한다. 기능을 제공하지 않으면 해당 셀은 비워 둔다. 이 도표를 완성하면 그림 1.9와 같이 시장의 모든 제품이 기능적 측면에서 서로 어떻게 연관되어 있는지 매우 쉽게 파악할 수 있다.

더 복잡한 버전의 기능 비교는 가장 가치 있는 사용자의 시나리오와 관련하여 각 기능의 우선순위까지 포함한다. 이를 계산하기 위해 먼저 각 페르소나가 당신의 조직에 미치는 가치에 따라 페르소나의 순위를 매긴다. 이것은 대부분 수익과 연결되지만 일부 회사는 초기에 유입되는 인플루언서를 더 중요하게 생각하기도 하는데, 초기에는 청중을 끌어모으고 유지하는 일에 더 집중하기 때문이다. 어느 쪽이든 페르소나에 순위를 매겨서 그들이 추구하는 가치에 따라 디자인 결정을 내리는 것이 중요하다. 페르소나를 생성하고 순위를 매기는 방법에 관해서는 나중에 자세히 다룰 것이므로 여기에서는 일단 시장에서 자사 제품의 위치를 파악하기 위한 맥락을 제공하기 때문에 중요하다는 사실 정도만 알아 두자.

페르소나에 순위를 매겼다면 가장 가치 있는 사용자에게 중요한 기능 목록을 작성해야 한다. 해당 페르소나와 관련된 각 시나리오를 완료하기 위해 필요한 기능이 무엇인지 항목으로 만들어 기능 목록을 작성한다.

예를 들어 당신에게 가장 중요한 사용자들이 탈것을 찾을 때 우버Uber 같은 앱을 사용한다면, 그들은 시나리오를 충족하기 위해서 다음과 같은 기능이 필요할 것이다.

1 차량이 사용자를 태우러 가기 위한 지리적 정보
2 결제 정보를 포함한 계정
3 사용자가 출발 위치와 도착 위치를 설정하는 기능
4 시간과 금액 추산
5 차량 유형 선택
6 승인 기능과 픽업 시간 산정

이제 이 정보로 목록에 포함된 기능에 더 큰 가치를 부여할 수 있고, 따라서 도표를 완성하면 가장 가치 있는 사용자가 원하는 것에 대한 당신의 솔루션이 경쟁 업체와 어떻게 비교되는지 더 명확한 그림을 그릴 수 있다. 기능 비교표 템플릿은 다음의 링크에서 다운로드 받을 수 있다.

www.chaostoconcept.com/artifacts/Weighted-Persona-Feature-Matrix.xlsx

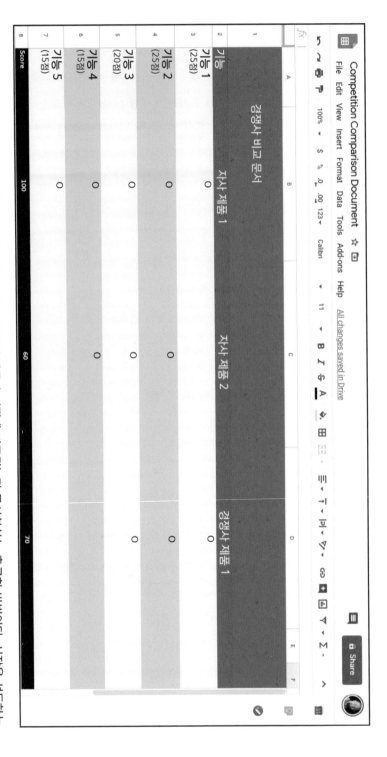

	A	B	C	D	E	F
1	경쟁사 비교 문서	자사 제품 1	자사 제품 2	경쟁사 제품 1		
2	기능	○				
3	기능 1 (25점)	○		○		
4	기능 2 (25점)	○	○	○		
5	기능 3 (20점)	○	○	○		
6	기능 4 (15점)	○	○	○		
7	기능 5 (15점)	○				
8	Score	100	60	70		

| 그림 1.9 | 기능 비교표는 시장에서 당신의 제품이 다른 업체의 제품과 어떻게 비교되는지 문서화하는 훌륭한 방법이다. 시장을 선도하는 제품이 무엇에 주목하는지 시각화하는 좋은 방법이기도 하다.

42

가치

내 경험에 의하면, 가치는 주관적이고 부정확하다고 생각하여 많은 이들이 간과한다. 하지만 나는 가치가 UX와 기획 팀이 성장하면서 점차 필수적인 항목이 될 것이라고 생각한다. 이 주제에 관해 이야기하기 전에 다음의 공식을 제시한다.

이어지는 나의 이야기가 조금 이상하게 들릴 수도 있다. 설명하려는 내용은 모범 사례로 검증된 것이 아니므로 이와 관련한 내용을 알고 싶지 않다면 45페이지로 넘어가자.

가치 = 우선순위로 가중치를 매긴 제품 기능 / 시장 전체의 정상가(연간, 월간 등)

공식이 복잡해 보이지만 실제로는 그렇지 않다. 앞서 살펴본 기능 비교표 심화 버전을 완성했다면 우선순위에 가중치를 매긴 기능을 이미 확보한 셈이다. 정상가는 모든 경쟁업체 제품의 가격 모델이 동일한 기준으로 측정되도록 변환하여 계산한다.

만약 당신의 제품이 월간 구독만 가능하다면, 정상가를 월 15달러로 정하여 시작한다. 경쟁 제품 A가 월간 또는 연간 구독이 가능할 때, 월간 구독료로 환산하여 가장 저렴한 가격을 사용한다. 이 예시에서는 그 가격이 월 20달러라고 가정하자.

경쟁 제품 B는 일회성 구매 형식만 제공한다면 이 제품이 대대적인 업그레이드를 시행하여 다음 결제를 발생시킬 때 까지의 생명 주기를 4년으로 추정한다. 해당 제품의 구매 가격이 199달러라면, 48개월로 나누어 정상가가 월 4.14달러라고 할 수 있다. 이 가격은 분명히 큰 이점으로 보인다. 하지만 특히 소비자를 대상으로 하는 제품은 199달러를 일시불로 지불하는 것이 상당한 진입 장벽이 될 수 있으므로 신중히 고려해야 한다.

여기에서 상대적 가격 점수를 기반으로 약간의 조정이 필요할 수도 있다. 이 예시에서는 일회성 구매 가격이 25달러 이상 50달러 이하인 모든 제품에 월 5달러의 페널티를 부과한다. 그리고 일회성 구매 가격이 50달러 증가할 때마다 월 5달러의 페널티가 추가되도록 한다. 따라서 일회성 구입 가격 199달러는 월간 정상가 4.14달러로 환산되지만, 월 15달러의 페널티가 추가되므로 최종 조정 가격은 월 19.14달러가 된다.

조정 가격의 상세 내역은 다음과 같다.

199.00달러 / 48 = 4.14달러

일회성 구매 가격이 25달러 이상 50달러 이하 = 페널티 5달러 부과

일회성 구매 가격이 100달러 이상 = 페널티 10달러 부과

일회성 구매 가격이 150달러 이상 = 페널티 15달러 부과

일회성 구매 가격이 200달러 이상 = 페널티 20달러 부과

199달러는 200달러에 못 미치므로 페널티 15달러를 부과하고 정상가에 추가 금액을 더해 위에서 언급한 19.14달러라는 숫자를 얻을 수 있다.

계산을 완료하면 이 시장의 정상가 범위는 다음과 같다.

자사 제품: 월 15달러

경쟁 제품 A: 월 20달러

경쟁 제품 B: 월 19.14달러

정상가를 얻었으니 이제 우선순위에 따라 가중치를 부여한 기능의 가치가 필요하다. 이전에 언급했듯이 기능 비교표의 심화 버전을 만드는 과정에서 우리에게 가치 있는 페르소나(혹은 사용자)에게 중요한 기능을 정의하여 우선순위를 부여한 후 가중치를 매겼다. 페르소나를 생성하고 순위를 매기는 방법에 관해서는 나중에 자세히 다룰 것이며, 지금은 일단 다양한 기능의 가치를 이해하기 위한 맥락을 제공하므로 중요하다는 사실만 짚고 넘어가겠다.

이 예시에서 자사 제품의 기능 가치 점수를 모두 더해 17이라는 숫자를 얻었다고 가정하자. 제품 각 기능의 점수는 1점이다. 자사 제품은 시장에 나와 있는 기능 16가지 중 12가지를 제공하므로 12점으로 시작한다. 그중 5가지는 가장 가치 있는 사용자에게 필수적이므로 해당 기능에 가중치 점수 1점을 부여한다.

가중치가 부여된 5가지 기능의 점수가 10점이 되었고, 남은 7가지 기능은 일반

점수로 7점을 더한다. 이를 더해 자사 제품에 총 17점이라는 기능 점수를 부여했다. 경쟁 제품에도 똑같은 과정을 적용하여 경쟁 제품 A에는 20점, 경쟁 제품 B에는 12점의 기능 점수를 부여했다고 가정해 보자. 이를 완료하면 우리는 가치 공식에 숫자를 대입하여 자사 제품의 상대적 가치를 알아볼 수 있다. 가치 점수가 높을수록 더 좋은 제품이다.

자사 제품의 가치 점수:

17 / 15.00 = 1.13

경쟁 제품 A의 가치 점수:

20 / 20.00 = 1.00

경쟁 제품 B의 가치 점수:

12 / 19.14 = 0.62

가치를 점수화하면 시장에서 자사 제품의 위치를 명확히 알 수 있고, 가장 가치 있는 사용자가 원하는 바와 결부 지어 가격과 기능의 명확한 관계를 수립한다는 점에서 중요하다.

| 벤치마킹, KPI, OKR

벤치마킹은 내외부적으로 매우 간단하다. 반복적인 디자인 작업에서도 이는 필수적이다. 프로세스를 추적하는 방법의 기반이 되기 때문이다. 벤치마킹을 수립하기 위해서 당신은 아주 구체적인 전환 목표에 대해 경쟁사의 제품과 자사 제품을 비교하는 방식을 선택하게 된다.

온라인 쇼핑몰에서 결제를 완료하기 위해 사용자가 반드시 거쳐야 할 클릭 수를 문서화하는 것은 경쟁사를 벤치마킹하기 좋은 사례다. 경쟁사를 각각 방문하여 상품을 장바구니에 담고 결제를 완료하기까지 클릭하는 횟수를 세는 것은 비교적 쉽다. 다른 경쟁사 사이트에서도 똑같이 해 본다. 결제 완료까지의 클릭 수를 모두 수집했다면 자사 제품과 비교하여 상대적 성능을 이해하는 데 사용할 수 있다. 상대적 성능을 추적하는 다른 방법도 있다. 작업을 완료하기까지 걸리는 시간을 측정하거나 발생하는 실수의 수를 세는 것 등이다.

KPI(핵심 성과 지표)

KPI를 추적하는 방법 중 하나로 성공적인 작업 완료 수(전환율) 혹은 상품 하나라도 장바구니에 담은 고객의 수(마이크로 전환율)를 모니터링할 수 있다. 온라인 쇼핑몰이 아니라면 유의미한 작업 흐름이 완료된 상태를 전환이라 보고, 그에 필요한 작은 단계별 작업 흐름을 마이크로 전환이라 보면 된다.

하나의 작업 흐름에서 모든 마이크로 전환과 최종 전환을 추적하는 과정을 '전환 깔때기'로 생각해 보자. 이는 작업 흐름에서 각 단계를 성공적으로 완료하는 사용자의 수를 모니터링함을 뜻한다. 작업 흐름은 대개 선형 프로세스이기 때문에 중단율(어느 단계에서 프로세스를 중단하는 사용자의 수)을 도식화하면 보통 깔때기 모양이다. 100명의 사용자가 당신의 사이트를 방문했다고 가정하자(깔때기의 넓은 윗부분이다). 그중 50명이 상품 페이지에 방문했다면 상품 페이지 방문의 마이크로 전환율은 50%이다. 상품 페이지에 방문한 50명 중 10명이 상품을 장바구니에 담았다면 장바구니에 담은 마이크로 전환율이 10%라는 뜻이다. 마지막으로 장바구니에 상품을 담은 10명 중 1명이 결제까지 완료하였다. 이것은 최종 전환율이 1%라는 뜻으로, 그림 1.10 깔때기의 좁은 아랫부분을 나타낸다.

이런 항목을 추적하면 자사 시스템의 전반적인 성능을 이해하고, 변화시키려는 부분이 사업에 미치는 영향이 긍정적일지 부정적일지 이해하는 데 도움이 된다. 반복 작업은 정확한 흐름, 성능 데이터에 의존하여 방향을 제시해야 하므로 매우 중요하다.

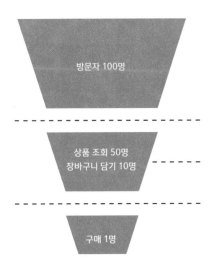

방문자 100명

상품 조회 50명
장바구니 담기 10명

구매 1명

| 그림 1.10 | 전환 깔때기는 사용자가 시스템의 프로세스에 따라 잘 움직이는지를 가
시화하는 산업 표준 방식이다.

OKRObjectives and Key Results

이제 OKR, 즉 목표 및 핵심 결과를 살펴볼 차례다. 이 과정은 목표, 전략, 과제, 전술GSOT을 소개할 때 설명한 내용과 근본적으로 동일하다. 목표를 정의하고 성공 혹은 실패를 측정하는 방법을 만들어야 한다는 아이디어를 기본으로 한다. 구글 벤처스에서 가져온 글(library.gv.com/how-google-sets-goals-okrs-a1f69b0b72c7)에 따라 한 가지를 추가하자면 성공률에도 적절한 타점이 있다. 60~70% 정도의 목표 달성률이 가장 이상적이다. 이 말은 당신이 옳은 방향으로 걸어왔고, 충분히 도전적인 목표를 설정했다는 뜻이다. 성공률이 항상 90~100%라면 만족스럽겠지만 한편으로는 포부가 부족했다고 볼 수도 있다. 이러한 방법이 완전히 새로운 시스템은 아니지만 이제 막 다양한 분야에서 널리 인정을 받기 시작했다.

2장

쓸 수 있게 만들기

> 디자인, 참 재미있는 단어다. 일부 사람들은 디자인이 겉으로 보이는 것을 뜻한다고 생각한다. 하지만 더 깊게 파고들면, 디자인은 어떻게 작동하는지를 의미한다.
>
> – 스티브 잡스Steve Jobs

누구를 위해 디자인하는가?
-페르소나/사용자 세그먼트

애자일 선언문Agile Manifesto(애자일 소프트웨어 개발 프로세스 방법론을 정의한 내용)의 첫 번째 원칙은 다음과 같다. '가치 있는 소프트웨어를 조기에 지속적으로 제공하여 고객을 만족시키는 것이 우리의 첫 번째 우선순위다.' 누구를 위해서 개발하는지, 고객이 어디에서 가치를 발견하는지 알지 못하면 가치 있는 소프트웨어를 제공하기 매우 어렵다.

워크숍이 끝나고 돌아오면 아마 몇 개의 과제가 생겼을 것이다. 목표 및 핵심 결과OKR가 중요한 이유가 몇 가지 있지만, 일단은 다음 단계로 가는 발판이 된다는 점이 가장 중요하다.

사용자를 이해해야 할 필요성을 납득했고, 그 이해를 바탕으로 디자인 과정에 뛰어들고 싶다면 53페이지로 넘어가도 좋다. 사용자 경험 산업에 영향을 미치는 가장 큰 이슈 중 하나에 관한 나의 생각이 궁금하다면 계속 이어서 읽으면 된다.

UX에 'U'를 넣을 차례다. 애석하게도 이 단계는 쉽게 간과되기도 한다. 나는 사람들이 친절하고 융통성 있는 사람이 되고 싶어 한다는 것을 안다. 스스로를 사용자 경험 디자이너라고 소개하는 사람들에게 굳이 아니라는 말로 상처를 주고 싶은 사람은 아무도 없다. 그러나 그러한 친절은 아무 도움이 되지 않으며 오히려 많은 사업에 해를 끼친다. 만약 당신의 프로세스에 사용자를 정의하고 참가자와 조사를 진행하며, 조사에서 얻은 내용을 토대로 디자인 프로세스에서 의사결정을 내리는 과정이 포함되지 않는다면, 사용자 중심의 디자인을 하지 않은 것이다.

이것은 매우 중요한 개념이다. 대부분의 대학에서 운영하는 그래픽 디자인 프로그램은 사용자 정의나 연구, 사용자로부터 수집한 정보를 요구 사항으로 만들어 내는 작업 등은 다루지 않기 때문이다. 대부분 인터랙션 디자인에 관한 내용도 가르치지 않는다. 이것 말고도 누락된 과정은 수도 없이 많지만 방금 언급한 내용은 꼭 필요하다. 이는 여러 사업에서 사용자 경험 디자인을 담당하는 사람이 아직 제대로 훈련되지 않았음을 시사하기도 한다. 사업은 실패라는 실망스러운 결과로 끝나고 디자이너를 탓한다. 디자이너가 스스로를 탓하는 경우도 부지기수다. 이런 상황은 부당하기 그지없으며 미연에 방지할 수 있다.

개발자는 이와 정반대. 사업주들이 마땅한 담당자가 없어 엉망인 UX를 개발자에게 맡기게 됐다고 사과하는 일은 제법 흔하다. 대부분은 개발자들이 제품의 UX에 관한 작업을 잘 해내리라고 기대하지 않는다. 개발자가 그와 관련된 교육을 받은 적이 없다는 사실을 모두 알고 있기 때문이다. 하지만 대부분의 그래픽 디자이너도 똑같다. 그들에게도 충분한 교육 기회가 제공되어야 하며 전문성이 부족한 분야에는 추가적인 인력 지원이 필요하다.

이 내용을 읽고 그래픽 디자이너는 필요 없으니 그냥 다 패스하고 사용자 경험 디자이너만 있으면 되겠다고 생각할지도 모른다. 하지만 대부분은 그렇지 않다. 이러한 접근의 첫 번째 문제는 광범위하고 현대적인 사용자 경험 디자인을 만드는 기술과 능력을 겸비하도록 훈련받은 경력직은 매우 소수에 불과하다는 것이다. 이 모든 기술을 습득하고 이를 현실에 적용해 본 경력이 있는 사람을 찾았다면, 현재 시점 기준으로 최소 15만 달러는 줘야 한다. 단언컨대 이런 사람을 찾아서 고용하기란 쉽지 않다. 이 방법이 최선도 아니다.

이런 귀한 사람이 당신의 팀에 한 명이라도 있다면 다음 문제에 직면할 것이다.

그들도 그저 사람이다. 인간이기 때문에 컴퓨터처럼 일할 수 없으며, 따라서 한 번에 두 가지 이상의 작업은 불가능하다는 사실을 깨닫는 순간 문제가 생길 수 있다. 그들은 워크숍에 집중해 요구 사항을 들어 주거나, 리서치와 분석에 집중하거나, 사용자 흐름이나 인터랙션 디자인을 깊게 고민하겠지만 이 모든 일을 한 사람이 동시에 할 수는 없다. 그러므로 팀에 병목 현상bottleneck(병의 목처럼 좁은 부분에 문제가 생겨 넓은 부분으로 이어지지 못하는 현상)이 발생할 것이다.

그렇기 때문에 T자형 디자이너들이 빛난다. 내가 T자형 디자이너라는 용어를 처음 접한 것은 로버트 후크먼Robert Hoekman의 저서 《필요한 경험Experience Required》에서였다. 잘 알고는 있었지만 무어라 설명하지 못했던 개념에 호크만이 이름을 붙여 준 덕분에 나는 학생, 고객과 소통할 때 이 개념을 사용할 수 있게 되어 기뻤다. T자형 디자이너는 T의 가로획에 해당하는 다양한 기술과 세로획에 해당하는 최소한 가지 이상의 분야에 심도 있는 전문성을 가진 사람을 뜻한다. 이런 사람들이 팀을 이루면 전체적인 UX 프로세스 사이를 유연하게 아우를 수 있으며 서로를 지원하여 시너지를 일으킨다. T자형 디자이너는 노출이 필요한 부분에 그래픽 디자이너를 투입하도록 도움을 주고 그래픽 디자이너는 유형, 색상, 구성, 시각적 위계 등이 어떻게 훌륭한 사용자 경험을 만들어 회사의 브랜드를 대표하는지 알려주며 서로 돕는다.

그래픽 디자이너와 개발자 모두 고객이 매일 사용하게 될 최종 경험에 막대한 영향을 미친다. 그러므로 나는 원하는 사람들 모두에게 사용자 중심 디자인 교육을 제공하기를 추천한다. 풀타임으로 일하면서도 병행할 수 있는 소규모 교육 기회를 제공하는 몇 가지 좋은 프로그램이 있다. 최고 수준의 교육을 합리적인 가격에 제공하는 인터랙션 디자인 재단(Interaction Design Foundation, www.interaction-design.org)을 추천한다.

교육에 지출할 예산이 부족하다면, 이 책에서 추천하는 책을 사서 관심을 보이는 사람들에게 나누어 줄 수도 있다. 아무도 관심이 있다고 나서지 않으면 제법 곤란해진다. 하지만 많은 사람이 나선다면 좋아서 펄쩍 뛸지도 모른다. 이는 곧 그들이 주인 의식을 갖고 제품을 더 낫게 만드는 데 적극적이라는 뜻이기 때문이다. 이런 직원들에게 투자하는 것은 사업적으로 좋은 결정이다. 지역에서 UX 소모임에 참여하는 것도 저렴한 방법으로 사람들을 교육할 수 있는 방법이다. 밋업Meetup. com은 지역 내 사업 전문가들에게 무료 혹은 아주 저렴한 비용으로 배움을 얻을 수 있는 플랫폼이므로 아직 회원이 아니라면 가입하기를 추천한다.

이제 이 모든 것으로 우리의 사용자를 정의해 볼 시간이다. 먼저 우리가 집중해야 할 과제 중 하나가 '유지'라고 상상해 보자. 실제 과제는 '우리의 분석 제품을 위한 유지 강화'와 같은 형식으로 작성될 것이다.

핵심 결과 또는 OKR은 다음과 같이 작성할 수 있다.

• 고객 지원 요청 감소(더불어 운영 효율성 강화)
• 순고객추천지수NPS 강화, 현재 지수 32
• 고객 자문단 생성, 모든 신규 회원이 원하는 것과 필요한 것을 더 잘
  이해하기 위한 인터뷰 진행

위와 같은 과제를 생각한 후 진행해야 할 첫 번째 단계는 과제와 연관된 페르소나를 생성하거나, 이미 만들어 존재하는 페르소나가 과제와 관련이 있다면 이를 사용하는 것이다.

지원 요청을 감소시키는 것이 첫 번째로 할 일이라고 가정하자. 지난달과 지난 분기 지원 요청 건수를 문서화해야 한다. 특정 기간을 기준으로 삼는 것은 선택 사항이지만 이 지표의 현재 상태를 테스트하기 위해서는 필요하다.

잠재적 방해물

준비된 분석 자료가 없거나 팀에 정보를 줄 사람이 없다면, 관련 정보를 정기적으로 수집하는 시스템을 구축해야 한다. 현재 이를 진행하지 않는다면, 팀이 해야 할 일의 목록에 넣어 두어라.

간단히 구글 애널리틱스Google Analytics(구글에서 제공하는 통합 마케팅 분석 플랫

이 사례를 이어 나가기 위해 다음과 같이 가정하자. 지난달의 지원 요청 건수는
425건이었고, 지난 분기에는 1500건이었다. 이 숫자는 사용자 경험 말고도 다양한
요소의 영향을 받는다는 사실을 명심해야 한다. 연중 어느 때인지, 날씨는 어떤지,
정치 판도는 어떠한지 등에도 영향을 받는다. 사용자 경험은 그저 퍼즐의 한 조각
일 뿐이다. 자동차를 판매할 때 오픈카는 당연히 가을이나 겨울보다는 봄과 여름
에 더 많이 팔린다. 오픈카를 판매하는 웹사이트의 사용자 경험을 강화하고 싶다
면 KPI를 검토할 때 계절을 고려해야 할 것이다. 이 사례에서는 그렇게 깊게 살펴
보지 않고 분기(3개월)별 평균 지원 요청이 1500건이었다면 간편하게 월간 500건으
로 계산하겠다.

이 모두를 고려하면 새로운 솔루션을 배포한 후 지원 요청을 월 500건 이하로
감소시키는 것이 우리의 목표다. 이상적으로는 요청 건수를 크게 줄이면 좋겠지만
옳은 방향을 설정하는 것 또한 중요하다.

이 문제를 더 자세히 분석하기 위해 어떤 종류의 지원 요청이 들어오는지 알아내
야 한다. 일반적으로 고객 지원 담당자를 인터뷰하면 지원 요청을 어떻게 분류하
는지 잘 알 수 있다.

지원 팀에서 가장 높은 세 명의 담당자와 논의하여 대부분의 지원 요청은 표 2.1
과 같이 분류할 수 있다는 사실을 알게 되었다고 해 보자.

이슈	발생 비율
계정 생성	5%
로그인 이슈	3%
결제 이슈	8%
취소 이슈	4%
제품 설정과 관련한 이슈	45%
기타	35%

|표 2.1| 이슈 정의 목록

현실적인 결과는 실망스럽게도 이처럼 애매하다. 조치를 취할 수 있는 정보가 주어진다 해도 35% 전부를 실행하기에는 너무 모호하다. 이 결과가 우리가 원하는 만큼 명확하지는 않지만 다음 반복에서 다룰 '기타' 이슈가 많다는 사실을 확인하기 위한 리서치를 진행하는 한편, 이번 제품 설정을 전달함으로써 의미 있는 진전을 만들어 낼 수 있다.

제품 설정이 지금은 제법 크게 느껴질지 모르지만 '집에서 일하는 아빠'라는 새로운 페르소나를 생성하여 문제를 정의해 보자.

집에서 일하는 아빠 페르소나는 다른 사용자와는 다르다. 그들은 시스템을 사용한 적이 거의 없고 시스템을 어떻게 설정해야 하는지 모르기 때문에 어떤 옵션이 가능한지도 모를 가능성이 높다.

웹에서 페르소나를 검색해 보면 디자이너가 사용자를 페르소나로 정의하는 방법이 매우 다양하다. 몇몇은 아름답게 디자인된 결과물을 만들어 내고, 나머지는 사용자 설명을 글로 쓴 워드 문서를 작성한다. 클라이언트에 따라 나는 이 두 가지 방법을 포함하여 가능한 한 다양하게 만든다. 어떤 방법이 최선인지는 이후에 논의하겠지만 유용한 요소는 필요하다면 모두 포함한다.

그림 2.1은 내가 캘리포니아주로 갈 때 버몬트주의 벌링턴에서 UX 스피크이지UX Speakeasy 모임을 이어받아 준 나의 오랜 동료 제프 볼저Jeff Volzer가 개발한 페르소나 형식이다.

알람 시계 페르소나와 시나리오: 평범한 아빠

브래드는 집에서 일하기 때문에 근무하면서 아이들의 픽업을 담당한다.
그는 회의에 참석하느라 달력 앱의 알람을 인지하지 못해 픽업에 늦곤 했다. 다시는 늦지 않기 위해 반복적인 알람이 필요하다.

동기
- 그는 이혼당하고 싶지 않다.
- 아이들을 실망시키고 싶지 않다.
- 그는 좋은 아빠가 되고 싶고, 자녀들이 그의 1순위라는 것을 알아주기를 바란다.

고충
- 원격으로 회사 조직을 관리하는 일과 가정 내 책임 사이에서 균형을 유지하기란때때로 쉽지 않다.
- 회의에 참석할 때는 달력 앱 알람을 놓치기 쉽다.

요구 사항
- 반복 알람을 설정하기 쉽고, 다양한 기기에서 울리는 기능을 갖춘 알람

"학교를 마친 아이들을 데리러 제시간에 출발할 수 있도록 바쁜 제게 반복적으로 알려 주는 알람이 필요합니다."

- 평범한 아빠 브래드

주요 사용 시나리오

월요일, 수요일
축구 교실 이후 픽업

브래드는 자녀들의 축구 교실이 끝나는 오후 5시까지 픽업을 가야 한다. 대개는 30분 안에 학교에 도착하지만 월요일에는 교통 사정으로 문제가 생길 수도 있다.

화요일, 목요일
바이올린 수업 이후 픽업

자녀들의 바이올린 연습이 끝나는 오후 4시 30분까지 픽업을 가야 한다. 바이올린 학원까지 20분이면 가지만 가끔 주차 문제가 생기기도 한다.

금요일
학교 마치고 픽업

학교는 오후 3시 30분에 마친다. 학교에 들어갈 차가 막혀 10분 정도 더 걸린다.

|그림 2.1| 페르소나는 현실 세계 사용자의 목표, 고충, 동기, 요구 사항에 집중하여 간략하게 작성해야 한다.

그림 2.1의 페르소나 템플릿은 아래에 이어지는 주요 요소로 나뉘지만 명심해야 할 중요한 점이 한 가지 있다. 사업이 판매, 리서치, 분석을 반복하면서 새로운 정보가 유입됨에 따라 페르소나는 계속해서 변화하는 살아 있는 문서이다. 따라서 팀이 편집하고 협업하기 가장 쉬운 형식을 추천한다. 아무리 아름답게 디자인된 UX 작품이어도 오래되거나 오해의 소지가 있는 정보를 담고 있다면 위험할 뿐이다. UX의 다른 모든 것과 마찬가지로 간단하고 최신 상태를 유지하며 반복해야 한다. 보여 주는 형식이 담긴 내용보다 중요하지는 않다. 이를 염두에 두고 다음의 내용을 포함하도록 하자.

- **페르소나가 누구인지 한 문단으로 정의하는 설명**

  사람들은 대개 관계없는 정보를 포함하여 작성하는 실수를 범한다. 관계없는 정보란 보통 나이나 학력 등을 말한다. 이 정보가 필요할 수도 있으나 시스템과의 상호작용에 별다른 상관이 없는 경우가 대부분이다. 이를 피하기 위해서는 포함된 내용이 개선하고자 하는 시스템과 직접적인 관련이 있는지 확인해야 한다. 아동을 대상으로 하는 애플리케이션을 만든다면 당연히 나이가 중요하다. 반면 아마존닷컴amazon.

com 같은 사이트에서 결제 과정을 개선하는 중이라면, 다양한 연령층이 사용하는 시스템이므로 나이는 그렇게 중요하지 않다. 결국 왜 그것을 포함해야 하는지 설명할 수 있다면 페르소나에 포함해도 좋다. 그렇지 않다면 삭제한다.

- **사용자의 핵심 동기**

  일상을 중요 항목 위주로 굉장히 현실적으로 묘사하여 사용자가 솔루션을 기대하도록 만들어라.

- **사용자의 핵심 고충**

  사용자가 경험하는 특정 문제를 팀에서 이해할 수 있도록 목록으로 작성한다.

- **요구 사항**

  해결되어야 하는 페르소나의 문제를 중요 항목 한두 개로 간단하게 작성한다. 솔루션을 포함하지 말고 문제만을 작성한다.

- **사용자 의견**

  실제 사용자의 말을 인용하면 좋겠지만 사용자의 요구 사항을 요약하는 정도로 시작해도 괜찮다. 조사를 하면서 실제 사용자의 말을 가져올 수 있을 때 새로운 정보로 페르소나를 업데이트하면 된다.

디자인된 페르소나의 예를 보았으니 그림 2.2와 같이 디자인 요소를 없애고 워드나 구글 문서로 개요를 작성하는 방법은 훨씬 쉬울 것이다.

일반적으로 나는 고객과의 워크숍 과정 중에 모든 페르소나를 정의하려고 노력한다. 이를 통해 확실한 개요를 얻고 중복되는 부분을 상당수 빠르게 제거하여 필수 목록만 남길 수 있다. 나는 페르소나의 수가 적을수록 요구 사항을 더 잘 다루는 경우가 많다는 사실을 깨달았다. 주로 3~5명 정도로 추리는데, 그보다 더 많으면 우리가 작업하는 제품을 두 개 혹은 그 이상으로 쪼개야 한다는 뜻이다. 엄격하게 적용되는 규칙은 아니지만 한 번쯤 고려할 만하다.

마지막으로 그림 2.3에서 보듯이 가중치를 부여한 페르소나 도표를 이용하여 당신이 완성한 페르소나에 우선순위를 매긴다. 사업에서 각 페르소나의 상대적 가치를 결정할 필요가 있다는 의미이다. 프로세스 후반으로 가면 어떤 기능을 구축하

1. 개발자와 운영자/소유자

사례

폴은 이 서비스를 사용하여 그의 웹사이트가 매일 잘 운영되는지 관리하는 개발자이다. 그는 초기 예측 및 가용 자원과 관련하여 에너지 생산의 종합적인 정보를 찾는다 (예: 방사 조도(단위면적당 방사속)). 웹사이트의 성능이 예상보다 못하다면 그 이유를 밝힐 도구가 필요하다. 성능 저하의 원인이 서비스 관련 문제라면 이를 관리 및 추적하여 서비스에 난 구멍들을 메꾸어야 한다.

목표
1. 작동하지 않는 시간 최소화
2. 서비스 최적화
3. ROI 극대화

만족을 위한 조건
1. 실시간 데이터
2. 정확한 데이터
3. 관리 업무 최소화
4. 현재 데이터를 볼 때 지역 날씨 위젯을 함께 볼 수 있는 UI
5. 넓은 지역의 날씨 위성사진 접근

KPI·보고·시각화를 위한 조건
1. 웹사이트 및 포트폴리오 성과(월별·분기별·연도별 요약 및 개별 정보, 13개월 동안의 그래프, 환경 설정 등을 포함)
2. 웹사이트 및 포트폴리오 수익(요약 및 개별 정보, 위의 13개월 그래프도 함께)
3. 일일 에너지, 수익, 환경 설정

| 그림 2.2 | 페르소나를 만든다고 디자이너가 될 필요는 없다. 문서를 자주 업데이트하기에는 디자인이 최소화될수록 좋은 경우가 많다.

고 어떤 기능을 백로그backlog(개발을 보류한 항목을 저장하는 곳)에 남길지 결정해야 하기 때문에 매우 중요한 과정이다. 이러한 상황에서는 기능 추가에 따르는 영향을 우선순위가 높은 페르소나와 연결시켜야 한다.

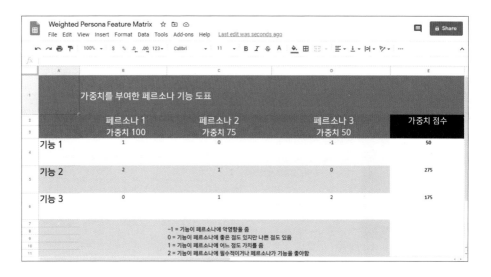

	A	B	C	D	E
1	가중치를 부여한 페르소나 기능 도표				
2-3		페르소나 1 가중치 100	페르소나 2 가중치 75	페르소나 3 가중치 50	가중치 점수
4	기능 1	1	0	-1	50
5	기능 2	2	1	0	275
6	기능 3	0	1	2	175
7-11		–1 = 기능이 페르소나에 악영향을 줌 0 = 기능이 페르소나에 좋은 점도 있지만 나쁜 점도 있음 1 = 기능이 페르소나에 어느 정도 가치를 줌 2 = 기능이 페르소나에 필수적이거나 페르소나가 기능을 좋아함			

|**그림 2.3**| 페르소나 가치 도표는 당신의 사업에서 어떤 페르소나를 가장 우선시해 야 하는지 명확히 보여 준다는 점에서 의미가 있다.

페르소나에게는 무엇이 필요한가? - 시나리오

어떤 방법을 사용했든 사용자를 제대로 이해한 후에는 그 사용자에게 무엇이 필 요할지 기록할 시간이다. 이것이 시나리오의 역할이다. '유스 케이스'라는 말을 들 어 본 적이 있을 것이다. 시나리오와 유스 케이스가 각각 무엇이고 서로 어떻게 다 른지 이해하려면 꽤 복잡하다. 유스 케이스는 중요한 개념이기 때문에 이후에 따로 다룰 것이다. 우선은 사용자가 하고자 하는 것을 시나리오로, 사용자가 시나리오 를 실행하는 방식을 유스 케이스라고 부른다고 해 두겠다.

그림 2.4는 특정 시간 프레임을 바탕으로 사용자에게 필요한 요소를 나눈 것이 다. 어떤 애플리케이션에서는 사용자가 한 달에 두 번 정도만 각기 다른 이유로 시 스템을 사용할 수도 있다. 다른 시스템에서는 같은 사용자가 하루에도 몇 번이나 상호작용을 일으키기도 한다. 시나리오를 시간과 연결시키면 전체적인 사용량을

문서화하는 데 도움이 되며, 이는 곧 기획 팀이 다른 방식으로는 알아내기 어려운 복합적인 문제를 더 잘 이해하도록 도움을 준다.

알람 시계 페르소나와 시나리오: 평범한 아빠

브래드는 집에서 일하기 때문에 근무하면서 아이들의 픽업을 담당한다.
그는 회의에 참석하느라 달력 앱의 알람을 인지하지 못해 픽업에 늦곤 했다. 다시는 늦지 않기 위해 반복적인 알람이 필요하다.

동기
- 그는 이혼당하고 싶지 않다.
- 아이들을 실망시키고 싶지 않다.
- 그는 좋은 아빠가 되고 싶고, 자녀들이 그의 1순위라는 것을 알아주기를 바란다.

고충
- 원격으로 회사 조직을 관리하는 일과 가정 내 책임 사이에서 균형을 유지하기란 때때로 쉽지 않다.
- 회의에 참석할 때는 달력 앱 알람을 놓치기 쉽다.

요구 사항
- 반복 알람을 설정하기 쉽고, 다양한 기기에서 울리는 기능을 갖춘 알람

"학교를 마친 아이들을 데리러 제시간에 출발할 수 있도록 바쁜 제게 반복적으로 알려 주는 알람이 필요합니다."

- 평범한 아빠 브래드

주요 사용 시나리오

월요일, 수요일 축구 교실 이후 픽업	브래드는 자녀들의 축구 교실이 끝나는 오후 5시까지 픽업을 가야 한다. 대개는 30분 안에 학교에 도착하지만 월요일에는 교통 사정으로 문제가 생길 수도 있다.
화요일, 목요일 바이올린 수업 이후 픽업	자녀들의 바이올린 연습이 끝나는 오후 4시 30분까지 픽업을 가야 한다. 바이올린 학원까지 20분이면 가지만 가끔 주차 문제가 생기기도 한다.
금요일 학교 마치고 픽업	학교는 오후 3시 30분에 마친다. 학교에 들어갈 때 차가 막혀 10분 정도 더 걸린다.

|그림 2.4| 시나리오를 사용하여 서로 다른 맥락에서 사용자의 필요가 어떻게 변화하는지 문서화하면 새로운 사업 기회를 발견할 수 있다.

어떤 방식으로 시나리오를 문서화하든 해결되어야 하는 문제를 드러내는지 확인하는 것이 중요하다.

필요한 이유는 무엇인가? – 우선순위와 타당한 이유

우선순위는 제품 디자인과 개발 생명 주기에서 간과하기 쉬운 항목이다. 우선순위 설정에 공식적인 절차가 없는 팀과 일한 적도 많은데 대부분 팀 내 아무나 이 일을 맡곤 했다. 이것이 문제가 되는 전형적인 상황은 영업 사원이 박람회에 다녀와서 새롭고 신기한 무언가를 내놓으며 당장 디자인하고 구축해야 한다며 재촉할 때다. 목표, 전략, OKR 등을 수립하기 위해 팀을 이루어 함께 일하는 목적은 팀이 가지고

있는 최고의 정보를 기반으로 올바른 방향으로 나아가기 위해서다. 우선순위 설정 역시 똑같이 이루어져야 하며, 제대로 설정된다면 제품 로드맵에 명확한 계획을 제시할 수 있을 것이다. 팀이 일을 진행하는 과정 내내 변화가 생기면 안 된다는 뜻이 아니다. 변화가 팀의 정체성을 바꿀 수도 있다는 점을 인지하고, 새로운 아이디어가 당신의 OKR에 어떤 영향을 미치는지 신중하게 검토해야 하며, 다른 팀원들의 승인을 받아야 한다. 고려할 만한 세 가지 주요 우선순위 그룹을 소개한다.

- **조직에 대한 가치를 바탕으로 한 페르소나**
  단순히 새로운 사용자 확보, 더 많은 페이지 노출, 간접적으로 측정 가능한 지표를 주요 목표로 삼을 수도 있지만 주로 재정적인 우선순위를 바탕으로 한다.
- **페르소나에 대한 가치를 바탕으로 한 시나리오**
  여기서는 다양한 페르소나에게 어떤 작업이 가장 중요한지 명확히 하는 것을 목표로 한다. 이 과정에서 어려움을 겪는다면 주요 그룹 세 가지로 시작해 보자. 필수적인 것, 있으면 좋은 것, 없어도 상관없는 것으로 나눈다.
- **시나리오에 대한 가치를 바탕으로 한 유스 케이스**
  이 시나리오에서 데스크톱보다 모바일 사용이 더 중요한가? 우선순위가 높은 사용자가 시끄러운 환경에 있을 경우가 많은가? 사용자 참여의 대부분이 야외에서 이루어지는가? 그렇다면 해당 유스 케이스를 목록의 가장 위로 보내야 한다.

어떻게 사용하는가? – 유스 케이스

이제 사용자가 누구이고 그들이 무엇을 해야 하는지 이해했으니 사용자가 시나리오에 있는 작업 목록을 완료하도록 어떻게 도울지 깊게 파고들 차례다. 우리가 반복적인 과정을 다루는 지점에 있다는 사실을 기억하자. 유스 케이스를 만드는 첫 번째 단계가 최종 솔루션이 되어서는 안 된다. 실전에 집중하기 위해 연습하는 과정이라고 생각하자.

유스 케이스는 사용자가 시스템과 어떻게 상호작용하고 시스템은 각 프로세스에 어떻게 대응할 것인지 상세하게 기술하는 역할을 한다. 또한 유스 케이스는 사용자가 어디에서 시스템과 상호작용할 것인지 생각해 보게 한다. 시나리오에서 사용자가 자녀의 생일 선물을 구입해야 한다고 명시했다면, 다양한 유스 케이스가 있을 것이다. 사용자는 집에서 컴퓨터로 검색해 볼 수 있고, 전철을 타고 출퇴근하는 중에 모바일 기기로 검색할 수도 있다. 이와 같이 다양한 상황이 존재한다.

그림 2.5는 기본적인 유스 케이스 형식이 어떻게 작동하는지, 프로세스의 이러한 부분이 잠재적으로 시스템 작동 방법에 관한 상세한 설명으로 이어지는 방식을 보여 준다. 유스 케이스를 생성할 때는 다음 핵심 요소를 포함해야 한다.

- **빠르게 일하라**

  완벽한 솔루션을 떠올리기 위해 많은 시간을 쏟지 마라. 초안을 빠르게 만들어 놓으면 반복을 통해 개선할 수 있다. 이 단계에서는 어느 것도 명확하지 않다는 것을 명심하고 진척이 더디더라도 일단 나아가라. 와이어프레임을 만들면 기존 유스 케이스에 함정이 많이 보일 것이다. 프로세스는 정확히 이렇게 작동한다.

- **간단한 형식을 취하라**

  간단하게 만들면 유스 케이스의 한 줄 한 줄이 와이어프레임이 된다. 유스 케이스를 도식화하여 만들어 낸 와이어프레임은 모두 스토리보드storyboard(**전체 흐름에 따라 화면 구성 및 기능을 칸칸이 배열하여 보여주는 프로토타입**)가 된다. 유스 케이스에 작성한 문장을 스토리보드의 주석으로 사용하면 기획자, 디자이너, 개발자가 솔루션을 이해하는 데 많은 도움을 받는다.

  > 대략 이런 형식이다.
  > 1단계: 사용자가 행위를 한다.
  > 2단계: 시스템이 …라고 답한다.
  > 3단계: 사용자가 또 다른 행위를 한다.
  > 4단계: 시스템이 …라고 답한다.

대충 틀만 잡은 첫 번째 시도가 괜찮게 느껴진다면 이를 사용하여 솔루션의 밑그림을 그려 보자.

모든 과정을 단계별로 설명하기는 하지만, 이 모든 것을 공구함에 들어 있는 공구라고 생각하고 적절한 상황에 꺼내 쓰면 더 좋다. 지금 이런 이야기를 하는 이유는, 첫 단계로 유스 케이스를 작성하는 것보다 화이트보드나 종이에 솔루션을 그려 보는 것이 더 좋았던 경우를 많이 봤기 때문이다. 나는 유스 케이스를 만들기 위한 바탕을 화이트보드에 그려 보기도 하고, 그 반대로 할 때도 있다. 글로 쓰는 것과 화이트보드에 그리는 것은 내 머릿속에서 각각 다른 부분이 담당하기 때문에 어느 한쪽에서 놓친 것을 다른 쪽에서 발견하기도 하므로 두 가지 방법을 모두 사용한다.

알람 시계 유스 케이스: 평범한 아빠 – 축구 교실 이후 픽업

첫 번째 유스 케이스

평범한 아빠

"학교를 마친 아이들을 데리러 제시간에 출발할 수 있도록 바쁜 제게 반복적으로 알려 주는 알람이 필요합니다."

- 평범한 아빠 브래드

평범한 아빠	브래드는 사용자가 켜지 않아도 시간이 표시되는 시계 기능이 있는 스마트 공유기를 구입했다. 이 기능이 그다지 중요해 보이지 않을 수 있다. 그러나 공유기와 함께 거실에 있는 다른 기기는 시간을 보여 주는 기능이 없기 때문에 그는 아마존 에코(Echo)에게 소리를 지르거나 TV 리모컨을 찾거나 휴대전화를 켜서 시간을 봐야 한다. 이 공유기가 있으면 그저 고개를 들어 보기만 하면 된다. 공유기를 살 때 그는 알람 설정 기능에 관한 안내를 받았는데, 그의 이메일 계정에 접근 가능하고 앱을 실행하는 모든 기기에서 알람이 울린다고 했다. 이 기능은 자녀들 픽업에 늦곤 했던 브래드가 원하던 바로 그것이었다. 브래드는 휴대전화에서 앱을 켜고 알람이 작동하는 것을 확인했다.
앱	앱이 열리고 기본 메뉴가 표시된다. 메뉴에는 게스트 접근, 네트워크 지도 등을 관리하는 도구가 포함되어 있다.
평범한 아빠	브래드는 알람 아이콘을 누른다.
앱	앱은 현재 알람 목록을 보여 준다. 브래드는 이 기능을 처음 사용하기 때문에 목록이 비어 있고 새로운 알람을 생성하는 버튼이 보인다.
평범한 아빠	브래드는 버튼을 눌러 새로운 알람을 생성한다.
앱	앱은 알람이 울릴 시간을 선택하는 인터페이스를 보여 준다. 날짜 선택 창에는 기본으로 현재 날짜가 입력되어 있지만 변경이 가능하다.

다음 슬라이드에 계속…

|**그림 2.5**| 상세한 유스 케이스는 훌륭한 와이어프레임의 기초가 된다. 유스 케이스의 각 단계는 스토리보드에서 하나의 와이어프레임이 될 것이다.

언제 설계하고 구축할 것인가? - 제품 로드맵

제품 로드맵은 팀의 다양한 구성원 모두가 팀이 언제 무엇을 제공할 것인지를 이해하는 타임라인 역할을 한다. 잘 관리된 로드맵이 있으면 영업 팀이 잠재 고객에게 향후 기능을 자신 있게 소개할 수 있다. 로드맵은 이러한 지출이 어떻게 회사에 가치를 가져다주는지 투자자와 회사 간부에게 설명하기 위해서도 필수적이다. 정보가 부족한 로드맵은 팀과 팀원 사이에 마찰을 일으키고, 영업 팀이 베이퍼웨어를 내놓아 투자자를 잘못 끌어올 가능성을 발생시킨다.

우선순위 유스 케이스를 이미 작성했으니 제품 로드맵을 만드는 일은 간단하게 느껴지겠지만, 로드맵은 일정을 단순히 우선순위에 따라 달력에 적어 넣는 것보다 훨씬 더 복잡하다.

의미 있는 로드맵을 만들려면 유스 케이스를 다양한 요소로 세분화하기 위해 디자인 팀과 개발 팀의 대표자가 있어야 한다. 전제 조건이나 의존 관계, 위험도를 정의하고 디자인과 개발이 각 요소에 적절히 배당되도록 하기 위함이다. 이 과정에서 리서치가 더 필요하거나, 의미 있는 추정이 불가능하거나, 완전히 정의되지 않은 부분이 있는지 찾아내도록 한다. 경영진이나 투자자에게 약속을 한 후 이런 문제를 발견하는 것보다는 이 단계에서 발견하고 조정하는 편이 훨씬 낫다.

우선순위가 높은 항목에 대한 리서치가 더 필요하다고 판단했다면 계획에 이를 추가하고 타임라인을 조정하라. 팀에서 추정하기가 어려운 항목이 있다면 해당 항목을 세분화하는 회의를 열어야 한다. 훌륭한 사용자 경험을 만들기 위한 인고의 과정이다. 사용자를 위해 할 수 있는 최선은 제품과 관련하여 현실적인 계획을 세우고, 계획한 일정대로 가치 있는 기능을 출시하는 것이다.

각 유스 케이스의 다양한 요소를 만들기 위해 필요한 우선순위, 소요 시간, 들여야 하는 수고를 자세히 살펴본 후 그림 2.6처럼 로드맵에 작업을 배치할 수 있다.

앞서 언급했듯 팀원들이 계획을 받아들이는 것이 매우 중요하다. 로드맵은 토론을 가능하게 하는 하나의 도구로서 팀이 이해하고 동의하도록 이끌어 줄 것이다.

제품 로드맵은 무엇을 설계하고 구축해야 하며, 각 요소가 언제 팀의 일정에 포함되는지를 가시적으로 보여 줘야 한다. 이를 통해 회사의 모든 사람이 수행해야 할 작업과 그 노력을 지원하는 최고의 방법을 정리할 수 있다. 로드맵은 당신의 팀에 의미 있는 시간 단위로 분류되어야 한다. 짧은 기간일 수도 있고 일주일, 한 달 등으로 세분화할 수도 있다. 로드맵은 마치 수영장의 레인처럼 시간 프레임으로 나뉜다.

리서치

팀에 맥락을 제공하기 위한 모든 활동이 이 레인에 속한다. 시장과 경쟁사 리서치부터 사용자 분석까지 모두 포함한다.

UX

분류 체계, IA^{Information Architecture}(정보 구조), 인터랙션 디자인, 와이어프레임, 프로토타입 및 사용성 테스트가 이 범주에 포함된다. 당신이 속한 조직에 따라서 또 다른 레인이 여기에 속할 수도 있다.

그래픽 디자인

브랜드, 시각적 위계, 색상, 글꼴, 구성, 일관성, 질감, 스타일 가이드 등이 이 레인에 속한다.

백 엔드 개발

서버와 관련된 코드, 설정값, 관리, 모니터링이 모두 이 레인에 속한다. 모델과 컨트롤러 코드도 이와 관련이 있다.

프론트 엔드 개발

웹사이트의 프론트 엔드 개발에서 가장 중요한 것이 HTML, CSS, 자바스크립트JavaScript다. 뷰 레이어 관련 코드를 비롯해 애플리케이션에서 보이는 모든 것이 이 레인으로 들어간다.

품질 관리^{QA}

시스템의 기능이 의도한 대로 작동하는지, 새로운 코드가 기존의 기능에 영향을 주지는 않는지 테스트하는 것을 비롯한 관련 활동이 여기에 포함된다.

준비된 협업

새로운 기능을 인지, 교육, 테스트하고 고객 인지도를 얻는 일이 이 레인에서는 필수적이다.

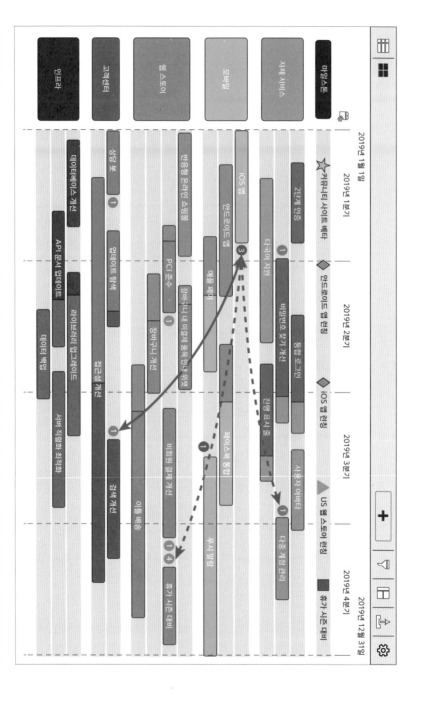

| 그림 2.6 | 로드맵은 팀 전체가 높은 수준의 마일스톤milestone(프로젝트 진행 과정에서 중요한 지점을 표시하여 일정 관리를 용이하게 하는 문서)을 보고 그에 대한 피드백을 제공하는 방식으로 제품 계획에 대해 소통할 때 유용하다.

66

분석

추적, 모니터링, 분석, 성능 지표를 다루는 모든 노력이 이 레인에 포함된다.

각 레인을 하나의 역할로 보기보다는 하나의 활동으로 인식하는 것이 중요하다. 대부분의 회사는 이런 역할마다 모두 담당자를 두지는 않는다. 스타트업 회사는 소수 인력으로 운영되므로 직원 한 사람이 여러 가지 역할을 맡는다. 이것을 활동으로 인식하면, 그냥 팀원이어도 중요한 항목을 모두 다룰 수 있고 회사 내에서 좋은 위치에 서게 된다.

어떻게 동작할 것인가?
- 여정 지도/와이어프레임/프로토타입/테스트/반복

| 여정 지도

여정 지도는 사용자가 어떻게 프로세스를 거치는지 문서화할 때나, 와이어프레임을 만드는 데 시간을 할애하기 전 새로운 솔루션으로 넘어가려 할 때 유용한 도구이다. 이들은 단일 작업 흐름부터 옴니채널omni-channel(온라인, 오프라인 등 유통 경로가 다양한 서비스) 사용자 경험을 문서화하는 등 모든 작업에 사용된다. 여정 지도는 단순히 흐름을 그림으로 그릴 수도 있고, 복잡하게는 프로세스의 각 단계별로 사용자의 생각과 감정 상태를 표시할 수도 있다.

어떤 방법을 사용할지 결정하는 나만의 원칙은 지도가 어떻게 사용될지에 달렸다. 만약 잠재적인 흐름을 반복하기 위한 도구라면 가능한 한 간단한 버전을 사용할 것이다. 워크숍에서 사용한 화이트보드로 끝날 수도 있고, 루시드차트Lucidchart(데이터 시각화 도구의 일종)로 문서를 만들 수도 있다.

한편 고객이나 경영진에게 흐름을 설명할 때 여정 지도를 사용하여 사용자의 감정을 전달해야 한다면 스케치Sketch 등을 사용하여 더 자세한 설명을 추가한 버전으로 만들 것이다. 어느 방법이든 이것은 도구일 뿐이라는 사실을 기억해야 하며, 여정 지도를 생성하고 반복하는 노력이 효력을 발휘하지 못하기 시작하면 와이어프레임을 만들 차례다.

나도 여정 지도를 매번 만들지는 않는다. 때로는 유스 케이스를 작성하고 바로 와이어프레임으로 넘어가는 것이 더 쉽다. 가끔은 와이어프레임의 밑그림을 먼저 그린 후 여정 지도나 스토리보드를 그리기도 한다. 이렇게 다채로운 변화에 열려 있어야 한다. 한 가지 방법을 고수하느라 다른 것을 신경 쓰지 못하는 지경에 이르지 말라는 뜻이다. 어떤 것에서 가치를 끌어낼 수 있다고 믿는다면 당연히 프로젝트에 포함한다. 다른 방법으로 더 나은 진척을 만들 수 있다고 생각한다면 그렇게 하라. 결국 자신이 틀렸고 여정 지도를 만들어야겠다는 생각이 든다면 돌아가서 만들면 된다. 여정 지도는 꽤 멋져 보이기 때문에 많은 팀에서 만들곤 하지만, 견고한 데이터가 바탕이 되지 않으면 도리어 팀을 잘못된 방향으로 이끌지도 모른다. 데이터가 없다면 이 방법은 사용하지 않는 것이 좋다. 데이터가 있다면 그림 2.7 예처럼 해당 데이터의 이야기를 전달하도록 신중하게 여정 지도를 만들자.

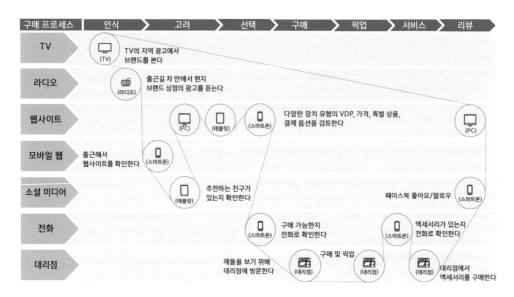

|그림 2.7| 여정 지도는 사용자가 프로세스의 다양한 단계로 이동하는 과정을 설명하는 데 유용하다. 하지만 견고한 데이터가 뒷받침되지 않으면 잘못된 방향으로 흘러갈 수도 있다.

| 와이어프레임

여기까지 잘 따라왔다면, 이 책에서 다루는 모든 내용이 사용자 경험을 이해하고 개선하기 위한 간단한 도구일 뿐임을 이해했을 것이다. UX는 하나의 과정이라기보다는 도구 상자에 가깝다. 또 UX는 모든 문제를 해결할 수 있는 만병통치약이 아니다. UX를 일회성 투자라고 생각하면 곤란하다. 이 작업을 사업의 일부로 여기고, 반복적인 리서치를 기반으로 하는 광범위한 디자인과 개발의 일부라고 생각해야만 더 나은 사업 결과를 기대할 수 있다.

와이어프레임 또한 도구 상자 속 하나의 도구에 불과하지만 나는 사람들이 흔히 떠올리는 UX 디자인의 95%가 와이어프레임이라고 생각한다. 발사믹Balsamiq, 액슈어Axure, 스케치Sketch 등 사용하기 쉬운 도구가 많아 제작을 시작하기 가장 쉬운 산출물이기 때문이다.

와이어프레임은 디자이너가 정보 구조를 어떻게 시각적인 인터페이스로 보여 줄지 그 의도를 전달하기 때문에 필수적인 도구다. 이를 통해 디자이너는 다양한 종류의 인터랙션을 실험하고 작업에 가장 적절한 것을 추천할 수 있다. 와이어프레임은 텍스트 기반의 콘텐츠뿐 아니라 시각적 위계visual hierarchy도 고려하여 바탕을 만든다. 와이어프레임은 색상, 브랜드, 사진 등을 탐색하지 않는다. 와이어프레임에는 사진이 없고 흑백이다. 정보 구조, 분류, 기본적인 시각적 위계, 인터랙션 패턴, 텍스트 기반 콘텐츠가 사용자의 작업 완료를 모두 지원할 수 있도록 충분히 구체적이어야 한다.

디자이너는 색상, 사진 등을 추가하는 것이 앞서 언급한 디자인 콘셉트를 만드는 데 도움이 되지 않는다는 사실을 이해하고 있어야 한다. 유용하고, 사용 가능하고, 아름답게. 이 순서를 기억하라. 검토 회의에서는 새로운 로고나 브랜드 색상이 어떻게 보이는지 이야기하느라 샛길로 빠질 가능성이 높고, 정작 엉망인 인터랙션 혹은 탐색 시스템 이야기는 쏙 빠질지도 모른다.

혹은 정반대로, 사용자의 시간을 절약하고 오류를 줄이도록 놀랍게 개선된 핵심 인터랙션이 CEO의 어머니가 싫어하는 오렌지색 디자인이라는 이유로 쓰레기통으로 들어갈 수도 있다. 다소 극단적으로 들리겠지만 내가 일한 팀에서 실제로 있었던 일이다.

와이어프레임을 처음 만들 때는 매우 간단해야 하며 내용, 인터랙션, 정보 구조에만 집중해야 한다. 많은 사람이 와이어프레임에 과도한 디자인을 적용하여 본래의 목적을 일부 잃어버린다. 디자인 시스템의 완성도가 높을수록 와이어프레임은 세부 정보를 더 많이 담을 수 있다. 그림 2.8은 와이어프레임의 예시를 보여 준다.

앞서 언급한 상황과는 반대로, 학생과 인턴사원 대다수가 첫 번째 와이어프레임을 만드는 일을 도울 때 화면을 지나치게 단순화한다는 사실을 알게 되었다. 이미 언급한 바와 같이 색상을 더하고 디자인 요소에 너무 많은 시간을 들이는 것은 위험하지만 지나친 단순화 역시 위험하다.

지나치게 단순화한 와이어프레임이 문제가 되는 가장 흔한 상황은 의미 없는 텍스트를 사용할 때이다. '콘텐츠 우선 디자인'은 새로운 개념이 아니지만 많은 디자이너가 간과한다. 일반적으로 나는 최대한 실제 최종 콘텐츠를 와이어프레임에 담고, 부족한 것은 메모해 뒀다가 가능한 한 빨리 보완하기를 추천한다. 사용자가 페이지 내용을 보고 읽고 이해할 수 있어야 다음에 무엇을 하고 어디로 갈지 결정할 수 있기 때문이다. 테스트하는 스토리보드에 의미 없는 내용이 많으면 실제 사용성이 어떨지 정확히 그려 볼 수 없다. 당신이 매력적이라고 믿는 콘텐츠에 대한 사용자의 가치 있는 피드백을 놓칠 수도 있다. 테스트가 항상 저렴한 것은 아니므로 가능한 한 빨리, 최대한 많은 가치를 창출해야 한다.

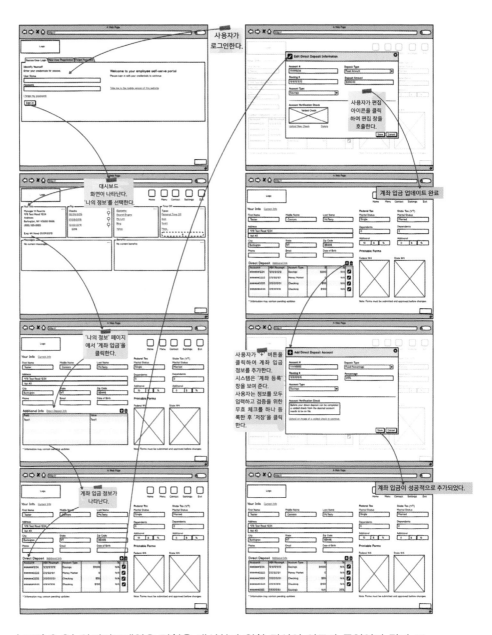

|그림 2.8| 와이어프레임은 경험을 개선하기 위한 당신의 의도가 무엇인지 팀과 고객이 이해하도록 도와야 한다.

▌프로토타입

프로토타입은 테스트 목적으로 사용하도록 특정한 기능을 담은 데모를 말한다. 프로토타입의 간단한 예로 '첫 번째 클릭 테스트'라는 것이 있다. 이 유형의 테스트는 하나의 와이어프레임만 사용할 수 있다. 만약 여러 버전의 와이어프레임이 있다면 테스트를 거쳐 사용자에게 가장 적합한 와이어프레임을 하나만 정의해야 한다.

이 유형의 프로토타입과 관련된 코드는 사용자에게 이미지를 표시하기 위한 것과 사용자가 어디를 클릭했는지 기록하는 코드뿐이다. 나는 코드를 관리할 필요가 없도록 옵티멀 워크숍Optimal Workshop(UX 리서치를 위한 도구를 제공하는 플랫폼의 일종)을 사용하여 첫 번째 클릭 테스트를 수행한다. 옵티멀 워크숍은 테스트 중 어떤 일이 발생했는지 쉽게 볼 수 있는 훌륭한 분석도 제공한다. 고난이도의 접근을 건너뛰고 개인적으로 이 작업을 진행할 수도 있다. 상황에 따라 다르겠지만 나는 아이패드에 JPEG 이미지를 띄워 사용자에게 어디를 클릭할지 물어보기도 한다. 개인적으로 이런 테스트를 진행할 때 사용자가 디자인을 보고 느끼는 표정을 직접 볼 수 있어서 좋다. 사용자가 처음에 손가락을 어디로 옮기는지 보고, 그들이 가리키는 부분을 미묘하게 수정할 수 있다. 또한 팀에 더 많은 맥락을 제공하는 질문을 할 수도 있다.

종이로 만든 프로토타입도 같은 목적으로 사용할 수 있다. 테스트하고 싶은 화면을 종이에 출력하여 완료해야 하는 작업에 관한 설명과 함께 사용자에게 제공한다. 사용자는 간단히 연필이나 펜을 사용하여 어디를 먼저 '클릭'할 것인지 표시할 수 있다.

종이 프로토타입은 생성과 반복이 아주 빠르며 비용도 별로 안 들기 때문에 초기 테스트용으로 제격이다. 나는 회사에서 팀의 일원으로 일할 때 손으로 그린 그림으로 프로토타입을 만들어 내부 직원과 초기 테스트를 진행하고, 옳은 방향으로 진행되어 만족스럽다고 판단되면 컴퓨터로 와이어프레임을 생성하는 경우가 많다.

스토리보드에 완벽하게 표현되는 작업 흐름이 완성되면, 나는 타깃 사용자와 일치하는 사용자들을 대상으로 테스트를 진행한다. 이 과정에서 주로 클릭 가능한 프로토타입을 사용한다. 가장 간단한 형태의 클릭 가능한 프로토타입은 각각 고유한 HTML 페이지를 가진 스크린 샷 여러 개로 만들어진다. 이 이미지는 모두 스토리보드의 다른 화면으로 넘어가는 클릭 가능한 지점들로 이루어진 '매핑된 이미지'이다. 나는 1990년대부터 지금까지 이 방법을 잘 사용하고 있는데, 이 과정을 간소화하기 위해 대부분의 디자이너는 인비전InVision(www.invisionapp.com)과 같은 도구를 사용할 것이다. 인비전은 스케치 같은 업계 최고 디자인 도구와 호환성이 좋고, 유용한 협업 도구들도 제공한다. 기술적으로 어떤 방법을 선택하든 클릭 가능한 프로토타입은 당신의 솔루션을 실제 사용자에게 테스트하기에 저렴하면서도 훌륭한 방법이다.

HTML로 실제 인터랙션을 코딩하는 경우도 있지만, 이런 수준으로 테스트를 시작하면 코드를 작성하기 전에 테스트하는 가치가 퇴색되기 때문에 이를 최소화하려 한다. 과거에 이런 방식으로 작업했던 것은 인터랙션이 더 복잡하고 일반적이지 않았고, 최종 권고안을 만들기 전에 데이터를 확보하고 싶었기 때문이다.

이 모든 방법은 충실도가 낮은 프로토타입으로서의 와이어프레임부터 타이포그래피, 색상, 브랜드, 내용 모두를 포함한 준비된 디자인까지 모든 것에 활용할 수 있다. 유일한 차이점은 충실도가 낮은 디자인을 테스트할 때까지 기다려야만 완성된 디자인으로 정보 구조IA, 인터랙션 디자인IxD, 그리고 시각적 위계의 기반을 검증할 수 있다는 것이다. 만들어 내면 최종 디자인으로 넘어가는 데 들이는 돈과 시간이 아깝지 않을 것이다.

▌ 리서치

사용자를 보다 잘 이해하기 위한 리서치 방법에는 여러 가지가 있다. 이어지는 내용에서 가장 널리 사용되는 방법 몇 가지에 대해 설명했다. 각 유형의 리서치 수행 방법을 모두 설명하는 것은 이 책의 범위를 벗어나는 일이다. 나의 목표는 당신이 핵심 도구들을 알고 적당한 것을 선택하며, 필요할 때 각 도구에 관해 더 자세히 알아보도록 하는 것이다.

맥락 탐구

가장 중요하면서 널리 사용되는 테스트 방법이다. 사용자가 현재 어떤 생각을 하고 어떤 작업을 수행하는지 알아낼 때 사용한다. 맥락 탐구는 테스트할 시스템을 사용자가 상호작용하는 그 위치에서 개인적으로 진행하는 것이 가장 좋다. 사용자의 성향, 자세, 환경 조건, 작업을 완료할 때의 독특한 인터랙션 방식 등 문서화되지 않는 것을 관찰할 수 있다.

장기적 리서치

사용성이라는 주요 지표가 시간이 지나면서 어떻게 변화하는지, 특정 기간 동안 일어난 사용자 경험의 변화가 동일한 사용자의 사용성에는 어떤 영향을 미치는지 조사할 때 사용된다. 리서치에 쓸 수 있는 시간과 예산이 한정적이기 때문에 나는 주로 리서치 참가자에게 초기 평가를 실시하여 기준치를 설정한 다음, 일정 기간 시스템을 사용하면서 정기적으로 질문 목록에 답변하도록 하는 방법으로 진행했다. 이 과정은 대면 인터뷰를 통해 진행할 수도 있다.

인구학적 리서치

대상 시스템과의 상호작용을 포함한 특정 사용자 유형의 일일 생활 패턴을 종합적이고 심층적으로 분석하는 방법이다. 이는 개인적으로 진행되며 시간과 예산이 필요하기 때문에 자주 사용되지는 않는다. 인구학적 리서치의 가장 큰 장점은 참가자가 대상 시스템을 사용하는 맥락을 아주 깊게 이해할 수 있다는 점이다. 참가자의 삶에서 어떤 요소가 사용으로 이어지고, 어떤 요소가 사용을 방해하고 중지시키고 차단하는지 알게 된다. 이러한 정보와 참가자의 실제 사용에서 얻는 정보를 결합하면 전체적인 사용자 여정의 종합적인 그림을 그릴 수 있다. 인구학적 리서치는 문화 차이가 시스템 사용에 영향을 미치는지 문서화하는 데 특히 유용하다.

▌사용성 테스트

사용성 테스트는 이 도구 상자에서 아주 중요하다. 테스트 결과 중 무엇이 효과적이고 무엇이 아닌지에 대한 통찰을 얻을 수 있기 때문이다. 이 정보를 통해 당신의 팀은 해결해야 할 가장 중요한 이슈를 정의하고 향후 계획을 세울 수 있다.

테스트가 완료되면 모든 데이터를 신중하게 분석하여 그림 2.9와 같이 관찰 및 권장 사항 문서로 정리해야 한다. 팀에서 문서만 보고도 쉽게 다음 단계를 고려할 수 있도록 이슈에 우선순위를 매기고 예상되는 소요 인력 및 기타 자원 정보를 포함하여 작성한다. 원본 데이터를 제공하여 다른 사람들도 결과에 따른 결론을 검증할 수 있도록 하는 것도 중요하다.

내가 사용하는 가장 중요한 테스트 방법 몇 가지는 다음 부분에서 다룬다. 종합적인 목록이 아니며 가장 유용한 것만 추려서 소개했다. 일단 여기에 익숙해지고 난 후에 나머지는 더 깊게 조사해 보기 바란다.

|그림 2.9| 관찰 및 권장 사항 문서는 경영진과 개발자가 조치를 취할 수 있도록 리서치 결과를 전달하는 데 도움이 된다.

카드 소팅

카드 소팅 테스트는 분류(이름을 붙이고 그룹으로 나눔)와 정보 구조가 실제 사용자에게 잘 작동하는지 이해하기 위해 사용된다.

참가자가 합리적이라고 생각하는 그룹으로 콘텐츠를 정렬하게 하려면 개방형 카드 소팅을 사용한다. 참가자는 직접 그룹을 생성하고 이름을 붙인다. 이러한 접근 방법으로 사용자는 정보가 어떻게 정렬되어야 한다고 생각하는지에 대해 깊은 통찰을 얻게 된다.

폐쇄형 카드 소팅은 개방형 카드 소팅과 과정이 동일하지만, 사용자가 콘텐츠를 정렬할 때 팀에서 사전에 정의하고 이름 붙인 카테고리를 사용한다. 팀에서 이미 최선의 카테고리를 정의했지만 사용자가 그 안에서 콘텐츠를 어떻게 정렬하는지 궁금하다면 이 방법을 사용하면 된다.

카드 소팅 방법에는 옵티멀 워크숍Optimal Workshop(www.optimalworkshop.com/optimalsort)에서 제공하는 도구가 제일이다. 분석 도구는 결과를 내다보는 시야를 제공하고 시간을 절약하여 서비스 테스트 비용을 절감하도록 도와준다.

첫 번째 클릭 테스트

앞서 언급한 바와 같이 첫 번째 클릭 테스트는 테스트하고 싶은 화면의 이미지, 옵티멀 워크숍의 초크마크 테스트(www.optimalworkshop.com/chalkmark)처럼 사용자의 클릭을 기록하는 시스템 혹은 사용자의 모든 시도를 기록하는 감독관으로 구성된다. 어떤 방법이든 중요한 것은 참가자가 작업을 완료하기 위해 첫 번째로 어디를 클릭해야 한다고 생각하는지를 확실히 알게 된다는 점이다. 사용자가 어디를 클릭해야 할지 안다면 페이지 디자인과 인터랙션이 각자의 역할을 잘하고 있다는 뜻이다. 사용자가 어디를 클릭해야 할지 모른다면 핵심적인 사용자 행위에 꼭 필요한 것만 남기도록 만들 필요가 있다. 그리하여 분류와 정보 구조가 사용자의 여정을 잘 지원하는지 확인한다.

결국 사용자가 작업을 완료하려고 할 때 콘텐츠와 인터랙션이 도움이 되지 않을 가능성이 있으므로, 어떤 문제를 해결하려고 할 때는 반드시 이를 고려해야 한다.

작업에 소요되는 시간

사용자가 정해진 작업을 수행하는 시간을 측정할 때 사용한다. 당신의 시스템을 벤치마킹하는 데 도움을 주는 좋은 방법이다. 경쟁사 시스템에서 사용자가 같은 작업을 완료하기까지 얼마나 걸리는지 테스트해 볼 수도 있다. 그 정보를 가지고 시간의 흐름에 따라 지표의 변화를 측정하고 모니터링한다. 경쟁사와 비교해서 자사 시스템의 측정 성능이 더 낮다면 영업 및 마케팅 팀에 이를 공유하라. 만약 그렇지 않다면 팀과 함께 이를 개선하라.

작업 소요 시간을 테스트하기 위해서는 각 사용자가 같은 작업을 완료하는 시간을 측정하기만 하면 된다. 결과가 사용자마다 크게 다르다면 테스트 방법을 비롯한 다른 외부 변수가 결과에 영향을 주지는 않았는지 신중하게 검토해야 한다.

사용자가 프로세스를 진행하며 일으킨 오류 횟수 추적도 중요하다. 사용자가 작업은 빠르게 완료했지만 오류가 많이 발생했다면 그렇게 좋은 결과는 아니다. 반대로 새로운 접근 방식이 사용자가 작업을 완료하기까지의 소요 시간을 줄이고 오류 발생률도 낮췄다면 당신은 이미 진행해야 할 솔루션을 알고 있는 것과 다름없다. 테스트 과정을 기록하면 나중에 결과를 확인하고 사용량을 더 비판적으로 검토할 때 도움이 되며 결과를 더 확실히 이해할 수 있게 된다.

완료까지 클릭 수 평가

완료까지 클릭 수 테스트는 작업에 소요되는 시간 테스트와 유사하지만, 특정 작업을 완료하는 데 소요되는 클릭(혹은 탭이나 스와이프) 수를 측정한다. 오류 발생률을 높이지 않으면서 사용자가 작업을 완료하는 데 필요한 인터랙션의 수를 줄일 수 있다면 그것이 바로 사용자 경험 개선이며, 팀과 공유해야 할 훌륭한 테스트 결과이다.

| 테스트 진행 방법

세션을 진행하기 위해 선택하는 방법이 예산과 현장 참가자 유무에 의해 결정되기도 한다. 대부분의 경우, 세션을 위해 타깃 사용자와 일치하는 사람을 사무실로 데리고 오기가 매우 어렵다. 나에게 선택권이 있다면 항상 대면 세션을 선택할 것이다. 직접 관찰하면 내가 놓쳤을지 모르는 반응을 포착하여 테스트 방법을 절묘하게 개선할 수 있기 때문이다.

비대면 세션

여기서 비대면이란 테스트 주최자가 테스트 참가자와 대면 혹은 온라인으로도 만나지 않는다는 뜻이다. 사용자는 이메일이나 설문 조사 링크를 통해 테스트 세션에 초대받아 테스트를 시작한다. 세션은 사용자가 작업을 완료하는 비디오와 오디오 녹음, 그들이 성공했을 때 남기는 다른 의견들을 바탕으로 기록된다. 종종 시스템은 다양한 질문 유형에 대한 답변을 기록하여 그림 2.10과 같이 분석하고 기록하는 작업을 훨씬 쉽게 해 준다.

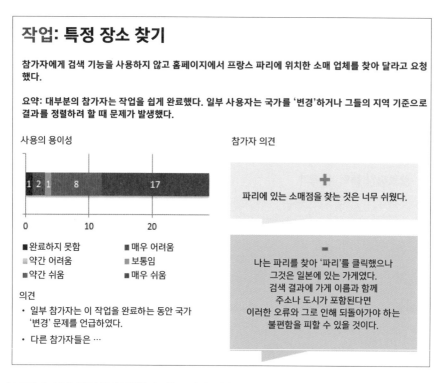

|그림 2.10| 결과를 분석한 후에는 이와 같은 보고서를 작성하여 팀 구성원과 결과를 공유할 수 있다.

대면 세션

주최자가 참가자에게 대면으로 질문하거나 작업을 보여 주는 방식으로 진행된다. 그림 2.11처럼 참가자의 대답이나 작업을 완료하기 위한 시도들을 기록한다.

| 그림 2.11 | 대면 세션은 사용자가 시스템과 상호작용할 수 있는 장소, 즉 미리 섭외된 회의실이나 위의 사진처럼 특별한 테스트 시설에서 진행된다.

원격 대면 세션

주최자와 참가자가 서로 다른 위치에서 화상 회의 솔루션으로 연결되어 진행한다. 나는 어느 유형의 사용자나 사용하기 쉽고 비교적 느린 인터넷 환경에서도 고품질의 영상을 제공하는 줌Zoom.us을 가장 선호한다. 주최자는 참가자에게 질문을 하거나 작업을 보여 주고 참가자의 대답이나 작업을 완료하기 위한 시도들은 기록된다.

PC에서 테스트한다면 줌은 화면과 사용자를 동시에 기록할 수 있으므로 그림 2.12와 같이 사용자가 작업을 완료할 때의 사용 양상과 사용자 반응 모두 수집 가능하다.

모바일 솔루션을 테스트할 때는 모바일 장치를 데스크톱에 미러링하여 기록하는 다른 도구를 사용할 필요가 있을 것이다.

- iOS 기기에서는 Airbeam.tv를 사용할 수 있다.

www.airbeam.tv/mirror-iphone-ipadscreen/mac-windows

- 안드로이드 기기에서는 vysor.io라는 크롬 플러그인을 사용할 수 있다. vysor.io

미러링이 준비되면 줌 화면과 사용자를 동시에 녹화하는 기능을 사용할 수 있다. 단, 사용자에게도 웹캠이 있어야 한다.

|그림 2.12| Applause.com 같은 회사에서 제공하는 원격 테스트 서비스는 타깃 사용자와 일치하는 고객으로부터 실행 가능한 피드백을 얻을 수 있으며 가성비가 가장 좋은 방법이다.

▎참가자 모집

어떤 테스트 방법을 계획하든 프로세스에서 비용이 가장 많이 들고 어려운 부분이 바로 구인 활동이다. 참가자 모집을 도와주는 다양한 회사가 있으며, 소요 시간과 비용은 참가자의 유형 및 테스트의 전문성과 직접적으로 연결된다.

아마존 같은 온라인 쇼핑 솔루션을 테스트한다면 사용자 유형의 범위가 매우 넓고 평범한 사용자로부터 얻을 것이 많기 때문에 상대적으로 저렴한 비용으로 참가자를 모집할 수 있다.

하지만 의사를 위한 치료 정보를 테스트한다면 실제 의사와 테스트를 진행해야 하는데 의사를 찾기도, 테스트에 참가하도록 동기를 부여하기도 어렵다. 매우 전문적인 요구를 하는 회사와 일할 때는 대다수의 경우 그들이 함께 일할 고객을 정의한다. 좋은 접근 방식이 될 수 있겠다는 생각으로 나는 고객 자문단도 운영했는데, 고객 자문단의 구성원을 주기적으로 교체하여 항상 같은 사용자와 이야기하지 않도록 하는 것이 중요하다. 그렇게 해야 프로세스 초기에 정의한 사용자에 안주하지 않고 사업에서 계속해서 변화하는 요구 사항을 대표하는 사용자로 구성될 수 있다.

고객 자문단을 만들고 싶다면 영업 마케팅 팀과 시작해 보는 것이 좋다. 확실한 참가자 10명 정도면 매일 테스트를 진행하기에 충분하다. 자문단 구성원을 6개월에서 1년 단위로 바꾸면 정확히 목표로 삼은 타깃에 대한 생생하고 솔직한 피드백을 꾸준히 수집할 수 있다.

자문단 외부 인력이 필요한 경우, 함께 일하는 고객의 요구 사항과 규모에 따라 몇 가지 접근 방식 중 선택할 수 있다. 첫 번째는 링크드인^{LinkedIn}/네트워크 접근이다. 그다지 추천하는 방법은 아니지만 무료인 만큼 시도해 볼 만하다. 업계에서 사회적인 활동을 하고 있다면 더욱 기회가 많을 것이다. 소모임에 나가거나 사람들과 소통하는 것이 적성에 맞지 않는다면 이 방식은 적합하지 않다.

다음으로 시도해 볼 만한 방법은 유저인터뷰^{UserInterviews}(www.userinterviews.com/researcher)와 같은 참가자 모집 사이트를 이용하는 것이다. 이러한 중간 수준의 서비스는 기본적인 테스트에 적합하며 특히 고객과 대면하는 시스템을 테스트할 때 훌륭한 인력을 제공해 준다. 더 선진화된 B2B^{Business to Business}(기업 간 거래) 테스트에도 사용할 수는 있지만, 이 경우에는 예산을 더 할애해서 앱러즈^{Applause App Quality, Inc.}(www.applause.com)와 같은 고급 서비스를 사용하기를 추천한다. 앱러즈는 비용을 지불한 만큼의 값어치는 충분히 하며, 대형 고객은 대부분 앱러즈를 테스트 도구로 선택했다. 앱러즈는 아주 큰 네트워크를 보유하고 있으며 전문적인 서비스를 제공하기 때문에 내 경험에 의하면 적어도 실패할 일은 없다.

나는 구글, 롤렉스, 삼성, 마이클 코어스, 현대 등 세계적으로 크고 유명한 회사에 서비스를 제공할 때 앱러즈를 사용했고, 10개국에서 동시에 참가자를 모집해 테스트하는 경우에도 사용했다.

참가자 모집 방법을 결정했다면 스크리너screener를 준비해야 한다. 스크리너는 테스트에 필요한 사용자 유형이나 사용 패턴을 기반으로 잠재적 참가자를 검증할 때 사용하는 질문 목록을 말한다.

스크리너를 작성할 때는 일단 참가자의 자격 박탈 사유가 무엇인지 확인하는 것이 중요하다. 그리고 스크리너를 적용할 때는 이와 관련된 질문을 먼저 해야 한다. 그럼 이제 질문들은 나머지 참가자의 우선순위를 정하는 데 도움이 되도록 정리된다. 모든 기준을 충족하는 사용자와 작업하는 것이 가장 이상적이겠지만 불가능한 경우도 있다. 이때는 가능한 한 최선의 사용자와 작업한다. 이 프로세스를 따르면 다음과 같이 작업할 그룹이 정리된다.

부적합 참가자

완전히 적합하지 않은 사람들을 말한다. 새로운 클라우드 관리 도구를 테스트하기 위해 클라우드 구성 경험이 있는 참가자가 필요하다고 가정해 보자. 클라우드 구성 경험을 묻는 질문에 관련 경험이 없다고 답한 사람들은 참가자로 부적합하다.

최소 적합 참가자

앞서 제시한 예를 이어 가자면, 클라우드 구성 일을 막 시작한 사람은 적합하다고 할 수 있지만 실전 경험이 많지 않으므로 피드백이 충분하지 않을 수도 있다. 반면에 경험이 부족한 사용자의 생각을 알고 싶다면 이 그룹도 좋은 선택지가 된다.

적합 참가자

클라우드 관리와 구성에 상당한 경험이 있으므로 이들의 피드백은 팀에 도움이 될 확률이 높다.

그룹을 더 세분화할 수도 있지만 일단 세 그룹으로 나눠 보자. 테스트 그룹의 참가자가 모두 적합 참가자라면 성공적이다.

질문을 작성할 때는 유도 질문을 포함하지 않도록 주의한다. 당신이 원하는 답변을 잠재적 참가자가 알아채길 바라지는 않을 것이다. 솔직한 답변을 원하는 만큼, 질문에 다양한 변화를 주어 사용자들이 '올바른' 답변이 무엇인지 눈치채지 못하도록 해야 한다.

| 반복

이 항목을 마지막에 넣었지만 실제로는 정확한 정보를 수집하면서 사업의 목표가 계속 변화하므로 UX 파이프라인 pipeline(순서대로 나열된 공정에 따라 프로세스를 진행해 나가는 구조) 과정 전체를 대상으로 반복을 수행해야 한다. 전략, 과제, 페르소나, 시나리오, 유스 케이스, 와이어프레임 등을 끊임없이 반복하며 개선한다.

앞에서 가벼운 산출물을 만들라고 언급한 내용이 빛을 발하는 순간이다. 디자이너나 대행사에서 과한 디자인을 적용했거나 내부 팀에서 유지할 수 없는 형식으로 산출물을 만들었다면, 업데이트가 불가능하거나 팀에서 사용할 수 있도록 처음부터 다시 만들어야 하는 난처한 상황에 처할지도 모른다. 프로세스 초반에 이를 고려하여 실제 문제로 이어지기 전에 바로잡도록 하자.

3장

아름답게 만들기

이 장에서 그래픽 디자이너가 되는 방법을 가르쳐 주지는 않는다. 대신 사용자 경험 측면에서 디자인을 평가하는 방법을 알려 주고 그래픽 디자이너가 되는 방법이 궁금하다면 읽어 볼 만한 내용을 제공한다.

앞 장에서 배운 리서치와 계획으로 디자인 작업은 거의 완성되었다고 생각할지도 모르겠다. 하지만 나머지 디자인을 구축하기 위해 견고한 기반을 다진 것뿐이다. 사용자들이 직접 방문하는 물리적인 구조물을 건축한다면 콘크리트로 기초를 다지고 천장, 벽, 바닥 등 모든 것이 그림 3.1과 같이 구성된다. 즉 페인트, 바닥재, 창문, 문, 세간이나 가구는 아직 선택하거나 들어오지 않은 상태다. 디지털 디자이너는 인테리어 디자이너보다 최종 사용자 경험에 더 큰 영향을 미치기 때문에 이것이 딱 맞는 비유는 아니지만, 디지털 디자이너가 리서치 및 사용자를 바탕으로 도출된 아이디어를 토대로 작업에 임해야 한다는 사실만은 확실하다.

자신만의 스타일대로 읽자. 디자인이 사람들이 생각하는 것보다 훨씬 중요한 이유를 알고 싶다면 계속 읽고, 궁금하지 않다면 89페이지 전술적인 디자인 정보로 넘어가면 된다.

디자인은 과학보다 예술에 가깝고 매우 함축적이라고들 생각하지만 항상 그렇지만은 않다. 이 업계에서 일하면서 아주 실망스러운 점은 많은 디자이너가 자신의 작업을 소개하거나 프로세스를 홍보할 때 마치 마법을 부린 듯 말한다는 것이다.

디자인에 마법 같은 순간이 있다는 것을 부정하지는 않겠지만 이는 프로그래밍

| 그림 3.1 | 지하실 리모델링 단계를 보여 주는 사진이다.

이나 공학, 다른 모든 전문 분야에서도 마찬가지다. 하지만 마법 같은 순간의 대부분은 문제를 구조화하는 견고하고 반복적인 프로세스에서 나오며, 이 과정에서 팀은 이전에는 상상하지 못한 새롭고 특별한 솔루션을 발명하여 사용자에게 긍정적인 영향을 미친다. 외부에서 관찰하는 사람들에게는 장기 이식 수술이 마치 마법처럼 느껴지듯 디자인 결과물도 그렇겠지만 사실은 몇 시간의 협업과 준비, 프로세스, 숙련된 실행의 결과물이다.

내가 주식회사 업투데이트^{UpToDate Inc.}(의사를 위한 세계 1위 임상 정보 제공 서비스)를 작업할 때, 우리가 하는 실수가 실제 의료 결과로 나타날 수도 있다는 사실을 팀원들에게 주기적으로 상기시키곤 했다. 작업 결과물이 다른 사람의 건강에 직접적인 영향을 미친다면 작업 수행이 얼마나 중요한지를 강조하기에 이보다 좋은 이유는 없을 것이다. 전 세계, 나아가 국제 우주 정거장에서 근무하는 의사까지 포함해 170만 명의 의사들이 업투데이트를 사용한다. 따라서 의사가 정확히 진단하고 환자를 보살필 수 있도록 정보와 경험을 생성하는 데 집중해야 한다.

우리 일의 일부가 이처럼 진짜 생명을 살리기도 하지만, 작업의 대부분은 내가 '인생 절약'이라고 부르는 범주에 들어간다. UX 작업이 잘되어 '인생을 절약했다'라는 말은, 우리의 작업이 오류를 줄이고 사용자가 작업을 완료하는 시간을 줄였다는 의미이다. 이 방법으로 우리는 사람들의 시간을 절약해 주고 잠재적으로 그들이 놓칠 뻔한 기회를 제공한다. 인생이란 시간으로 측정되기 때문에, 우리는 시스템을 더 효율적으로 만듦으로써 말 그대로 인생을 절약해 준 것이다.

그저 말장난처럼 느껴질지도 모르겠지만 나는 우리가 현실 세계에 그만큼 지대한 영향을 미친다고 장담한다. 고등학생과 학부모가 온라인으로 학자금 지원 신청을 한다고 생각해 보자. 적시에 정확한 정보를 입력해야 하기 때문에 스트레스를 많이 받는 작업이다. 사람들은 돈이 오고 가는 상황에서 공식 기관과 상호작용을 할 때 쉽게 겁을 먹는다. 스트레스 수준이 높을 때 사람들은 지시를 이해하는 데 어려움을 느끼며, 실수할 가능성이 높아진다. 대학교에서 3년 동안 학자금 지원 상담사로 일한 사람으로서 이 과정에서 실수를 범하면 평생에 미치는 영향이 복합적이고 이는 곧 파국으로 이어진다고 말해도 과언이 아니다. 시스템 개선 덕분에 제시간에 오류 없이 작업을 완료하는 사람의 수가 늘어나고, 이것이 생명을 구하는 일은 아니어도 인생을 절약해 주는 것은 확실하다.

덜 극단적인 예를 들어 보면, UX 리서치 프로젝트 도중 팀에서는 필수적이라고 생각했던 기능이 사용자의 관점에서는 하찮게 여겨질 때가 있다. 직장 내에 미치는 영향을 명확하게 볼 수 있다는 이유에서 나는 이런 발견을 좋아한다. 기획 팀은 더 이상 작업을 정의하느라 시간을 들이지 않아도 된다. 디자이너는 UI에 새로운 기능을 위한 공간을 만들지 않아도 되고, 개발자는 아무도 원하지 않고 사용하지 않을 무언가를 만드는 데 시간을 허비하지 않아도 된다. 새로운 기능을 추가해야 한다는 걱정 없이 팀은 다른 기회를 자본화하고, 사랑하는 사람을 보기 위해 일찍 퇴근할 수도 있을 것이다.

프로젝트의 이 단계에서 누군가의 인생을 절약하기 위해 디자인을 어떻게 활용할 수 있을까? 훌륭한 디자인 요소 전체를 선형 프로세스로 정리하는 것은 결코 쉽지 않다. 디자인 프로세스는 사용자가 작업을 수행하는 데 필요한 정보와 인터랙션을 다양한 디자인 요소로 표현한 아주 작은 단위의 반복으로 구성된다.

사용자 인터페이스UI를 디자인하는 방법을 한 단계씩 차근차근 설명하는 대신,

사용자가 콘텐츠를 보고 읽고 이해하고 상호작용하기에 유용한 화면을 디자인할 때 작용하는 다양한 요소를 다룰 것이다. 사용자에게 부정적인 영향을 미치는 핵심 이슈와 그 이슈를 해결하는 가장 좋은 방법을 알면 어떤 산업에 종사하든지 더 좋은 경험을 만들 수 있을 것이다. 어떤 브랜드 지침이나 디자인 스타일을 가지고 일하든 간에 디자인이 최종 사용자에게 적합한지 확인하기 위한 모든 사항을 고려해야 한다.

가독성과 이해력

레이아웃의 가독성은 사용자의 눈이 빠르고 정확하게 레이아웃을 훑어보고, 다음 단계로 넘어가기 위해 필요한 내용이나 인터랙션을 찾아낼 수 있는지를 말한다. 그림 3.2와 3.3은 내용은 같아도 가독성이 좋거나 나쁠 수 있음을 보여 준다.

수업
망가진 로봇 분해
금요일 오후 3:30~5:00
체험 수업. 로봇 하나의 부품으로 다른 로봇을 만든다.

홈스쿨 우주 로봇
금요일 오후 1:30~3:00
로봇이 부서진 우주선에 도착하여 기지로 돌아오도록 프로그래밍한다.

아두이노 자동차
토요일 오후 12:00~3:00
3D 프린터를 사용한 자동차 차체와 아두이노를 사용하여 자율 주행 장난감 자동차를 만든다.

스모 로봇
토요일 오후 3:00~6:00
체험 수업. 상대 로봇을 스모 링 밖으로 밀어내는 로봇을 만든다.

|그림 3.2| 내용을 읽을 수는 있지만 디자인 요소가 부족하여 정보를 인식하기 쉽지 않다.

|**그림 3.3**| 그림 3.2와 같은 내용에 기본적인 디자인만 추가해도 더 강력하고 읽기
쉬운 시각적 위계가 만들어진다.

콘텐츠에 역피라미드 모델 적용

온라인에 내용이 너무 많으면 사용자가 읽기를 거부한다는 연구 결과가 몇 년
동안 많이 발표되었다. 다만 이 결과는 사용자가 인터랙션 중 검색 단계에 있을 때
만 유효하다. 사용자가 원하는 것을 찾은 후에는 내용 읽기를 마다하지 않는다.

역피라미드 구조의 글쓰기는 저널리즘에서 비롯된다. 그림 3.4에서 보듯이 역피
라미드의 가장 넓은 윗부분은 사용자가 더 많은 내용을 읽도록 유도하는 문구와
함께 누가, 무엇을, 언제, 어디서, 어떻게, 왜 등 주요 정보를 포함해야 한다.

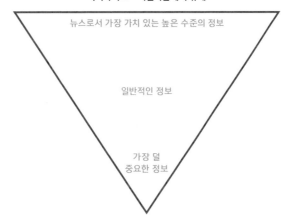

뉴스로서 가장 가치 있는 높은 수준의 정보

일반적인 정보

가장 덜
중요한 정보

|**그림 3.4**| 역피라미드 형태의 콘텐츠 형식은 초기 신문에 뿌리를 둔 전통적인 형식을 대표한다.

이러한 접근은 웹사이트와 콘텐츠를 구조화할 때 적용할 수 있다. 이 경우 그림 3.5와 같이 역피라미드 모델을 따르는 탐색과 피라미드 모델을 따르는 콘텐츠가 필요하다. 사용자 여정이 시작될 때는 탐색 항목과 함께 사용자가 탐색할 곳을 결정하도록 돕는 콘텐츠가 가장 큰 비중을 차지하고 세부 콘텐츠는 최소화된다. 사용자가 프로세스를 진행해 나갈수록 그 관계는 반전된다. 사용자가 찾고자 하는 것을 탐색하는 동안은 주제에 관한 내용을 전부 보여 주기에 적절한 시기가 아니라는 뜻이다. 사용자가 찾고자 하는 콘텐츠에 마침내 도달하면 이제 그 주제에 관련된 모든 내용을 제공할 차례다.

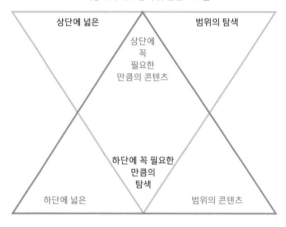

이중 피라미드 탐색 및 콘텐츠 모델

상단에 넓은   범위의 탐색

상단에 꼭 필요한 만큼의 콘텐츠

하단에 꼭 필요한 만큼의 탐색

하단에 넓은   범위의 콘텐츠

|**그림 3.5**| 이중 피라미드 탐색 및 콘텐츠 모델은 기존의 역피라미드 콘텐츠 모델을 탐색 패턴 위에 겹쳐 올림으로써 필요할 때 사용자의 여정을 도울 수 있다.

이러한 접근 방식은 온라인 쇼핑, 뉴스 또는 기타 콘텐츠 중심 시스템에서 매우 간단하게 작동하지만 B2B, SAAS, 엔터프라이즈Enterprise 등 콘텐츠 중심이 아닌 사이트나 애플리케이션에서는 어떨까? 이 경우 두 피라미드 모두 존재하기는 하지만, 겹치는 부분이 많아 경계가 희미해지고 명확히 구분하기가 어렵다.

예를 들어 지메일gmail.com을 사용하면 그림 3.6과 같이 로그인과 동시에 프로세스의 다음 단계를 수행할 수 있는 충분한 정보를 제공하도록 디자인되어 있다.

시각적 위계에서 가장 중요한 요소는 바로 이메일 목록이다. 사용자 여정이 느려질 수 있기 때문에 각 이메일의 내용을 모두 보여 주지는 않는다. 짧지만 보고 읽고 이해하고 탐색 여부를 결정할 수 있는 정보만을 보여 주므로 빠르고 효율적으로 다음 여정을 선택할 수 있다. 이 지점은 탐색 피라미드의 가장 넓은 부분이며 콘텐츠 피라미드의 가장 좁은 부분이다.

어떤 이메일을 읽을지 선택하여 클릭하면 인터페이스가 변화하여 전체 이메일 내용이 보인다. 이 페이지에서 우선순위가 가장 높은 시각적 위계는 이메일 내용이며, 탐색은 왼쪽 열에 보이는 것처럼 줄어들었다. 로그인 직후에는 전체적으로 보이던 내용이 그림 3.7의 왼쪽 열과 같이 단일 아이콘과 텍스트 일부(**받은 편지함**),

숫자(받은 편지함에서 읽지 않은 메일의 수)로 축소되었다. 이메일의 세부 내용을 읽는 동안 콘텐츠 피라미드의 가장 넓은 부분에 있으면서 탐색 피라미드의 가장 좁은 부분에 있는 것이다.

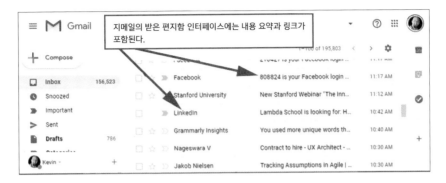

|그림 3.6| 지메일 목록 화면은 사용자가 여정을 시작하면서 콘텐츠 피라미드 상단의 작은 지점과 탐색 피라미드의 넓은 하단이 공존함을 보여 준다.

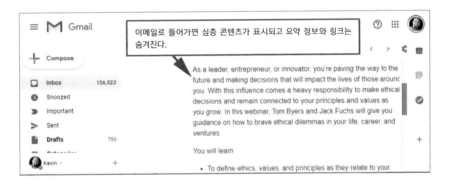

|그림 3.7| 이메일 세부 화면은 사용자 여정의 마지막, 즉 콘텐츠 피라미드의 가장 넓은 부분과 탐색 피라미드의 가장 좁은 부분이 공존하는 화면을 보여 준다.

지메일과 같은 서비스는 탐색과 콘텐츠 사이를 전환하는 데 한 번의 클릭이면 충분하다. 온라인 쇼핑몰에서는 네 번 이상의 클릭이 필요하겠지만 기본적인 개념은 같다.

정렬과 그리드

그리드Grid는 구성 요소의 항목을 정렬하는 산업 표준 방법을 말한다. 그리드는 그림 3.8과 같이 디자이너가 항목을 디자인 레이아웃 내에 배치하도록 안내하는 근본적인 시스템이다. 인쇄 기반 디자인에서 시작된 그리드는 화면 기반 디자인 요소를 더해 반응형 디자인 및 개발 프로세스를 지원한다.

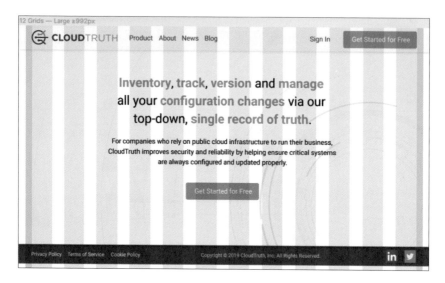

|그림 3.8| 시작 페이지의 이 피그마 디자인(어도비 일러스트레이터나 스케치와 같은 디자인 도구)에서 그리드는 '켜진' 상태이다. 그리드는 디자인의 구조를 수립하기 위해 명확한 방법을 제시하는 중요한 역할을 맡는다.

구글의 머티리얼 디자인Material Design 웹사이트는 그리드 시스템의 분류와 함께 다양한 기기 유형에서 널리 사용되는 방법을 제공한다. 디자인 기반으로서의 그리드는 내가 창의력을 발휘해야 한다고 생각하는 분야에 포함되지 않는다. 구글의 머티리얼 디자인 또는 이와 비슷하면서 표준을 따르는 그리드 시스템을 사용하면 당신의 디자인이 다양한 기기 유형에서 잘 작동하도록 도와줄 것이다. 머티리얼 디자인에 관한 더 자세한 내용은 아래 링크에서 볼 수 있다.

material.io/design/layout/responsive-layout-grid.html#

그리드는 레이아웃을 여백, 컬럼, 통로로 나눈다. 여백은 레이아웃의 왼쪽과 오른쪽 빈 공간을 뜻하는데 화면의 가장자리와 콘텐츠를 분리하여 사용자가 페이지를 볼 때 시선이 잘 따라가도록 안내하는 역할을 한다. 컬럼은 레이아웃에서 주요 내용을 담는 영역이다. 이들은 주요 콘텐츠 영역을 서로 구분하고 사용자가 원하는 콘텐츠나 인터랙션을 검색할 때 쉽게 읽히도록 도와주는 통로를 사이에 두고 나누어진다.

화면에 보이는 컬럼의 최대 수는 기기 해상도에 따라 달라지는데 낮은 해상도에서는 4개 컬럼, 가장 높은 해상도에서는 12개 컬럼을 사용한다. 내용이 여러 개의 컬럼에 걸칠 수 있다는 사실을 이해해야 한다. 12개 컬럼 그리드에서 페이지 내용을 두 부분으로 나누어 보여 줄 수 있다. 높은 해상도를 기준으로 첫 번째 부분은 탐색을 포함하기 위해 4개 컬럼에 걸쳤고, 두 번째 부분은 콘텐츠를 담는 공간으로 8개 컬럼에 걸쳤다. 이 경우 사용자는 컬럼이 2개인 것처럼 보게 되는데, 이는 전체 화면 레이아웃을 두 부분으로만 구성하기 위해 여러 개의 컬럼을 합쳤기 때문이다.

그림 3.9에서 보는 것처럼 정렬은 레이아웃 내에서 가독성을 높이는 핵심 요소 중 하나이기 때문에 매우 중요하다.

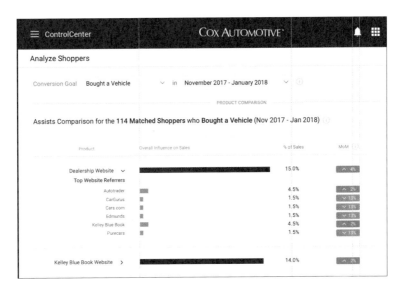

|그림 3.9| 인간의 눈은 아주 작은 차이도 감지할 수 있다. 정렬에서 어떤 차이를 발견하면 뇌는 그 차이가 시각적 위계에서 서로 다른 계층을 나타내는지 확인하는 처리 과정을 거친다.

일부 사용자는 미세한 정렬 문제를 알아채지 못할지도 모른다. 하지만 다른 사용자들에게는 정렬이 잘되지 않은 항목이 디자인 일관성을 떨어뜨려 브랜드에 부정적인 인식을 갖게 한다.

시각적 위계

근본적으로 시각적 위계visual hierarchy는 정보의 우선순위와 분류, 구성 요소 내 인터랙션과 관련이 있다. 나는 이 과정에서 위계 구조를 잘 디자인하려면 흑백 계열(흰색에서 검은색, 회색 계열을 포함)이 최고라고 생각한다. 색깔을 사용하지 않고도 강력한 시각적 위계를 만들어 낼 수 있다면 시각 장애가 있는 사람에게도 유용하고, 섬세한 작업을 할 때 문제를 더 쉽게 발견할 수 있다. 이 의견에 동의하지 않는 전문가들이 반박할 수도 있다. 하지만 아주 광범위한 사용자에게 적용되는 강력한 계층을 만들기에는 최고의 방법이라고 생각한다.

그림 3.10에 제시한 데이터 테이블의 상태 알림 디자인은 이 접근 방식이 도움이 되는 이유를 아주 잘 보여 준다. 색상을 사용하여 상태를 표시하면 색상 인식에 어려움이 있는 사용자는 상태가 표시되었는지 전혀 알 수 없다. 또한 상태를 잘못 이해하고 디자인을 오해할 수도 있다.

일단 이 테이블을 흑백 계열로 만들었다면 상태를 나타내기 위해 색상만 사용해서는 충분하지 않다는 것을 분명히 알게 될 것이다. 이 상황에서 나의 솔루션은 상태를 나타내는 모양과 색상을 같이 사용하여 더 다양한 범위의 사용자들이 의미를 이해하도록 돕는다. 또한 핵심 키워드를 포함하여 색상과 모양 조합이 어떤 의미인지 추측할 필요가 없도록 만드는 것이 중요하다. 색상은 물론 모양도 문화권에 따라 다른 의미를 나타낼 수 있으므로 키워드는 이러한 고민을 덜어 줄 수 있다.

색상을 사용하여 데이터 테이블을 만들기 시작하면 사용자가 테스트나 피드백

과정 중에 문제를 지적하지 않는 이상 그런 문제가 있는지조차 알지 못할 가능성
이 크다. 사실 현실에서 이와 같은 실수는 사용자들에게 영향을 미치고, 해결되지
않은 상태로 시스템 내에 계속 존재하게 된다.

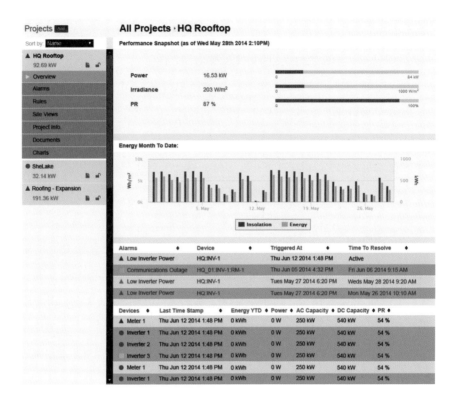

|그림 3.10| 이 예시에서 데이터 테이블은 색상과 모양으로 상태를 표시하여 사용자
가 의미를 이해하도록 돕는다.

구성

이 장에서 이야기하는 각 요소는 대학교의 수업 수준과 비슷하다. 대학교 수업
은 15주 이상 진행되므로 이 책에서 모든 내용을 다루기는 어렵다. 사용 가능한 디
자인인지 확인할 수 있도록 구성의 핵심 요소 몇 가지를 강조하고, 내용을 전개해

나가면서 더 심층적인 자료를 소개할 것이다.

화면 기반 디자인에서 가장 먼저 다루어야 할 구성 요소는 '폴드fold(접힘)'이다. 폴드는 정보 공유 수단이 종이 신문이었던 과거에서 비롯된 요소다. 신문지는 접혀 있고 그날의 가장 중요한 정보는 접힌 부분 위에 표시하여 잘 보이게 했다. 화면 기반 디자인에서는 스크롤을 내리기 전 첫 번째 화면 안에 구성되는 내용이 종이 신문의 접힌 부분 위에 표시한 내용이라고 생각하면 된다.

만약 시간을 제대로 낭비하고 싶다면 인터넷에 읽어 볼 글이 많다. 폴드는 더 이상 중요하지 않다거나 죽었다거나 이 시대의 다양한 기기 형식에 아예 존재하지 않는다는 식의 내용이다.

때로는 그럴듯하게 들리기도 하지만, 보이지 않으면 읽지 못하고 이해하지 못하며 상호작용을 할 수도 없는 인간 경험의 핵심 요소를 무시한 채 그럴듯하게 포장한 정보가 넘쳐난다. 보는 시간의 57%는 폴드 위를 보고, 74%는 두 번째 스크롤까지의 내용을 본다는 닐슨 노먼 그룹(UX를 개척한 가장 존경받는 회사 중 하나이므로 찾아볼 필요가 있다)의 연구를 여기에 적용하면, 당신의 디자인에 폴드가 어디에 있는지 알고 이를 가장 가치 있는 내용을 알리는 데 사용하는지것이 중요하다. 사용자들은 15년 전보다 지금 더 많이 스크롤하지만, 그림 3.11에서 명확히 볼 수 있듯이 폴드의 영향력은 오늘날에도 건재하다. 디자인하기 어려운 요소이지만 그럼에도 중요하다.

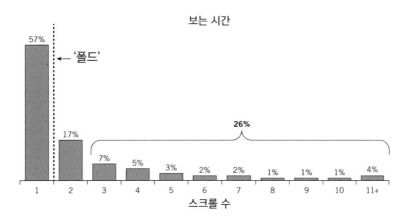

|그림 3.11| 사용자는 볼 수 없는 것에 행동을 취하지 않는 경향이 있기 때문에 폴드는 중요하다.

    이러한 연구 결과에도 불구하고 폴드라는 개념이 중요하다는 것을 사람들이 믿으려 하지 않는 이유는 디자인하기가 상당히 어렵기 때문이다. 화면 크기와 해상도의 범위가 계속해서 커지므로 폴드를 염두에 둔 디자인은 꽤 어려운 작업이다. 내가 '기기의 범위'가 계속해서 커진다고 말하지 않은 이유는 디자인 작업에서 폴드를 설명하려면 기기와 해상도의 차이를 아는 것도 중요하기 때문이다.

    디자이너들은 크기가 크고, 해상도가 높고, 최신 기술이 적용된 모니터를 사용하는 경우가 많다. 만약 당신이 하루 종일 그런 모니터를 본다면 다른 사람들도 그와 같은 모니터를 사용할 것이라 생각할지도 모른다. 하지만 사실이 아니다. 그렇다면 사용자가 어떤 크기의 화면을 사용하는지 어떻게 알 것인가? 구글 애널리틱스를 비롯한 기타 도구들은 이런 유형의 정보를 제공해 준다. 만약 당장 사용 가능한 분석 시스템이 없다면 할 일 목록에 넣어 두자. 분석 도구는 사용자가 시스템과 어떻게 상호작용하는지 정량적 정보를 검토할 수 있게 해 주므로 필수적이다. 분석 도구가 없으면 한쪽 눈을 감고 운전하는 것과 마찬가지다. 이에 더해 핵심 타깃 사용자와 정기적으로 소통하지 않는다면, 양쪽 눈을 감고 운전하는 격이다.

    시스템에서 가장 많이 사용된 해상도에 관한 보고서는 그림 3.12와 같은 형식이다.

Analytics

1 Master View ▼

Overview
Active Users
Lifetime Value BETA
Cohort Analysis BETA
Audiences
▶ Demographics
▶ Interests
▶ Geo
▶ Behavior
▼ Technology
  Browser & OS
  Network
▶ Mobile
▶ Cross Device BETA
▶ Custom
Attribution BETA

Try searching for "audience overview" | advanced

Secondary dimension ▼   Sort Type: Default ▼ | eCommerce ▼

Screen Resolution	Acquisition			Behavior			Conversions eCommerce		
	Users ↓	New Users	Sessions	Bounce Rate	Pages / Session	Avg. Session Duration	Transactions	Revenue	Ecommerce Conversion Rate
	15,984 % of Total: 100.00% (15,984)	13,511 % of Total: 100.0% (13,502)	19,396 % of Total: 100.00% (19,396)	43.00% Avg for View: 43.00% (0.00%)	4.67 Avg for View: 4.67 (0.00%)	00:02:57 Avg for View: 00:02:57 (0.00%)	45 % of Total: 100.00% (45)	$2,677.90 % of Total: 100.00% ($2,677.90)	0.23 Avg...
1. 1440x900	1,916 (11.88%)	1,492 (11.04%)	2,384 (12.29%)	37.54%	5.48	00:03:50	8 (17.78%)	$512.40 (19.13%)	0.3
2. 1920x1080	1,692 (10.49%)	1,499 (11.09%)	1,955 (10.08%)	51.87%	3.64	00:02:16	2 (4.44%)	$34.00 (1.27%)	0.1
3. 1680x1050	1,318 (8.17%)	924 (6.84%)	1,682 (8.67%)	26.93%	7.11	00:04:13	3 (6.67%)	$107.00 (4.00%)	0.1
4. 1366x768	1,205 (7.47%)	1,094 (8.10%)	1,441 (7.43%)	59.06%	2.89	00:02:17	0 (0.00%)	$0.00 (0.00%)	0.0
5. 2560x1440	1,186 (7.35%)	851 (6.30%)	1,428 (7.36%)	29.20%	5.75	00:03:09	0 (0.00%)	$0.00 (0.00%)	0.0
6. 1536x864	787 (4.88%)	681 (5.04%)	1,005 (5.18%)	50.95%	3.55	00:02:33	0 (0.00%)	$0.00 (0.00%)	0.0
7. 414x896	527 (3.27%)	496 (3.67%)	612 (3.16%)	45.10%	4.45	00:02:09	6 (13.33%)	$434.00 (16.21%)	0.9
8. 375x812	524 (3.25%)	484 (3.58%)	608 (3.13%)	41.45%	4.53	00:02:23	2 (4.44%)	$149.00 (5.56%)	0.3
9. 1280x720	514 (3.19%)	422 (3.12%)	654 (3.37%)	49.85%	4.31	00:03:24	0 (0.00%)	$0.00 (0.00%)	0.0

그림 3.12 | 구글에서 제공하는 해상도 사용 빈도 보고서는 사용자가 모니터에 설정한 해상도를 조사하여 그에 따라 디자인을 결정하도록 돕는다.

보고서를 보고 '그래, 좋았어! 사용자 대부분은 최소 oxo 크기의 모니터로 작업 하는군' 하고 생각하여 그에 맞춰 디자인을 시작할지도 모른다. 이 지점에서 기기, 해상도, 사용자 선호가 모두 충돌한다. 사용자가 시스템과 어떻게 상호작용하는지 명확한 그림을 얻기 위해 고려해야 할 두 번째 기준이 있다. 구글 애널리틱스에서는 이를 '보조 측정 기준'이라 부른다. 이 책이 출간되는 시점에는 '화면 해상도 보고서'를 볼 때 '브라우저 크기'를 보조 측정 기준으로 설정하여 그림 3.13과 같이 사용자가 사용하는 기기 해상도와 비교해 실제로 시스템을 보는 해상도가 어떤지 알 수 있다.

최종 사용자가 브라우저를 화면의 일부만 차지하도록 설정하는 경우도 많기 때문에 이를 이해하는 것이 중요하다. 회사에서 온라인 쇼핑을 하면서 상사에게 들키지 않기 위해, 혹은 업무 중 동시에 여러 프로그램을 사용할 때 창을 오가느라 시간을 허비하지 않기 위해 화면을 여러 개로 분할하기 때문일 수도 있다. 여러 가지 다양한 이유로 이런 상황이 발생하며, 사용자가 실제로 해당 시스템에 할당할 수 있는 화면의 크기보다 더 큰 화면을 기준으로 디자인된 시스템을 사용하는 경우가 많다는 사실을 알아야 한다. 이로 인해 일부 항목은 찾아볼 수 없게 되며 일부 인터랙션은 수행하거나 추적하기도 어려워진다.

당신의 사이트나 애플리케이션을 정기적으로 사용하는 브라우저 사이즈의 최소 공통분모를 알면 폴드의 위치를 정의하고 설계를 시작할 수 있다.

이 프로세스는 모바일에도 똑같이 적용해야 한다. 특별한 경우에는 다른 유형의 기기에도 적용해야 할 수 있다. 사용자 경험의 현실을 고려하는 일에 시간을 투자한 만큼, 이 작업을 마치면 사용자는 어느 페이지에서든 보이는 내용을 훨씬 더 명확하게 파악할 수 있고, 시스템은 사용자뿐 아니라 사업자 측면에서도 더 좋은 성능을 발휘한다.

만약 당신의 시스템에 대해 이러한 데이터를 수집할 시간이 충분하지 않다면, 1366×768이 데스크톱이나 노트북의 보편적인 크기라고 가정하고 시작하라. 여러 산업 분야에서 확인한 기준으로, 여기서는 보수적인 쪽으로 실수하는 편이 낫다. 2020년 초반 기준 애플, 구글, 아마존의 연결 페이지가 모두 이 크기이거나 더 낮

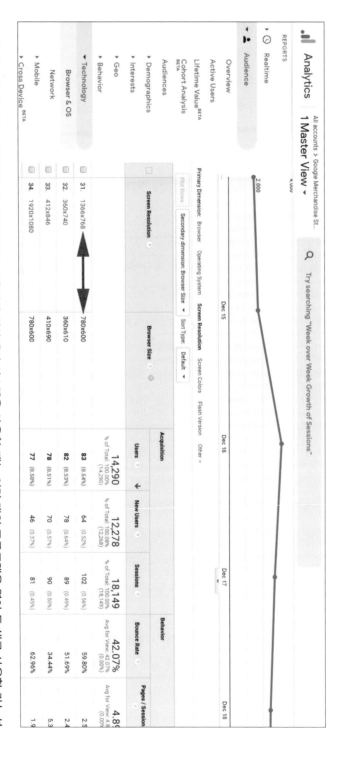

| 그림 3.13 | 해상도는 이야기의 일부일 뿐이다. 사용자가 직장에서 시스템을 사용할 때는 여러 개의 프로그램을 열어 둔 채로 사용할 가능성이 높기 때문에 서비스가 표시되는 창이 화면의 해상도보다 작게 설정되었을 수도 있다.

은 960픽셀 넓이로 제공됨을 확인했다.

시스템의 모바일 사용 정보를 수집할 수 없다면 브라우저스택^BrowserStack(www.browser-stack.com)과 같은 서비스를 사용하라. 저렴한 구독료로 당신의 시스템을 모든 기기에서 가상으로 작동시켜 볼 수 있고 사용하기도 쉽다. 이와 관련한 세부 사항은 4장의 '플랫폼, 브라우저, 기기를 아우르는 테스트'에서 설명하겠다. 구축하는 시스템에 가장 적절한 화면 해상도나 사이즈를 얻었다면 구성 요소의 다음 항목으로 이동할 준비가 된 것이다.

범위

작업해야 하는 공간이 얼마나 되는지 알았다면 만들어 둔 정보 구조를 적용하여 사용자가 작업을 완료하도록 돕는 방법을 알아야 한다.

범위는 당신의 정보 구조를 명확히 전달하기 위해 매우 중요한 항목이다. 또한 어떤 화면에서든 시각적 위계의 필수 요소이기도 하다. 여기서 범위라고 말하는 것은 디자인에서 탐색과 콘텐츠 구조를 명확히 정의하는 것이며, 이를 통해 사용자에게 탐색과 콘텐츠 구조 사이 관계를 분명하게 알려 준다.

그림 3.14에 표시된 검색 기능은 사이트의 인터페이스 내에서 명확한 범위 전달에 실패한 영역이다. 만약 검색 상자가 다른 모든 탐색의 상단에 위치했다면 검색 범위가 시스템 전체라고 생각하게 될 것이다. 기본 탐색 링크 중 하나를 클릭한 후 기본 탐색 바로 아래, 데이터 테이블과 아주 가까운 위치에 검색 상자가 있다면, 그 검색의 범위는 테이블의 내용에 한정된다고 생각한다. 이러한 상황에서는 사용자가 앞으로 일어날 일을 상대적으로 쉽게 예측하도록 해야 한다.

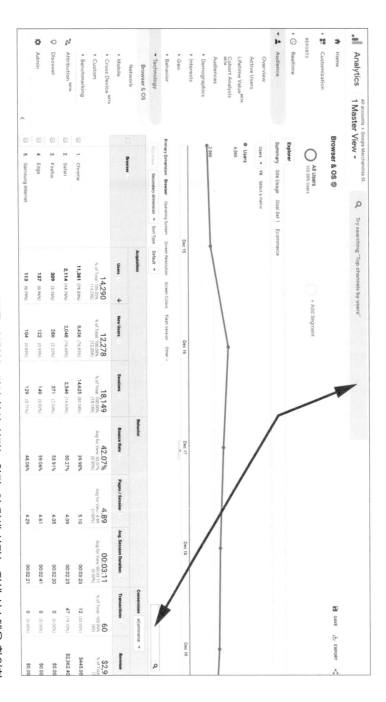

그림 3.14 │ 사용자가 화면에 표시된 검색 상자의 범위를 이해하는 것이 항상 쉽지는 않다. 이 검색 상자는 전체 시스템을 확인하

는가, 아니면 시스템의 일부만 검색하도록 설정되었는가?

범위가 정확히 명시되지 않으면 문제가 발생한다. 이로 인해 사용자가 실수로 어딘가를 잘못 탐색하는 사소한 불편함은 그나마 다행인 수준이다. 범위 혼동이 가져오는 최악의 상황 중 하나는 사용자가 표시된 콘텐츠나 데이터에서 잘못된 결론을 도출하고 이로 인해 잘못된 결정을 내릴 때다.

혼란을 막기 위해서는 시스템의 시각적 위계가 정확한 범위 관계를 명확하게 보여주는지 항상 고민해야 한다. 앞으로 다룰 디자인 원칙을 공부하면 도움이 될 것이다.

황금 삼각지대

구도를 고려할 때 다음으로 이해해야 할 중요한 개념은 '황금 삼각지대'이다. 황금 삼각지대는 그림 3.15처럼 레이아웃의 왼쪽 상단에 위치한 삼각형을 말한다. 사람의 시선이 자연스럽게 향하는 곳이므로 중요한 전환 내용을 이 구역에 배치해야 한다. 황금 삼각지대를 다른 콘텐츠로 들어가는 입구로 사용하는 것이 목적이므로 사용자를 끌어들이고 지속하도록 장려하는 무언가를 제시하도록 하자.

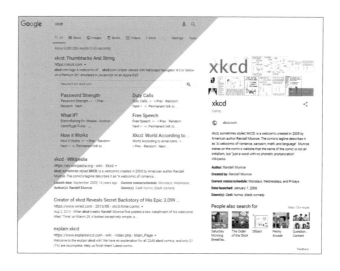

|그림 3.15| 황금 삼각지대는 화면에서 사용자의 주의를 가장 많이 끄는 부분을 말한다.

F, Z, 그리고 기타 시선 패턴

시선 추적 연구에 따르면 사람들이 콘텐츠를 탐색할 때 흔히 사용하는 시선 패턴이 존재한다. 바로 'F'패턴과 'Z'패턴인데, 일반적으로 황금 삼각지대에서 오른쪽으로 이동하고 페이지를 가로질러 돌아온 후 왼쪽에 존재하는 시각적 위계의 다음 중요 요소에 머무는 시선의 흐름이다. 여기에서 시선은 콘텐츠를 수집하거나 검색하며 오른쪽으로 다시 이동한다.

페이지를 읽는 동안 눈동자가 어떻게 움직이는지 촬영해 보면 그림 3.16의 히트맵Heat Map과 같은 시선 패턴 움직임을 얻을 수 있다. 시선 패턴을 조사하는 방식은 오래전부터 사용되었고 널리 인정받았기 때문에 페이지 구성을 만들 때 고려하는 것이 좋다.

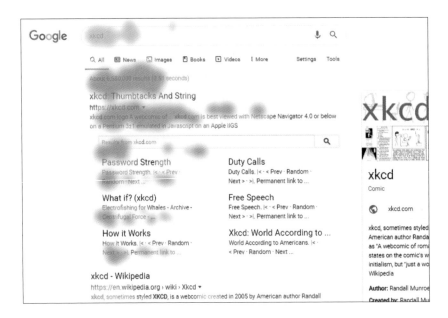

|그림 3.16| 히트 맵은 레이아웃 전체에서 사용자의 시선이 이동하는 방식으로 유용한 트렌드를 많이 보여 준다. 가장 흔한 패턴 중 하나는 이 그림에 표시된 F 패턴이다.

닐슨 노먼 그룹에서는 오른쪽에서 왼쪽으로 읽는 문화권에서도 예상한 바와 같이 좌우만 반전된 형태로 같은 개념이 적용된다는 것을 검증하였다. 이는 가장 관련성이 높은 정보를 찾기 위해 페이지의 내용을 빠르게 탐색하려는 사용자의 일반적인 패턴이다. 이런 패턴이 존재한다는 것은 알아야 하지만 단순한 읽기 전략일 뿐이므로 이상적인 디자인 목표로 삼을 필요는 없다. 만약 당신의 페이지가 강력한 시각적 위계를 갖추어 잘 디자인되었고 타깃 사용자에게 간결하고 명확하며 적절한 정보를 제공한다면 사용자의 시선 패턴은 흔한 읽기 패턴 대신 당신이 의도한 대로 따라올 것이다.

그래도 안전하게 디자인하려면 레이아웃의 상단 왼쪽 부분에 가장 영향력 있는 콘텐츠를 배치하여 사용자가 나머지 콘텐츠에 접근하도록 안내하는 역할을 하도록 하라.

게슈탈트 패턴

게슈탈트 패턴은 우리 뇌의 자연스러운 능력을 이용하여 패턴을 인식한다. 이 패턴은 우리의 무의식에 강하게 뿌리내리고 있기 때문에 당신이 의도한 대로 명확하게 전달하는 구성을 생성할 때 사용할 수 있는 강력한 기술이기도 하다. 이러한 패턴은 1920년대 독일 심리학자 막스 베르트하이머Max Wertheimer, 쿠르트 코프카Kurt Koffka, 볼프강 쾰러Wolfgang Kohler가 발견하여 기록하였다.

이 부분에서는 내가 작업한 시스템의 UX에 가장 자주 영향을 미치는 패턴을 설명하고자 한다. 여기에는 유사성, 근접성, 공통 영역, 폐쇄, 연속성 및 형상과 배경의 게슈탈트 패턴이 포함된다. UX의 다른 모든 것과 마찬가지로 파고들면 끝이 없으므로 게슈탈트 패턴과 다른 패턴들을 계속 살펴보기를 권한다.

유사성

사람들이 보고 읽고 이해할 수 있도록 디자인할 때 할 수 있는 필수적인 요소 중 하나는, 사용자가 스크린에 있는 모든 요소를 찾아야 하는 상황을 피하도록 그림 3.17처럼 비슷한 항목을 묶는 것이다.

컬럼 추가/삭제		
☑ 모델	☐ DDC VDP 조회	☐ 이름
☐ 날짜	☐ 연식	☐ 가격
☐ 조회 채널	☑ 브랜드	☐ 입고 기간
☐ DDC 일일 평균 조회	☑ 차량 유형	☐ 기기
☐ 바디 스타일	☐ ID	☐ VIN과 재고 번호

│그림 3.17│ 이 인터페이스를 봤을 때 혼란스럽기 그지없었다. 사용자가 목록에서 원하는 것을 찾는 데 도움이 되는 식별 정보가 전혀 없다.

분류 체계(항목을 분류하여 이름 붙임)는 이 디자인 원칙에서 필수적인 부분이다. 유사성은 색상이나 크기 등 전적으로 시각적인 수단을 사용하여 만들어 낼 수 있지만, 텍스트 기반의 콘텐츠를 구성할 때는 색상, 글꼴, 크기, 간격 등의 시각적 신호를 사용하면서도 사용자의 기대에 따라 비슷한 항목을 분류하고 이름 붙이는 작업이 진행되어야 이 패턴을 적용하기에 가장 좋은 방법이라고 할 수 있다.

첫 번째 단계는 간단하게 콘텐츠를 알파벳순이나 숫자 순서로 정렬한 다음 균일한 간격으로 시각적 그룹을 만들어 정보를 표시한이다. 이는 최후의 수단이지만 요소들을 그룹으로 묶는 더 나은 방법이 없을 때 사용자에게 최소한 논리적인 기반을 제공한다는 점에서 매우 유용하다. 만약 사용자가 자신이 찾는 항목의 이름이 '차량 유형'이라는 사실을 안다면, 가나다순으로 정렬된 목록에서 'ㅊ'으로 바로 넘어가서 찾고 있는 항목이 있는지 살펴볼 수 있다.

내가 그림 3.17에 나온 문제점을 접했을 때는 자동차 산업에 막 발을 들였을 때다. 나는 이 정보를 사용자가 이해할 수 있는 방향으로 어떻게 분류해야 할지 몰랐다. 팀에서 도와주기를 기다리는 대신, 그림 3.18처럼 목록을 알파벳(가나다)순으로 정렬하여 최소한 사용자가 목록에서 찾아볼 수 있도록 하였다.

컬럼 추가/삭제

☐ DDC VDP 조회 ☐ 기기 ☐ 연식
☐ DDC 일일 평균 조회 ☐ 날짜 ☐ 이름
☐ ID ☑ 모델 ☐ 입고 기간
☐ VIN과 재고 번호 ☑ 바디 스타일 ☑ 조회 채널
☐ 가격 ☐ 브랜드 ☐ 차량 유형

| 그림 3.18 | 인터페이스를 알파벳(가나다)순으로 정렬한 버전이 완벽하지는 않았지만 더 나은 방법을 만들기 위해 정보를 수집하는 동안 경험을 개선한 셈이다.

분석팀에게서 사용자 기대에 관한 정보를 더 얻은 다음에는 한 단계 더 나아갔다. 항목을 단순히 알파벳순으로 정렬하는 대신 그림 3.19처럼 시각적으로 다른 스타일로 표시한 그룹 이름 아래에 비슷한 항목을 분류했다. 사용자는 훨씬 빠르게 내용을 살펴보고 그들이 원하는 것이 있는지 확인함으로써 인터페이스 내 검색 용이성이 높아졌다.

컬럼 추가/삭제

계정 **트래픽** **차량** **방문** **판매** **성능**
☐ ID ☐ DDC VDP 조회 ☐ VIN과 재고 번호 ☐ 기기 ☐ 가격 ☐ 입고 기간
☐ 이름 ☐ DDC 일일 평균 조회 ☑ 모델 ☐ 날짜
☐ 바디 스타일 ☐ 조회 채널
☑ 브랜드
☐ 연식
☐ 차량 유형

| 그림 3.19 | 리서치 기반의 사용자 기대를 바탕으로 인터페이스 내 비슷한 항목을 그룹으로 분류하였다.

이 예에서 나는 그룹 이름을 진한 글씨로 표시했고 동일한 간격과 정렬을 사용하여 비슷한 시각적 그룹을 생성함으로써 사용자가 인터페이스 내에서 원하는 것을 더 효율적으로 찾도록 했다.

근접성

사용자가 그림 3.19의 모든 요소를 인식하기 위해서는 먼저 그룹이 존재한다는 것을 명확히 보여 주어야 한다. 이를 위해 각 그룹에 제목을 붙일 수 있다. 제목을 관련된 항목의 목록에 가깝게 일정한 간격으로 배치해야 한다. 부분 그룹이 더 큰 그룹의 일부임을 보여 주도록 일관된 간격을 사용하는 것이 중요하다.

간격을 사용하여 제어한 사용자의 시선 흐름은 근접성 인식에 큰 영향을 준다. 시각적으로 가까운 항목들은 근접성에 따라 우리 마음속에서 논리적으로 그룹화되었다. 그 간격이 일정하다면 그룹 관련성이 더욱 강해진다. 또 다른 일정한 간격이 부분 그룹 사이에 존재한다면 부분 그룹의 근접성이 상위 그룹을 생성한다.

실제보다 설명이 더욱 복잡하게 들린다. 그림 3.19를 다시 보면 전략적인 공간 사용이 시각적 그룹을 만들어 내고 인터페이스 사용을 용이하게 함을 알 수 있다.

공통 영역

근접성과 유사하게, 디자이너는 레이아웃 내에 시각적 구역을 생성하고 그 구역에 항목들을 묶어서 그룹화할 수 있다. 한 구역에 있는 모든 항목은 그림 3.20과 같이 잘 정의된 시각적 공간을 공유하므로 우리 마음속에 논리적으로 그룹화된다.

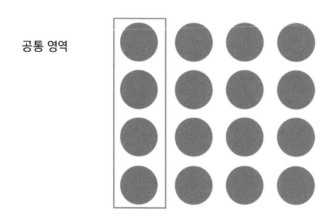

공통 영역

|그림 3.20| 공통 영역은 레이아웃의 일부 항목을 다른 항목들과 구분하기 위해 시각적으로 그룹화하는 것이다.

폐쇄

일반적으로 인터페이스에 테두리처럼 작동하는 실선을 사용하여 공통 영역을 표시하는 것은 그다지 보기 좋은 방법이 아니다. 공통 영역을 만들고 싶지만 인터페이스에 더 자연스럽게 녹여내려면 폐쇄라는 또 다른 게슈탈트 원칙을 가져와야 한다. 폐쇄는 그림 3.21에서 보듯이 우리의 뇌에서 패턴을 찾으려 하거나 불완전한 모양을 완전하게 만들고 싶어 하는 경향을 바탕으로 한다. UI에서 폐쇄는 콘텐츠가 아닌 요소의 수를 최소화함으로써 시각적 위계를 개선하고, 터프티Edward Tufte, **(미국의 통계학자이자 컴퓨터 과학 교수)**의 저서 《정량적 정보의 시각적 표현The Visual Display of Quantitative Information》에서 이야기한 '출력물 중 데이터 비중'을 높인다.

인터페이스에 공통 영역을 생성하기 위해 폐쇄를 사용하는 방법으로 영역의 바깥 테두리를 나타내는 상자를 그린 후 무엇이 영역을 정의하는지 정확히 식별할 수 없을 때까지 선을 지워 나가는 방식이 있다. 이후 해당 영역을 다시 인식할 수 있을 때까지 몇 개의 선이나 선의 일부를 추가해 나간다.

폐쇄

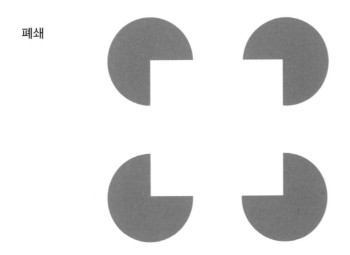

|**그림 3.21**| 위 그림에서 중앙의 정사각형을 인식할 수 있듯이, 폐쇄는 연결되지 않은 모양의 그룹에서 이미지를 만들어 내는 형식의 로고 디자인에서 흔히 쓰인다.

연속성

사용자 데이터를 바탕으로 어떤 사이즈로 디자인해야 할지 충분히 이해하고 만든 훌륭한 레이아웃이 있다고 상상해 보자. 우선순위가 가장 높은 도입부 콘텐츠를 왼쪽 상단에 놓았고, 최대 효과를 내기 위해 우리가 지금까지 다룬 그리드와 게슈탈트 원칙을 활용했다. 또한 확장성을 높이기 위해서 콘텐츠를 잘 정의된 그룹으로 명확하게 기술하는 레이아웃을 생성했다. 이 모든 작업을 수행했다면 제법 앞서 나갔다고도 할 수 있지만 아직 할 일이 더 남아 있다.

여기까지 한 후 연속성이라는 개념을 레이아웃에 적용하면 사용자의 시선을 레이아웃 내 한 지점에서 다른 지점으로 이끌 수 있으므로 사용자가 사업이 의도하는 바를 더 잘 이해하고 작업을 빨리 마치도록 할 수 있다.

연속성을 인식할 때 뇌에서 움직임을 추적하는 부분이 활성화되며, 뇌가 항상 패턴을 인식하려 하는 것처럼 움직임의 경로를 관찰하고 예측하려 한다. 연속성 찾기는 뇌에서 매우 강력하게 일어나기 때문에 때때로 유사성이라는 게슈탈트 원칙을 무시하기도 한다.

그림 3.22를 보면 색상으로 강한 유사성을 만들었는데도 당신의 뇌는 처음에 수평으로 위치한 항목을 동일한 그룹으로, 비스듬하게 기운 항목은 다른 그룹으로 묶인다고 생각하려는 욕구가 존재하지 않았는지 느껴보라.

연속성

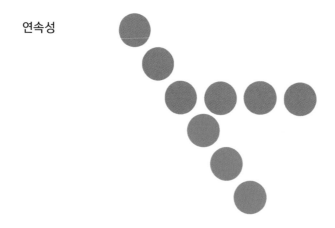

|**그림 3.22**| 연속성은 레이아웃에서 시각적 위계를 제공하고 사용자의 시선을 끌기 위해 사용한다.

레이아웃에 이를 적용해 사용자가 일반적인 F, Z 시선 패턴에서 벗어나 당신의
의도대로 움직이도록 유도할 수 있다.

또 다른 트릭은 인물의 사진 속 시선을 이용하여 레이아웃 내에서 사용자의 시
선을 이끄는 것이다. 우리의 뇌는 얼굴을 보도록 프로그래밍되어 있으므로 사람의
얼굴은 즉시 레이아웃의 초점이 되고, 그 얼굴이 향하는 시선은 그림 3.23처럼 자
연스럽게 사용자의 시선을 유도한다.

|그림 3.23| 우리의 뇌는 얼굴을 인식하고 표정을 읽도록 연결되어 있다. 이 잠재적
인 행동은 레이아웃에서 사용자를 이끄는 역할을 한다. 사진 속 사람이
레이아웃에서 무언가를 찾고 있다면, 사용자는 자연스럽게 그 시선을
따라갈 것이다.

형상과 배경

현대 디자인 트렌드로서 커다란 단색 배경에 글자가 완전하지 않고 끊어져 있는
텍스트 콘텐츠를 본 적이 있을 것이다. 이는 제법 흥미로운 구성으로, 나타내고자
하는 글자를 서로 다른 색상과 모양으로 결합하는 우리의 능력은 형상과 배경이라
는 게슈탈트 원칙의 한 예다. 나는 인간의 뇌가 스스로를 보호하기 위해 이 기능

을 발달시켰다고 생각한다. 눈앞에 펼쳐진 들판을 바라보던 우리의 조상 중 불완전한 정보를 빠르게 분석하고 점들을 연결하여 호랑이의 줄무늬와 습지에 자라는 풀의 줄무늬를 구별한 사람이 후대에 유전자를 전달할 가능성이 더 높았다. 생과 사를 가르는 극단적인 상황뿐 아니라 잎으로 가득한 숲에서 빠르게 패턴을 인식하여 식량을 찾아낸 사람도 생존 가능성이 훨씬 높았다.

물리적인 세상이든 화면 속 세상이든 우리는 주변을 처리할 때 늘 같은 기술을 사용한다. 당신의 레이아웃 안에서 특정 콘텐츠를 개선하여 사용자들이 필요한 것을 찾을 수 있도록 돕는 데 이러한 이해를 적용할 수 있다.

크기와 대비

게슈탈트 원칙에 속하지는 않지만 디자이너의 도구 상자 안에 담긴 핵심 요소이다. 크기 변화는 형상과 배경의 유대를 강화한다. 크기는 시각적 위계 내에서 항목을 개선하거나 개악할 때 가장 자주 사용된다. 우리는 이 책을 비롯한 모든 레이아웃에서 큰 글씨는 특정한 영역으로 주의를 끌 때 사용하고, 작은 글씨는 콘텐츠의 내용을 전달할 때 사용하는 것을 보았다. 따라서 그림 3.24에서 알 수 있듯 크기는 레이아웃 내 가독성을 높이는 훌륭한 방법이다.

디자인을 평가할 때 크기, 색상, 대비, 공간 등이 모두 일관성 있게 사용되었는지 확인해야 한다. 일관성은 디자인 구조를 강화하고, 사용자가 시스템 내에서 단계별로 이동하며 무엇을 기대해야 하는지 알 수 있게 도와준다.

대비는 레이아웃을 개선하거나 개악하는 데 특화된 또 다른 방법이다. 대비는 접근성을 높이는 디자인에서 특히 더 많이 고민해야 하는 문제이기도 하다. 애플이 만든 휴먼 인터페이스 가이드라인의 첫 번째 장이 접근성 가이드를 따르지 않았다고 언급한 것을 기억하는가? 애플뿐만이 아니다. 많은 웹사이트와 애플리케이션이 인터페이스의 가독성이 높아지도록 대비를 적절하게 활용하지 못했다. 콘텐츠가 읽기 힘들면 당연히 이해하기도 힘들기 때문에 바람직하지 않다.

현재 일반적인 디자인 트렌드 중 하나는 배경으로 쓰이는 커다란 사진의 상단에 진한 글씨를 사용하는 것이다. 사진의 상단 부분과 글씨가 충분히 대비되지 않아서 읽기가 어렵거나 불가능한 경우가 많은 것이 문제다. 내가 굉장히 싫어하는 디자인 트렌드다. 나는 소셜 미디어를 통해 이 점을 자주 언급했지만 많은 회사에서 이를 잘못 받아들이고 잘못 사용하여 그림 3.25에서 보듯이 표준처럼 되어 버렸다.

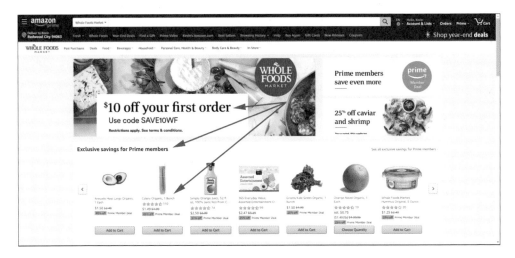

|그림 3.24| 크기는 레이아웃에서 계층을 정의하는 또 다른 방법이다.

| 그림 3.25 | 대비는 디자인의 가독성을 높이는 매우 중요한 요소다. 사이트의 대비가 충분하지 않아도 사용자가 작업을 완료할 수 있겠지만 그 경험이 그다지 만족스럽지는 않을 것이다.

색상

그림 3.26과 같이 색상을 쓰지 않고도 사용자가 보고 읽고 이해하기 쉬운 레이아웃을 만들었다면 이제 색상을 써도 된다. 대부분의 디자인 산업에서는 취하지 않는 방식이지만 이렇게 디자인했을 때 시각 장애가 있는 사람에게도 접근성이 더 좋아지기 때문에 이 방법을 언급한다. 게다가 윤리적, 법적, 재정적 이유로 접근성을 디자인 프로세스에서 중요하게 고려해야 한다.

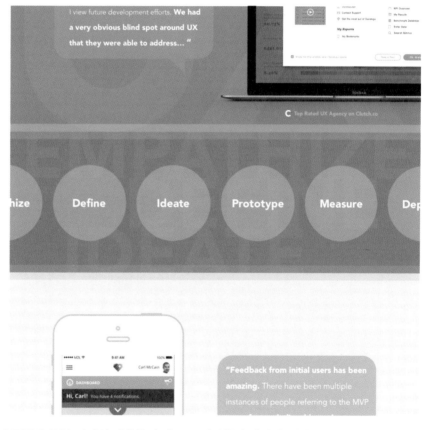

|그림 3.26| 디자인 작업을 흑백으로 시작하면 색상에 의지하지 않고도 시각적 위계를 만들게 되므로 장애가 있는 사용자에게도 색상을 사용한 최종 결과물의 접근성이 높아진다.

어떤 색상을 골라야 할지에 대해 이야기하려면 이 주제만으로 책 한 권 분량이므로 상세한 내용까지는 기술하지 않겠다. 색상을 잘 쓰는 방법을 알고 싶다면 《색상: 예술가와 디자이너를 위한 워크숍Color: A Workshop for Artists and Designers》이라는 책을 읽어 보기 바란다.

색상이 브랜드만 드러내지는 않는다는 점을 명심해야 한다. 색상은 시각적 위계에 영향을 미치는 또 다른 디자인 요소가 되어 사용성에 영향을 준다. 흑백으로 디자인했고 계층 구조가 잘 잡혀 있다면, 다시 디자인으로 돌아가서 각 흑백 값에 대응하는 색상으로 하나씩 치환하여 그림 3.27처럼 브랜드를 나타내는 데 필요한 색상을 적용한다.

|그림 3.27| 이렇게 전체에 색상을 적용하면 디자인에 충분한 대비가 있으면서도 고려해야 할 핵심 요소가 빠지진 않았는지 보여 준다. 다만 이 경우 선택한 색상이 브랜드를 잘 나타내지는 않는다.

이것이 프로세스의 첫 단계이다. 색상의 값과 강도를 다시 검토하고, 때로는 전체적으로 색조를 변경하여 균형 잡힌 디자인을 만들어 브랜드를 더 잘 드러내고 사용자가 보는 페이지의 가독성을 높여야 한다.

주제 적합성

그림 3.27의 디자인이 시각적 위계와 대비 관점에서는 잘 작동할지 몰라도 주제 적합성 측면에서는 그다지 좋은 사례가 아니다. 부활절 달걀을 판매하는 웹사이트라면 매우 적절하겠으나, UX 디자인 업체로서는 그림 3.28과 같이 색상을 더 보수적으로 사용하여 현재 브랜딩에서 크게 벗어나지 않기를 원할 것이다.

|**그림 3.28**| 웹사이트의 기존 버전은 훨씬 더 보수적이다. 사용된 색상은 많지 않지만 일부 콘텐츠를 강조 표시하여 가독성을 높인다.

색상은 주제 적합성 요소 중 하나일 뿐이다. 시스템 디자인이 브랜딩이나 주제를 의도한 대로 전달하기 위해서 이미지 사용, 동영상, 글꼴, 문체, 다양한 요소의 모

양, 인터랙션 스타일, 여백 등이 모두 사용된다.

전투기 조종사가 탐색하는 데 도움을 주는 인터페이스를 만든다면, 인터페이스를 복잡하게 만들지 않고 그림 3.29처럼 의도한 용도를 지원하도록 골조의 미학에 집중하는 것이 좋다. 괜히 브랜딩으로 디자인을 더 어수선하게 만들거나 중요한 정보에 집중하지 못하도록 산만한 시각적 요소를 사용하면 그 결과는 처참하지 그지없다.

한편, A-10에서 공중 전투를 시뮬레이션하는 비디오 게임을 만든다면 사용자들이 게임 구성을 설정하고 상호작용할 때 그 경험에 몰입하도록 게임 탐색 메뉴에 실제 A-10의 인터페이스 요소를 사용하는 것이 당연하다.

그림 3.30에서 흰색에 가까운 배경색에 어두운 텍스트를 사용하는 흑백 인터페이스가 대비를 강하게 만들어 내고 가독성을 높이며, 그림 3.29의 전략적 디스플레이라는 인터페이스와 유사함을 알 수 있다.

그림 3.30의 인터페이스가 그림 3.27처럼 밝은 파스텔 톤의 색상을 사용했다고 상상해 보라. 디자인은 유용하고 사용 가능하겠지만, 주제 적합성이 떨어져 경험에 부정적인 영향을 미친다. 이를 염두에 두면 글꼴 선택, 버튼 스타일과 모양, 소리 등이 모두 어떻게 디자인의 심미적 가치를 높이거나 낮추는지, 어떻게 전반적인 경험을 뒷받침하는지 쉽게 알 수 있다.

데이터 시각화

군 조종사의 예는 전술 화면을 보고 조종사가 이해한 내용에 따라 생사를 가르는 결정이 이루어지기 때문에 상당히 극단적이다. 하지만 데이터 시각화가 디자인에서 생사를 결정하는 데 영향을 줄 만큼 중요한 요소임을 보여 준다. 군뿐만 아니라 의료 및 정책 결정과 같은 다양한 분야에서도 마찬가지이다.

데이터를 기반으로 중요한 결정을 내리는 사람들은 대개 원본 데이터를 보지는

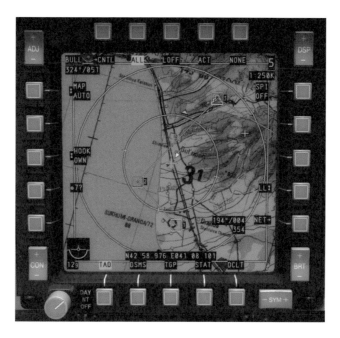

|그림 3.29| DCS A-10C 워트호그Warthog 전술 인지 화면

www.digitalcombatsimulator.com/en/products/warthog

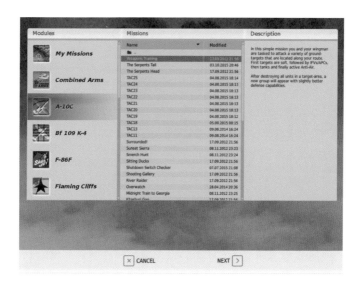

|그림 3.30| DCS A-10C 워트호그 미션 선택 메뉴

www.digitalcombatsimulator.com/en/products/warthog

않는다. 결정을 내리려는 사람은 일반적으로 원본 데이터를 바탕으로 정보가 단순화되고 요약 및 정렬되도록 디자인한 시각화 자료를 본다. 원본 데이터를 축약한 정보를 보는 사람은 무엇이 나타났는지 신중하게 관찰해야 하고, 잘못된 방향으로 가지 않도록 전달 방식을 비판적으로 받아들일 필요가 있다.

이 주제를 깊게 다루는 책이 많다. 세계에서 존경받는 디자이너들이 이 주제를 잘 다루었지만 그들을 나열하는 대신 당신이 데이터 시각화의 사용자 경험 측면에서 핵심 문제를 이해하도록 돕고, 몇 가지 해 볼 만한 일을 제시하고, 더 깊이 파고들도록 영감을 주어 터프티와 같은 전문가에게 많이 배우게 하고 싶다.

먼저, 작은 영감부터 시작하자. 오늘날 데이터는 록펠러Rockefeller 가문에게 원유가 가지는 의미와 같다. 데이터는 엄청난 가치가 있으며 구글, 아마존, 페이스북 같은 회사가 지난 수십 년 동안 축적하고 관리해 온 부의 기반이다. 머지않은 미래에 멋진 경력을 갖고 싶다면 기업의 데이터 활용을 돕는 일에 종사하기를 추천한다.

다시 말하면 데이터는 이전 세대에게 엄청난 부를 안겨 준 원유와 같고, 정보는 원유를 정제한 정제유 같은 존재다. 우리가 소비하는 것, 기업이 수익을 창출하거나 손해를 입는 결정을 내리는 데 사용되는 것 모두가 정보다.

데이터 성숙도data maturity(데이터 분석 시스템이 얼마나 선진화되었는지 평가하는 체계) 모델은 다음과 같다.

1 데이터가 있다.
2 데이터에 약간의 분석을 더해 정보를 만들었다.
3 정보를 정제하여 관찰 기록을 이끌어 낸다.
4 마지막으로, 이전의 모든 과정을 통해 권고를 만들어 낸다.

오랜 시간을 투자하여 이런 방식으로 데이터를 생각해 본 적이 없다면 이 모든 이야기가 추상적으로 느껴질지도 모른다. 이 모델을 현실 세계에 적용하기 위해 병원을 방문한 환자를 떠올려 보자. 의사는 키, 몸무게, 혈압과 같은 데이터를 얻는다. 환자의 키와 몸무게를 보고 데이터에서 파생되는 정보를 환자에게 공유한다.

이 정보는 환자의 체질량지수, 즉 BMI이다. 의사가 이 정보를 혈압 데이터와 결합하여, 고혈압이 높은 BMI 수치와 연관이 있을지 모른다는 관찰 기록을 내놓는다. 그리고 의사의 의학적 지식을 관찰 기록과 결합하여 환자에게 BMI와 혈압을 낮추기 위해 체중을 감량하라고 권고한다.

이 프로세스는 모든 기기가 예상대로 작동하고 의사가 관찰 기록과 권고를 만들어 낼 수 있도록 충분한 훈련과 기술이 뒷받침될 때 잘 작동한다. 현실 세계에서 이 프로세스는 부정확한 데이터, 분석에 영향을 미치는 선입견이나 그로부터 파생된 정보, 관찰 누락, 이전 단계의 오류로 인해 잘못된 정보로 만든 권고 등 여러 요소 때문에 더 복잡해진다.

데이터를 사용자에게 보여 주는 시스템의 사용자 경험을 담당하고 있다면, 데이터를 모으고 그 데이터가 정확한지 검증하는 팀과 함께 일해야 할 책임이 있다는 점이 가장 중요하다. 데이터가 잘못되면 좋은 정보, 관찰 기록, 권고를 가질 기회도 없으므로 경계를 늦추어선 안 된다. 한 번 확인하고 앞으로도 계속 괜찮다고 가정할 수는 없다.

데이터가 정확하다고 확신했다면 정보를 만들어 내기 위해 분석하는 방법을 테스트해야 한다. 담당자에게 무엇을 어떻게 진행하는지 설명해 달라고 요청하라. 내가 함께 일한 연구원 및 데이터 과학자들은 다루는 정보의 출처가 어디인지, 그것으로 무엇을 하는지 공유할 때 가장 기뻐했다. 그들이 공유하는 데 흥미가 없다면 걱정할 필요가 있다.

정확히 말하면, 데이터 과학자가 하는 말이나 각 가치가 계산되는 방법을 당신이 전부 이해할 필요는 없다. 그것은 그들의 일이고 그 작업을 검증하는 것도 해당 팀과 사업 운영자의 몫이다. 대화를 통해 당신이 품었던 의문에 만족스러운 대답을 얻고, 만들고자 하는 경험과 결합시키는 가치가 정확하다는 확신을 가질 수 있어야 한다. 만약 그렇지 않다면 작업에 확신을 가질 때까지 남은 의문이 무엇이든 끝까지 파고들어야 한다.

데이터 시각화를 디자인하는 것은 당신이 마주할 다른 디자인 과제들과 비슷한 점이 많다. 모두 소통의 문제다. 시각화를 디자인할 때 다음 항목을 염두에 두자.

- 말하려는 이야기가 무엇인지 일단 정확히 알아야 한다. 주유 가격이 소비자 신뢰도에 어떤 영향을 미치는지 이야기하려 한다면 시작하기 전에 명확히 정의할 수 있어야 한다.
- 이야기 전달에 가장 적절한 데이터 시각화 유형을 선택한다. '가장 적절한 데이터 시각화'라고 검색해 보면 결정에 도움이 될 만한 도구 몇 가지를 찾을 수 있다. 이 모든 것이 처음이라면 몇 가지 실험을 통해 각 도구가 당신이 전달하려는 이야기 유형에 어떤 강점과 약점이 있는지를 파악한다.

  마이크로소프트 엑셀 및 비슷한 기타 도구는 다양한 유형의 시각화 도구를 탐색할 수 있도록 미리 보기를 제공한다.
- 사용자가 당신이 하려는 이야기를 보고, 읽고, 정확히 이해할 수 있도록 앞서 다룬 디자인의 모든 요소를 동원하여 시각적 위계를 생성하라.
- 이 과정을 모두 끝낸 후 생성한 결과물을 돌아보고 사용자의 이해 능력을 해치지 않는 선에서 제거 가능한 부분은 모두 제거한다.
- 새로운 데이터를 사용하여 주기적으로 업데이트될 시각화 자료인 경우, 다양한 데이터로 테스트하여 발생 가능성이 있는 값들을 모두 표시할 수 있는지 확인해야 한다. 데이터를 불러오지 못한 경우, 이상적인 경우, 가능한 범위에서 극값일 경우 등 모든 것을 고려하여 화면 시각화를 디자인하고, 개발자는 이런 상황에서 어떻게 대처할지 계획할 수 있어야 한다.
- 타깃 사용자와 일치하는 사람들에게 시각화를 실험하라. 나는 흥미진진하고 복잡한 이야기 다루는 것을 좋아하는 성격 탓에 너무 많은 데이터 유형을 한꺼번에 넣어 시각화를 밀도 있게 구성하는 경향이 있다. 대부분의 사람들은 그렇지 않다. 내가 테스트를 진행한 사람들은 대개 빠르게 이해하고 다른 사람과 공유할 수 있는 흥미로우면서도 단순한 이야기를 선호했다. UX 업계에서 겸손한 자세로 가능할 때마다 타깃 사용자와 접촉하는 것은 좋은 습관이다.

더 읽어 볼 자료

링크드인 러닝 LinkedIn Learning

www.linkedin.com/learning/graphic-design-foundations-layout-and-composition/welcome

유데미 그래픽 디자인 이론 Udemy Graphic Design Theory

www.udemy.com/course/graphic-design-theory-for-beginners-course

미국 그래픽 아트 협회AIGA-The Professional Association for Design

www.aiga.org/design

4장

실용적으로 만들기

> 가치 있는 소프트웨어를 조기에 지속적으로 제공하여 고객을
> 만족시키는 것이 우리의 첫 번째 우선순위다.

– 애자일 선언문The Agile Manifesto

이 장에서 개발자가 되는 방법을 알려 주지는 않는다. 대신 사용자 경험 관점에서 코드를 어떻게 평가하는지 알려 주고 UX 중심의 개발자가 되기 위해서 읽어 보면 좋을 자료들을 소개한다.

당신이 디자이너이거나 회사에서 제품 관련 조직에 속한 사람이라면, 당신이 디자인한 서비스의 성능은 간단히 '잘된다', '안 된다' 두 가지로 표현될 것이다. 여기에서 성능이라는 말을 사용할 때는 시스템이 핵심 성과 지표KPI를 얼마나 잘 수행했는지를 뜻하지 않는다. 서비스가 얼마나 잘 실행되는지를 이야기하며, 이는 곧 KPI에 큰 영향을 미친다. 즉 결제 과정이 먹통이라면(성능 부진) 해당 기간 동안 결제 전환율은 0%로 떨어질 것이다.

이 장을 제대로 읽지 않고 넘어가면 페이지가 뜨지 않거나 뜨기까지 너무 오래 걸리도록 내버려 두는 상황이 생길 수 있다. 최고의 디자이너가 디자인한 매우 인상적인 콘텐츠가 있어도 사용자가 보지 못하면 무용지물이며 이는 끔찍한 사용자 경험이 된다. 이 유형의 성능은 다음 항목을 모니터링함으로써 가장 높은 수준에서 측정된다.

가용성

사용자가 시스템과 성공적으로 상호작용할 수 있도록 시스템이 가동되는 시간 비율

응답 시간 및 지연

사용자의 인터랙션에 시스템이 반응하고 적절한 응답을 보내는 시간의 합

오류 발생률

시스템 오류를 포함한 인터랙션의 비율

　세계에서 가장 큰 규모의 회사부터 갓 시작한 스타트업에 이르기까지 다양한 규모의 회사와 일하면서 조직 내 대부분의 사람들이 시스템 성능이 사용자 경험에 얼마나 중요한 영향을 미치는지 이해하지 못한다는 사실을 깨달았다. 핀터레스트^{Pinterest}는 대기 시간을 40% 줄임으로써 회원 가입 수를 15% 늘렸고, BBC는 웹사이트 로딩 시간이 1초 증가할 때마다 사용자가 10% 감소한다는 사실을 발견했다. 경험을 디자인할 때 성능을 신중하게 고려해야 하는 이유를 쉽게 알 수 있는 사례이다.

　웹사이트의 성능과 그 성능이 수익에 미치는 영향을 이해하는 데 도움이 되고자 구글은 그림 4.1과 같이 상관관계를 보여 주고 개선 방법을 권고하는 몇 가지 도구를 만들었다.

| **그림 4.1** | 성능 영향 계산기는 완벽하지는 않지만 현실 세계의 사업 결과에 관한 성능 정보를 구성하고 팀이 우선으로 노력해야 할 부분을 결정하는 데 도움을 준다.

이런 도구가 문제 정의에 도움이 되긴 하지만 사용자가 핵심 작업을 어떻게 성공적으로 완료하는지, 시스템이 얼마나 잘 동작하는지 모니터링할 수 있는 자신만의 분석을 만든다면 팀에 든든한 기반이 될 것이다. 분석에 관해서는 다음 장에서 더 자세히 다루고, 우선 사용자가 시스템과 상호작용하는 방법과, 시스템이 사용자에게 어떻게 동작하는지 알아야 한다.

제품 개발 팀의 일원인 UX 전문가로서 시스템의 가용성에 직접적으로 할 수 있는 일이 많지는 않다. 시스템 개발과 배포 방법을 결정하는 다른 전문가 팀이 존재하기 때문이다. 내 경험상 성능이 최우선으로 고려되고 사업에서 영향력을 갖는 가장 좋은 방법은 가능한 범위 내에서 성능을 돈과 연결하는 것이다.

나는 온라인 쇼핑몰 업체와 일할 때 배포 날짜와 시간을 추적함으로써 이를 가능하게 했다. 업무 시간에 진행된 배포가 사용자와 사업 전환율에 나쁜 영향을 미치지 않았는지 의문을 제기했지만, 아무도 귀를 기울이지 않았다. 나는 날짜와 시간 자료에 분석 도구를 활용해 경험에 영향을 주었다는 단서가 있는지 찾아보았다.

'페이지 로딩 시간'이 아주 큰 영향을 미쳤다는 사실이 쉽게 확인되었고, 배포가 일어날 때 서버에서 '500' 오류가 많이 보고되었다는 사실도 발견했다. 결과적으로 각 배포가 1만 달러 이상의 매출 손해를 발생시켰다고 산정할 수 있었다.

이 정보를 바탕으로 비즈니스는 관행을 변경했고 지금은 트래픽이 가장 적은 시간이라고 정의한 때에만 배포를 수행한다. 또한 '500' 오류를 거의 제거하도록 배포 과정을 현대화하기 위한 투자를 아끼지 않았다. 문제를 정의하기 위한 리서치는 하루 이틀이면 충분하다. 이러한 유형의 변경은 웹사이트를 다시 디자인하거나 박람회에서 홍보하는 새로운 기능만큼 매력적이지 않을 수 있지만, 사용자 경험에는 더 큰 영향을 미치는 경우가 많으며 비용 및 노력 측면에서도 수익이 발생한다.

배포를 비롯한 일반적인 안정성 문제 외에도 서비스 개발 방법에 관한 문제가 발생했을 때 모니터링하고 피드백을 제공하기 위해 알아야 할 핵심 요소가 몇 가지 더 있다. 내가 말하려는 내용은 일반적으로 개발 팀만의 영역으로 간주되지만, 새로운 기술을 배우고 당신의 작업물이 사용자에게 표시되는 방법을 관리할 기회를 놓치지 않기를 바란다.

프레임워크 의존증^{Framework-itis}과 장황한 코드

현재 내가 마주한 가장 큰 문제는 프레임워크 의존증이라 불리는 것이다. 프레임워크는 마치 직접 요리하지 않고 밀키트 제품을 이용하듯 미리 짠 코드로 만든 시스템을 의미하는데, 개발 팀의 개발 속도를 높여이주고 일관성과 신뢰성을 개선하며 개발 과정에 어느 정도의 예측 가능성을 제공한다. 너무 좋지 않은가? 그렇다면 과연 단점은 없을까?

프레임워크는 유효한 장점이 많지만 개발 팀이 적절하게 사용하지 않거나 너무 의존하면 문제가 될 수 있다. 1990년대 중반 내가 웹사이트 코딩을 갓 시작했을 때, 우리가 추구한 표준은 전체 페이지가 25KB 내에 사용자에게 전달되는 것이었다. 여기에는 페이지를 구성하는 모든 내용과 그림, 로고, HTML 마크업이 포함된다. 이 표준이 미국에서는 완전히 구식이었지만 사용자가 다운로드할 때 필요한 양을 합리적으로 최소화하면 의미가 없지는 않다. 특히 전 세계 고객을 대상으로 한다면 말이다.

다음은 세계적 브랜드의 페이지 다운로드 크기이다.

- **구글**   20KB
- **마이크로소프트**   851KB
- **애플**   1.6MB
- **아마존**   4.4MB

구글이 나머지 브랜드보다 다운로드 크기가 훨씬 작다는 사실을 알 수 있다. 구글은 항상 효율성에 집중했고 자체 알고리즘을 통해 효율성을 개선하고 홍보한다. 구글은 '다가올 10억 명의 사용자^{Next Billion Users}' 계획에서 세계에서 가장 멀고 연결이 가장 느린 곳에서 신호가 약한 기기로, 혹여 장애가 있는 사람들에게도 서비스가 제공되어야 한다고 말한다. 이는 중요한 과제이며, 훌륭한 경험을 만들기 위한 노력의 핵심 요소로 이를 구동하는 코드의 유연성과 효율성을 꼽을 수 있을 것이다.

당신의 팀이 구글처럼 극단적으로 할 필요는 없지만, 프레임워크 사용에 따르는 일반적인 위험 요소에 빠지지 않도록 주의해야 한다. 내가 겪은 몇몇 큰 문제는 다음과 같다.

- 당신이 개발하는 솔루션에서 할 수 있는 일을 인위적으로 제한하는 잘못된 프레임워크를 선택한다. 나는 기획 팀에서 리서치하고 설계하여 사용자의 검증까지 거친 디자인을 개발 팀에서 구현할 수 없다고 하는 말을 셀 수 없이 들었다. 그 이유는 대부분 현재 사용하는 프레임워크 안에서 구현하기가 쉽지 않기 때문이었다.
- 어떤 프레임워크가 사용되었고 그 프레임워크로 무엇이 가능한지 UX 팀이 알아야 한다는 사실을 명심하자. 팀 간 상호 존중하며 정도를 벗어나지 않는 범위에서 유연성이 필요하다. 스티브 잡스Steve Jobs와 그의 팀이 아이폰을 개발할 때 새로운 휴대 전화를 만들기 위해 현존하는 휴대 전화를 본보기로 삼지 않았다. 그것이 가장 쉬운 방법이기 때문이다. 애플 팀은 사용자가 느끼지 못했던 문제에 새로운 해결책을 디자인하고 새로운 기술을 적용하여 솔루션을 개발했다. 이는 분명 어려운 길이지만, 새로운 솔루션을 요구하는 가치 있는 사업에 도전할 때 이미 존재하는 프레임워크에 끼워 넣으려 하면 성공할 가능성마저 제한하게 될지도 모른다.
- 프레임워크를 최신 버전으로 업데이트하면 실제로 구동해 보기 전에는 누구도 예상할 수 없는 방식으로 기존의 기능을 중단시킬지 모른다. 이는 마치 양날의 검과 같다. 하나의 프레임워크를 업데이트할 때 팀에서 전혀 예상하지 못한 방식으로 다른 프레임워크와 충돌하여 긴급 수정을 강행하고 그로 인해 또 다른 UX 계획을 쏟아내게 될 수도 있다.
- 당신의 코드는 작은 문제 하나를 해결하기 위해 커다란 프레임워크를 더하게 되고 응답 속도가 현저히 떨어지는 경험을 초래하게 된다.

이는 내가 겪었던 문제의 일부이며, 프레임워크 사용에 따르는 기회비용도 존재한다는 사실을 명심해야 한다. 팀이 프레임워크에 너무 의존하면 사업 가치 관점에서 혁신을 충분히 검토하기도 전에 기획 단계에서 차단하게 된다. 오래된 속담처럼, 망치가 있다고 모든 것을 못으로 보려 하지는 않는지 주의해야 한다.

플랫폼, 브라우저, 기기를 아우르는 테스트

자, 이제 무언가를 디자인하고 구축하여 출시할 준비를 마쳤다. 그것이 구동될 기기 및 해상도, 사용될 환경에서 테스트해 보았는가? 당신은 혼자가 아니므로 아직 하지 않았다 해도 걱정할 필요는 없다. 애석하게도 내가 매번 겪는 일이 있다. 회사들이 전환율에 문제를 발견했지만 무엇을 고쳐야 할지 모를 때 나에게 함께 일하자고 요청한다. 대부분의 경우 회사에서는 제품 가격을 낮추거나 서비스 물품을 제공하여 전환율을 높이려 하지만 그런 방법으로 전환율 문제를 해결하기는 어렵다. 내가 진행한 첫 번째 사용성 테스트가 완료되고 나서야 제품이 아니라 시스템 요소가 전환율을 떨어뜨린다는 사실이 보이기 시작한다.

그렇다면 설립자 두어 명으로 구성된 작은 팀이든, 디자이너와 개발자로 구성된 큰 팀이든, 그 많은 기기를 어떻게 모두 테스트할 수 있을까? 실제 기기로 테스트하는 것이 제일 좋지만 항상 가능하지는 않다. 나는 모든 유형의 장치에 테스트할 준비를 갖춘 품질 관리 부서가 있는 회사에서 일한 적도 있지만 이 업계에서 20년 넘게 일하는 동안 이런 회사는 매우 드물었다.

훨씬 더 현실적인 선택지는 그림 4.2에서 보듯이 브라우저스택BrowserStack(www.browserstack.com)을 구독하는 것이다. 한 달에 30달러로 필요한 모든 기기와 해상도 조합을 가상 환경에서 테스트할 수 있다. 사용이 간단하고, 내 경험에 의하면 검증에 소요되는 시간을 대폭 줄여 준다. 한 달에 100달러면 5명의 팀원이 사용할 수 있고, 사용하지 않을 때는 비용을 지불하지 않아도 된다. 나는 작업에 필요한 몇 달 동안만 구독하고 다른 유형의 작업에 몰두할 때는 한동안 구독을 정지한다.

테스트가 필요한 해상도와 기기를 결정할 때 분석 도구로 사용량을 모니터링하거나 시장에 관한 지식을 총동원하여 최선을 다해 추측해야 한다. 후자는 스타트업을 갓 시작했을 때는 괜찮지만, 분석 시스템을 마련하여 추측보다는 데이터를 바탕으로 결정 내리기를 추천한다.

대상 기기와 해상도를 정의했다면 브라우저스택에 로그인하고 그림 4.3과 같이 기기를 선택하여 테스트한다.

이제 테스트하고 싶은 URL을 입력하기만 하면 된다. 몇 초 내에 화면에는 그림 4.4와 같이 선택한 유형의 기기와 해상도에서 어떻게 작동하는지 정확히 나타날 것이다. 브라우저스택은 당신이 원하는 모든 환경에서 시스템이 잘 작동하는지 확인할 수 있는 가장 빠르고 쉽고 저렴한 방법이다.

| **그림 4.2** | 이 화면은 브라우저스택의 기기 선택 범위가 얼마나 다양한지 보여 준다.

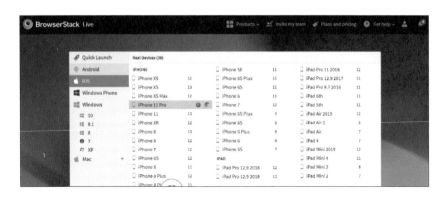

| **그림 4.3** | 어떤 기기와 운영체제 조합으로 테스트할지 인터페이스에서 선택할 수 있다. 브라우저스택으로 테스트를 진행하면서 필요한 것이 없었던 적은 한 번도 없다.

| 그림 4.4 | 모든 가상 기기에서 작업 내용을 실시간으로 볼 수 있다는 것은 매우 중요하다. 얼마 전까지만 해도 디자인 회사에서 이런 테스트를 진행하려면 실제 기기를 현장에 보유해야만 했다.

    테스트 과정을 살펴봤으니 이제 가장 먼저 어떤 기기와 화면 크기에서 테스트할지 결정하는 과정으로 돌아가자.

    분석 도구 패키지를 갖추었거나 사용량 추적이 가능한 다른 방법이 있다면 당신의 시스템에 가장 자주 접근하는 기기를 정의할 수 있을 것이다. 여기서 주의할 점은, 현재 사용량이 자기 합리화를 거친 추측일지도 모르며 이를 고려해야 한다는 것이다. 나와 함께 일한 어떤 고객들은 분석 결과 모바일 기기로 시스템에 접근하는 사람이 거의 없기 때문에 모바일 기기를 지원할 필요가 없다고 했다. 그 말이 사실일 수도 있지만 대부분은 모바일 기기의 사용자 경험이 너무 끔찍해서 사용하지 않는 것이었다. 둘 사이에는 당연히 아주 큰 차이가 있으므로 이러한 상황이라고 생각되면 다른 기능을 테스트할 때 사용자에게 명확한 질문을 던져 보는 것이 좋다. 테스트 마지막에 사용자에게 '만약 우리 서비스가 모바일 기기에서 잘 작동하도록 설계된다면 사용할 의향이 있는지 답변해 주세요' 같은 질문을 더하면 된다.

    분석 과정에서 이런 유형의 문제를 확인하는 상세한 방법은 이 책의 범위를 벗어나므로 다룰 필요가 없다고 생각하지만, 어떤 패키지를 사용하든 다음을 정의할 필요가 있을 것이다.

- 가장 자주 사용되는 기기 유형
- 가장 자주 사용되는 운영체제
- 가장 자주 사용되는 해상도

　각각의 기기 유형, 운영체제, 해상도의 조합마다 별개의 보고서를 만들면 전환율과 오류 발생률을 비교할 수 있고, 일반적으로 각 사용자들에게 얼마나 잘 작동하는지 추적이 가능하다. 이는 브라우저스택과 같은 온라인 툴이나 실제 기기로 테스트하여 검증 가능한 문제를 발견하는 훌륭한 방법이다.

　마지막으로, 데스크톱으로 시스템을 사용하는 경우가 많다면 화면 해상도는 충분한 정보가 되지 못한다. 더 깊이 파고들어 브라우저의 너비를 알아내야 한다. 앞서 언급했듯이 '전체 화면'보다 더 작은 화면으로 웹을 검색하거나 웹 애플리케이션을 사용하는 사람들이 많기 때문이다. 다른 프로그램이 화면의 절반을 차지하거나(동시에 봐야 하는 데이터 시트가 있는 경우) 혹은 상사에게 시스템 사용을 숨기고 싶을지도 모른다(업무 시간에 사용하는 페이스북). 이유가 무엇이든 사람들이 실제로 사용하는 크기를 알아야 디자이너와 개발자에게 적절한 피드백을 제공하고 사용자가 실제로 수행하는 작업 환경을 최적화할 수 있기 때문에 이는 매우 중요하다.

접근성

　3장에서는 디자인 결정이 서비스 접근성에 얼마나 영향을 미치는지에 대해 다루었다. 이 장에서 접근성이란 사용자에게 어떤 장애가 있든 상관없이 모두가 사용 가능한지를 의미한다. 웹 콘텐츠 접근성 가이드라인WCAG, Web Content Accessibility Guidelines은 장애를 가진 사용자가 차별받지 않도록 시스템이 지켜야 할 특정 표준 지침을 말한다. 이는 규정을 준수해야 하는 법적인 이유인데, 도덕적 및 법적 근거를 납득할 수 없어도 KPI에 긍정적 영향을 미친다는 측면에서는 관심이 생길 것이다.

간단히 말해서 접근성이 좋은 시스템은 그렇지 않은 시스템보다 더 많은 사용자에게 잘 작동하고, 만족한 사용자가 늘어날수록 사업에도 좋은 영향을 미칠 것이다. 대비를 높여 가독성을 개선하면 시각 장애가 있는 사람에게만 도움이 되는 것이 아니다. 시각에 약간의 문제가 있는 사람도 개선에 의한 혜택을 누릴 수 있다. 화면 판독기를 통해 나타나는 대체 콘텐츠를 제공하거나 그림을 대체하는 텍스트를 제공하면 그림을 나타내지 못하는 기술적인 문제가 있더라도 모든 사용자가 당신의 시스템과 상호작용할 수 있다. 시스템의 접근성을 확보하기 위해서는 다음 표준을 염두에 두고 시스템을 개발해야 한다.

텍스트 기반이 아닌 모든 콘텐츠에 대안 제공

동영상이나 오디오 자료가 있다면 스크립트를 제공하여 장애가 있는 사용자도 콘텐츠에 접근할 수 있도록 한다. 또한 장애가 있거나 소리 없이 동영상을 시청하고 싶은 사용자를 위해 동영상에 자막 처리를 한다. 그림이 있다면 'alt'라는 HTML 태그를 사용하여 대체 콘텐츠를 제공해야 한다. 그림을 대체하는 콘텐츠에는 그림에 대한 텍스트 기반 설명이 포함된다. 특히 탐색 부분에 그림을 사용했다면 이는 필수다. 다만 순전히 미적 요소로 그림이 시스템에 삽입되었다면 'alt' HTML 태그를 비워 둔다(alt="").

법률과 지침을 준수하면서 최대한 풍부한 경험을 제공하기 위해 동영상 스크립트와 함께 수화 버전 영상을 제공할 수도 있다.

화면 판독기를 이용하는 사용자를 위한 시맨틱 마크업 사용

시맨틱 마크업Semantic Markup은 정확한 HTML을 사용하여 정확한 콘텐츠 유형을 보여 주는 것이다. 마크업의 구조는 시스템이 어떤 정보를 보여 주는지에 상관없이 콘텐츠의 구조를 따라야 한다. 즉 콘텐츠가 서로 어떤 관계인지 논리적으로 생각한 다음 그 흐름에 맞게 페이지를 구성한다. 이 작업을 완료하면 이제 CSS를 사용하여 콘텐츠가 표시되는 방식을 재구성하고 시각적으로 정리한다. 시맨틱 마크업은 화면 판독기가 논리적으로 표현하기 쉽고 검색 엔진이 파싱parsing(컴퓨터가 구문을 분석하는 과정)하기도 더 쉽다. 잘 구성된 마크업을 사용하는 또 다른 장점은 깔끔하고 관리가 쉬우며 개발 팀이 따라야 할 표준 지침이 있다는 점이다.

시각적 위계와 데이터 시각화

시각적 위계의 중요성은 앞서 다루었지만, 계층 간 소통에 색상이 사용돼서는 안 된다는 점을 기억해야 한다. 색상은 계층 구조를 개선하고 증진하는 훌륭한 방법이지만, 그것이 필수적인 부분이 되면 최대한 많은 사람이 접근할 수 있는 디자인은 되지 못한다.

또 하나 기억해야 할 중요한 개념은 상태 및 데이터 시각화를 표시할 때 모양과 색상 둘 다 사용해야 한다는 것이다. 공간이 충분하다면 색상과 모양이 데이터와 어떻게 연관되는지 설명하는 키워드와 함께 텍스트 설명을 추가하면 가장 좋다.

확대 축소와 동적인 레이아웃

대부분의 사용자가 읽기에 문제가 없도록 디자인했더라도 일부 사용자는 확대가 필요할지 모른다. 그림 4.5처럼 사용자가 최소 200% 확대해도 시스템 접근 및 사용에는 문제가 없도록 하는 것이 좋다. '유동적인' 레이아웃을 생성하기 위해 유연한 컨테이너를 사용해서 개발해야 한다. 이 과정은 반응형 레이아웃을 만들 때도 도움이 되므로 일석이조이다.

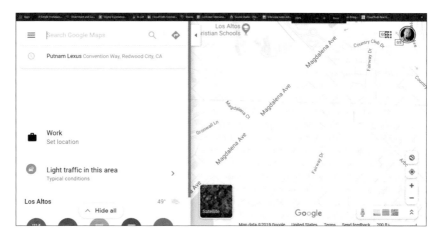

|그림 4.5| 유동적인 레이아웃을 확대한 예

행의 길이

사용자 경험이 더 수월하게 느껴지도록 디자이너와 개발자로서 우리가 할 수 있는 일이 있다. 무리 없이 읽히도록 충분히 큰 글꼴을 사용하라는 내용은 많이 들어 봤을 것이다. 행의 길이는 많이 다루어지지 않았지만, 이 또한 매우 중요하다.

행 길이가 알파벳 기준 80자를 넘으면 눈을 많이 움직여야 하므로 80자 이내로 유지하도록 노력해야 한다. 어떤 사용자들에게는 이런 유형의 문제가 그저 소소한 불편일 수 있지만 다른 누군가에게는 콘텐츠를 보고 읽고 이해하는 능력에 심각한 영향을 줄 수도 있다. 지난 2000년간 책의 형태가 거의 정해진 양식을 따르는 데는 이유가 있다. 지금은 과거와 달리 화면에 텍스트를 보여 준다고 해서 그 모든 기술을 내팽개칠 이유는 없다.

단축키

시스템에서 가능한 한 모든 인터랙션은 키보드만으로도 가능해야 한다. 단축키를 비롯한 대체 인터랙션은 장애가 있는 사람도 시스템과 완전히 상호작용할 수 있는 가장 좋은 방법이다. 여기에는 자동 애니메이션이나 콘텐츠 전환을 중지하는 기능도 포함하여 다음 콘텐츠가 표시되는 순간을 사용자가 제어하는 권한을 갖게 한다. 나에게는 아무 장애도 없지만, 콘텐츠를 다 읽기 전에 화면이 자동으로 넘어가는 것만큼 불편한 일도 없다. 사용자에게 장애가 있을 때 이 문제는 더욱 심각해진다.

이것은 일부에 불과하다. 완전히 접근 가능한 경험을 만들기 위해서는 미국 재활법 제508조와 웹 콘텐츠 접근성 가이드라인의 모든 요소를 시스템에 어떻게 적용할지 고민해야 하고 권고 사항의 구현을 위해 필요한 과정을 밟아 나가야 한다. 어렵게 들릴지 모르겠지만 해야 하는 일에 한번 익숙해지면 일과의 한 부분이 될 것이고 사용자 경험은 그 혜택을 받을 것이다.

더 읽어 볼 자료

이 주제에 관해서는 다룰 내용이 많은데 부디 이 내용이 여러분의 흥미를 이끌어 냈기를 바란다. 당신이 팀에서 이 주제에 대해 깊게 파고들어야 할 사람은 아닐지 모르지만, 사용자 경험을 개선하기 위해 노력해야 하는 당신의 역할은 팀 내에서 이러한 학습을 계속하도록 지지하는 위치에 있다. 이와 관련한 여정을 이어 나갈 때 유용한 자료를 종합적으로 소개한다.

《부조화: 통합적 디자인 구체화 방안 Mismatch:How Inclusion Shapes Design》
www.amazon.com/Mismatch-Inclusion-Simplicity-Technology-Business/
dp/0262038889
웹 접근성 소개
www.w3.org/WAI/fundamentals/accessibility-intro
현재 지식 및 향후 지원 영역을 이해하는 접근 가능한 서비스 개발
ux-d.co.uk/events/chi2019/DevelopingAccessibleServices.pdf

참고

1. medium.com/pinterest-engineering/driving-user-growth-with-performance-improvements-cfc50dafadd7

2. developers.google.com/web/fundamentals/performance/why-performance-matters

3. www.nngroup.com/articles/response-times-3-important-limits

4. webaim.org/standards/wcag/checklist

5장

측정 가능하게 만들기

> 금액을 계산하는 사람은 너무 많고, 가치를 측정하는 사람은 너무 적다.
>
> — 존 제닝스_{John Jennings}

* 이 장에서 구글 애널리틱스를 비롯한 기타 분석 도구 설정 방법을 다루지는 않는다. 시스템 사용량을 더 잘 이해하기 위해 마우스플로우^{Mouseflow}와 같은 도구를 사용하여 당장 수행할 수 있는 것을 구체적인 사례로 몇 가지 제공하여, 무엇을 찾아내야 하는지 이해하도록 도울 것이다.

페이크 UX

시스템이 얼마나 잘 작동하는지 측정하는 방법을 다루기에 앞서 논의해야 할 문제가 있다. 어디에서도 다루지 않는 이야기이기 때문에 조심스럽게 시작하고자 한다. 어느 산업에나 사기꾼은 존재하기 마련이고, 사용자 경험 디자인 산업에서 나는 이를 페이크 UX^{Fake UX}라고 부른다. 페이크 UX는 여러 가지 방법으로 생겨나지만, 내가 주목할 것은 누가 보더라도 사기 그 자체인 것이다.

사기의 정의는 '금전적, 개인적인 이득을 취하기 위한 범죄 행위 혹은 부당한 일'이다. 나는 지금까지 세 번 정도 이런 일에 참여하라는 제의를 받았다. 물론 무슨 일이 일어나고 있는지를 깨닫고는 요구 사항을 따르지 않거나 그만두겠다는 의사를 밝혔다. 내가 이 주제를 조명하고 싶었던 이유는 이런 일이 점점 많아지는 현재 상황을 최대한 막고 싶기 때문이다.

UX 혹은 제품 디자인·관리 전문가는 대부분 무엇을 만들지, 그 노력의 성과를 어떻게 측정할지를 모두 정의하는 독특한 위치에 있다. 이해관계가 충돌하는 부분이 있지만, 좋은 일을 하는 좋은 사람들은 대부분 가짜 숫자 뒤에 실패를 감추는 것보다는 실패를 딛고 나아가는 편이 더 낫다는 사실을 이해한다. 내가 방금 한 말에 의문이 생긴다면, 당신이 일하는 회사의 사람들 대부분은 인생을 투자하여 디자인하고, 구축하고, 마케팅하고, 팀이 하는 일을 지원하는 데 헌신하고 있다는 사실을 기억하라. 그들은 노력에 따르는 결과의 성공 여부에 상관없이 조직의 결정에 도움이 되는 최상의 정보를 제공하기 위해 정직하게 임해야 한다는 신념으로 일한다. 이런 상황에서 거짓말을 하면 조직 전체에 부정적인 영향이 물결처럼 번져 나간다.

조직의 리더는 개발 지원금으로 수백만 달러를 투자해 달라고 이사회를 설득하고 싶을 때 '숫자를 날조하는' 유혹에 빠질 수 있다. 가장 쉬운 방법은 그 상황에서 가장 이익이 되는 이야기를 만들어 내도록 단순히 리서치 결과 보고서의 숫자를 바꾸는 것이다. 이는 들통나기에도 가장 쉬운데, 숫자를 바꾸다 보면 놓치는 부분이 생기고 매의 눈으로 살펴보는 검토자는 모순점을 발견하여 전체 보고서를 의심하게 되기 때문이다. 내가 만나 본, 이런 유형의 사기에 관심이 있는 사람들은 바보가 아니기 때문에 숫자 조작이 목적이 아니었다. 그들의 목적은 숫자를 수집하는 과정 자체를 조작하는 것이고, 바로 그 지점에서 나와 만나게 된 것이다.

나는 모두가 들어 봤을 법한 아주 큰 회사에서 최악의 일을 경험한 적이 있다. 나는 수백만 달러를 투자할 새로운 제품 아이디어와 관련하여 고객 만족도를 탐색하고 문서화하는 일을 함께하자는 제의를 받았다. 작업은 잘 시작되었고, 나는 녹음실에서 참가자를 인터뷰하여 제품 개발 팀이 보고서에 사용할 훌륭한 자료를 제공했다. 그러나 테스트하는 서비스에서 많은 사용자가 크게 가치를 찾지 못한다는 사실이 드러나며 상황이 악화되었다. 대개 서비스가 유용하다는 사실은 받아들였지만 비용을 지불할 의사는 없어 보였다.

일반적인 상황에서는 유의미한 발견이다. 아무도 진심으로 원하지 않는 것을 개발하기 위해 수백만 달러와 수년의 시간을 투자하기 전에 깨달아서 천만다행이다. 보통 이를 염두에 두고 다른 참가자를 대상으로도 조사하여 그 아이디어가 괜찮긴

한데 특정 사용자 집단에게만 유용한지, 아니면 이번 테스트에서 피드백을 받아 아이디어를 수정하여 새로운 가치를 만들어 낼수 있을지 확인한다.

두 가지 모두 바라던 대로 진행되지 않은 테스트 결과에 대한 건강한 반응이다. 이런 반응 대신에 나는 테스트 세션 중간에 긴급회의에 불려가 무슨 일이 일어나고 있는지 그리고 왜 결과가 원하던 대로 나오지 않았는지 공유했다. 우리가 타깃 사용자를 잘못 설정했거나 개념을 수정할 필요가 있을지도 모른다고 말했지만, 종합적으로는 일단 변화 없이 테스트를 완료해야 한다고 생각했다. 그래야 완전하고 유효한 결과를 보고하고 경영진을 포함한 더 많은 팀원과 이를 공유하여 수정 사항을 만들 수 있다.

기획 팀의 리서치 활동을 이끄는 사람은 우리가 그 시점까지 수집한 내용을 자신이 받아들일 수 없으니 더 '나은' 정보를 얻기 위해 스크립트를 수정하고 싶다고 말했다. 실제 테스트를 진행하는 도중에 테스트 프로세스를 변경하는 경우가 아예 없는 것은 아니지만, 여러 가지 이유에서 좋은 방법은 아니다. 당시에는 다음 세션에 내가 이어폰을 꽂고 들어가 참가자가 인터뷰 중 말하는 내용에 따라서 대답을 듣고 싶은 특정한 질문을 이어폰으로 상세히 지시받았고, 그저 좋지 않은 정도를 넘어 일종의 사기가 되어 버렸다.

이상한 요청이었지만 나는 이 사람이 결과를 조작하려 한다는 것을 눈치채지는 못했다. 처음에는 내가 일을 잘 못해서 그 사람이 과정에 권력을 더 행사하려는 정도라고 생각했다. 나는 비판에 개방적이며 무엇이든 더 나은 방법을 배울 준비가 되어 있었기 때문에 한번 해 보자고 동의했고 다음 참가자와 함께 인터뷰를 시작했다.

기본적인 기능과 가치 제안을 검토한 후 나는 참가자의 인식과 관련해 질문하기 시작했다. 그리고 이때부터 이어폰을 통해 구체적인 질문이 들어오기 시작했다. 참가자에게 가장 먼저 전달해 달라는 질문은 '이 서비스에서 마음에 들었던 부분을 이야기해 주세요'였다. 이어서 나온 질문은 '서비스가 한 달에 2.99달러의 가치가 있다고 생각하는 이유를 말해 주세요'였다.

첫 번째 질문에 참가자는 서비스에서 마음에 들었던 부분을 어렵지 않게 대답했지만 두 번째 질문에서는 잠깐 머뭇거리더니 이렇게 말했다. "글쎄요, 솔직히 말해서 제가 그 가격을 지불할지 모르겠네요. ○○ 기능이 있으니 도움이 될 것도 같고… 잘 모르겠어요." 나는 기획 팀 리더가 이어폰을 통해 "좋아. 다른 부분은 들어내자고. ○○ 기능을 언급한 부분이 쓸 만하니 거기서부터 더 진행해 봐"라고 말하는 것을 들었다.

여기에서 바로 문제를 인식하지 못해도 괜찮다. 하지만 그것이 내가 책에서 이 내용을 언급하는 이유이기도 하다. 이 세션에서 방금 일어난 일이 선을 넘었다는 것을 명확하게 짚고 넘어감으로써 여러분도 이런 일을 겪었을 때 알아챌 수 있도록 하고 싶었다.

일단, 테스트 중간에 프로세스를 바꾸는 것은 대개 좋지 않다. 이는 곧 모든 참가자가 똑같은 프로세스와 똑같은 정보로 테스트를 진행하지 않았다는 뜻이기 때문이다. 따라서 분석과 보고 단계에서 더 이상 사과와 사과를 비교하는 것이 아니게 된다. 오해의 소지가 있고 일관적이지 못한 결과가 나오는 것이 당연하다.

앞서 언급했듯이 세션 중간에 변화를 주는 일이 아주 없지는 않지만 변경 전 함께 작업한 사람들을 대신하려면 더 많은 참가자가 필요하며, 애초에 이렇게 변경하면 테스트 준비에 곤란한 점이 생길 수도 있다는 사실을 명심해야 한다.

두 번째 질문인 '서비스가 한 달에 2.99달러의 가치가 있다고 생각하는 이유를 말해 주세요'처럼 참가자에게 유도 신문을 하는 것도 끔찍한 수준이다. '워싱턴 Washington, 그는 위대한 대통령인가 혹은 역대 가장 위대한 대통령인가?'라고 질문하는 것과 같다. 이런 질문에는 워싱턴이 위대한 대통령이라고 대답할 수밖에 없다. '글쎄요, 그가 역대 가장 위대한 대통령은 아니지 않나요?'라고 대답하기가 얼마나 불편할지 쉽게 짐작할 수 있다. 세션 진행자는 참가자의 대답을 '위대한 대통령'이라고 작성하는데, 그 이유는 참가자가 '역대 가장 위대한 대통령'이라고 하지 않았기 때문이다.

내가 진행하던 세션의 경우, 보고서를 작성하는 사람이 "'서비스가 한 달에 2.99달러의 가치가 있다고 생각하는 이유를 말해 주세요'라는 질문에 10명 중 10명의 참가자가 ○○ 기능을 언급했습니다"라고 작성할 수 있다. 우리는 대부분의 참가자가 애초에 비용을 지불할 의사가 없다고 말한 것을 알기 때문에, 이는 오해의 소지가 있는 문장이 분명하다. 리서치 결과를 보고받는 경영진은 ○○ 기능이 언급된 것을 보고 참가자들이 한 달에 2.99달러를 지불하는 데 동의했다고 생각할지도 모른다. 리서치 과정을 사기 행각으로 바꾸어 버린 기획 팀 리더의 끔찍한 만행이다.

그들이 하고 싶은 이야기에 일종의 확인 도장만 찍는 전문가로서 내가 고용되었음을 깨닫고 나는 그 자리에서 스스로 물러났다.

이것은 하나의 사례일 뿐이다. 항상 이렇게 눈에 보이게 일어나지는 않으므로 이런 일이 일어날지도 모른다는 사실을 인지해야 한다. 그리고 오해의 소지가 있는 행동에 참여하지 않도록 주의해야 한다. 책의 초반에서 UX 작업이 생명을 구하지는 않아도 인생을 절약하는 잠재력이 있다고 말한 것을 기억하는가? 이것은 명백한 인생 낭비이며, 여러분이 이런 일에 엮이지 않기를 진심으로 바란다.

분석

이 부분은 건너뛰지 마시오!

여러분 중 대다수가 디자인 배경이 있는 사람들이니 작업 프로세스에 분석을 더하는 일에 겁낼 수 있음을 이해한다. 이 장에서는 그런 두려움을 없애고 가치를 발견하도록 도와주는 내용을 다룬다. 당신의 솔루션이 현실 세계에서 어떻게 동작하는지 모른다면 어떻게 앞으로 나아갈 수 있겠는가? '글쎄요, 그런 일을 담당하는 팀에서 하겠죠'라고 대답할지도 모르겠다. 그 팀이 일을 잘한다면 더할 나위 없이 좋겠지만, 당신의 시스템이 어떻게 작동하는지에 대한 정보를 제공받을 때마다 비판적으로 사고하는 능력을 발휘하기를 추천한다. 비판적인 눈으로 조금만 검토해도 사업적 결정을 실패로 이끌 수도 있는 문제를 제법 많이 발견할 수 있다.

미국의 아주 큰 민영기업 한 곳에서 일할 때 이런 종류의 일을 겪은 적이 있다.

나는 회의에서 제품 책임자가 말했던 수치 몇 가지를 확인하고자 분석 팀에 지난 분기 시스템 사용량 보고서를 요청했다. 수치가 어딘가 이상한 것 같아서 확인하고 싶었기 때문이다.

약 일주일 후 분석 팀에서 보고서를 보내 주었고 책임자가 말했던 수치와 다르다는 사실을 알았는데, 그 차이가 내 예상보다 더 컸다. 나는 더 검토할 자료가 있는지 확인하기 위해 당시 우리 팀에서 사용하던 분석 도구에 접속했고, 이내 문제를 발견했다. 분석 팀에서 보내 준 수치에는 유료 고객의 사용량과 함께 전국에 퍼져 있는 우리 회사 사무실의 사용량도 포함되어 있었다. 사용량이 아주 높은 도시들이 우리 사무실이 있는 곳이었기 때문에 쉽게 눈에 띄었다. 내부 트래픽을 제외하고 나니 책임자가 말했던 수치와 대충 맞아떨어져서 나는 다른 작업으로 넘어갔다. 만약 내 손에 들어온 자료를 검증하는 데 그만한 시간을 투자하지 않았다면 책임자에게 가서 바보 같은 소리를 늘어놓았을지도 모를 일이다.

이전 장에서는 사용자를 대상으로 테스트하는 기본적인 과정을 살펴보았다. 질적 연구 방법은 일반적으로 무엇을 테스트하고 싶은지 명확히 알 때 아주 훌륭한 접근법이다. 하지만 무슨 테스트를 할지, 무엇을 찾아내야 할지 모른다면 별다른 소득 없는 시간 낭비에 불과할 것이다.

이 지점에서 사용량 분석이 빛을 발한다. 양적 연구는 무엇이 잘 작동하고 무엇이 잘 작동하지 않는지 정확하게 알 때 프로젝트에 일어나는 일을 설명하기에 아주 좋은 방법이다. 작동하지 않는 것을 알게 되면 다음에 반복할 때 어디에 초점을 맞춰야 할지도 알 수 있다.

시장에 나와 있는 분석 패키지가 모두 어떻게 작동하는지 상세하게 다룰 수는 없지만 분석 패키지가 무엇을, 왜 해야 하는지를 당신에게 이해시킬 수는 있다. 그렇게 되면 필요한 정보를 얻도록 분석 도구를 설정하거나, 팀에 해당 보고서를 요청할 수 있게 된다. 정보는 얻는 것이 중요할 뿐 그 방법은 크게 중요하지 않다.

전환과 마이크로 전환

분석 작업을 해 봤다면 전환 깔때기라는 말을 들어 보았을 것이다. 전통적인 온라인 쇼핑 사례에서 일반적인 전환 유입 경로는 표 5.1에 표시된 것과 유사하다.

깔때기라고 이름 붙인 이유는 가장 윗줄의 숫자가 크고 아래로 가면서 숫자가 작아지기 때문이다. 전환 깔때기의 마지막에서 이 사이트의 전환율이 5%임을 알 수 있다.

사용자 행위	사용자의 수
시작 페이지에 접속	100
갤러리 페이지 클릭	80
제품 상세 페이지 클릭	60
장바구니에 제품 추가	50
결제 과정 시작	40
주소 입력	20
신용카드 정보 입력	10
확인 페이지에 도달	5

| 표 5.1 | 일반적인 전환 깔때기 예

마이크로 전환

각 단계에서 사용자가 깔때기를 떠나는 이유가 무엇인지 고민해야 한다. 이 과정의 한 부분이 바로 마이크로 전환이다. 마이크로 전환은 사용자가 전체 전환 목표를 완료하기 위한 여정 중 하나의 단계를 측정하는 것이다.

표 5.1에 제시된 각 단계를 마이크로 전환이라고 볼 수 있지만 그것이 전부는 아니다. 당신의 시스템에 맞는 전환과 마이크로 전환을 정의하고 추적해야 한다. 온라

인 쇼핑몰의 경우, 검색 기능을 사용한 방문 수를 고려하는 것이 도움이 된다. 위의 사례에서 45%의 사용자가 검색을 통해 유입되었다고 가정해 보자. 이때 검색을 사용하지 않은 사용자와의 전체 전환율 비교 결과가 궁금해진다. 이를 위해 당신은 시야를 좁혀 구매 과정의 일부로 검색 기능을 사용한 사용자의 트래픽만을 보고서로 작성한다. 당신이 사용하는 도구로 이 과정을 어떻게 진행할지를 내가 알려 줄 수는 없지만, 팀이 알고 있거나 스스로 할 수 있을 것이다. 이런 유형의 작업은 사용자 경험 개선에 도움이 되는 영감을 얻는 데 필수적이다. 여기서는 구매 과정에서 검색을 사용한 사용자의 전환율이 15%로 나왔다고 가정해 보자. 이는 구매 과정에서 검색 기능을 사용하지 않은 사용자의 전환율보다 10%나 더 높다.

이러한 지식을 바탕으로 합리적인 계획을 세워 보면, 검색 기능을 권장하는 사용자 여정을 설계하고 전체 전환율에 긍정적인 영향을 미치는지 테스트해 볼 수 있다.

성공을 측정하기 위한 전환 깔때기 생성

어떤 유형의 시스템을 작업하든지 고유한 전환 흐름을 만들어야 한다. 내가 현재 작업하는 시스템에는 최종 전환에 이르도록 하는 마이크로 전환이 수없이 많은데, 사용자가 모니터링하는 파일에 변경이 생겼을 때 알림이 오며 최종 전환에 이르게 된다.

마이크로 전환 중 하나는 시작 페이지에서 프로세스의 출발점이 되는 버튼을 클릭하는 것이다. 여기에서 사용자가 회원 가입 과정을 완료하는 것도 또 다른 마이크로 전환이다. 다음으로 사용자가 모니터링할 파일 몇 개를 선택할 수도 있다. 이것 또한 마이크로 전환이다. 각각의 예시는 더 큰 전환 목표를 달성하기 위한 경로를 구성한다.

모든 전환이 즉시 수익으로 연결되지는 않는다. 자기 계발이나 지원을 목적으로 하는 전환의 경우 대부분 참여나 유지에는 도움이 될 수 있지만, 돈으로 정확히 환산되지 않는 경우도 있다. 하지만 팀에 아무런 가치가 없다거나 무시해도 된다는 뜻은 아니다.

전환을 추적하기 시작하면서 많이 겪는 문제 중 하나는 그들이 무엇을 측정하든 좋은 전환율이란 어때야 하는지 모른다는 것이다. 구글에서 검색해 볼 수도 있지만 별다른 정보를 얻지 못하는 경우도 많다. 그럴 때는 내부적으로라도 테스트하여 이미 가진 것을 더 개선하도록 작업해야 한다.

내부 테스트는 시간이 지날수록 점점 정확해진다. 외부적 영향을 테스트 결과와 연결시킬 수 있다면, 그것이 테스트로 얻은 숫자에 어떤 영향을 미치는지 이해하는 데 도움을 준다. 만약 오픈카를 판매하는 웹페이지를 운영한다면 당연히 가을, 겨울보다는 봄, 여름에 전환율이 더 높으리라고 예상할 수 있다. 많은 회사에서 단순히 지난달과 비교하기보다는 연간Year Over Year, YoY 통계를 비교하는 주요 이유 중 하나가 바로 계절이다. 사업 주기 내에 숫자에 영향을 미치는 비슷한 요소가 계속 나타날 것이다. 이를 잘 이해하면 앞으로 무엇을 기대하고 계획할지, 그리고 어떻게 소통할지 아는 데 도움이 된다.

호기심을 가지고 분석적으로

앞서 나는 제품 책임자가 언급한 숫자를 믿지 않았고, 분석 팀에서 나에게 검증하라고 준 자료들도 믿지 않았다고 이야기했다. 내가 사용성 분석을 신뢰하지 않았다고 말해도 과언이 아니겠지만 아주 건강한 사고였다고 생각한다. 사용자 경험의 사용성을 분석할 때 나를 분석적으로 사고하게 만드는 디딤돌이 되었기 때문이다. 부디 모든 숫자를 의심하는 습관을 들이길 바란다. 의심의 이유를 발견했다면 그 자료를 만든 사람에게 정중하게 논의를 요청해야 한다고 생각한다.

이야기를 이어 가자면, 내 경험상 전체적인 전환율이 5%라고 하면 대부분 기뻐할 것이다. 그러나 나는 5%라는 숫자가 그다지 만족스럽지 않다. 5%는 미국의 온라인 쇼핑몰 전환율 평균치의 두 배 정도 되는 값이며, 5%라는 값이 정확하다고 해도 만족하기 전에 검증하고 싶기 때문이다. 내가 방금 미국의 전환율을 설명했듯이 산업에서 기준치를 정의하는 것은 어렵지 않다. 간단한 구글 검색으로 원하는 정보를 얻을 수 있으며, 얻은 정보는 시스템의 상태를 완전히 도식화하는 데 도움이 된다.

내가 보고 있는 숫자가 정확하지 않다고 의심될 때 나는 깔때기의 출발점으로 돌아가 프로세스 어디에서부터 데이터가 서서히 잘못되는지 검증하는 과정을 거친다. 이때 전환 깔때기에 처음으로 들어오는 트래픽부터 고려하는 것이 중요하다. 마케팅 팀에서 매력적인 이벤트를 열었다면 시작 페이지에 엄청난 트래픽이 몰릴 것이다. 이는 깔때기의 꼭대기에 많은 부하를 준다. 그 트래픽이 그다지 유효하지 않다면(방문자의 개인 소득이 제품을 구입할 만큼 충분하지 않을 수 있다), 아무것도 하지 않은 채 가격만 보고 바로 시작 페이지를 '탈출'할지도 모른다. 따라서 '탈출률'이 높아지고 전환율은 낮아질 것이다. 100명의 방문자 중 5명이 구입했다면 전환율은 5%이다. 500명의 방문자 중 5명이 구입했다면 1%가 된다. 사용자 경험이 동일해도 유입되는 트래픽의 유효성에 따라 두 가지 전환율을 보이므로 이 내용을 이해하고 조사를 시작하는 것이 좋다.

앞선 온라인 쇼핑몰 사례에서 문제는 낮은 전환율이 아니라 전환율이 이상하리만치 높은 것이었다. 왜 그렇게 되었을까? 우리는 결제 확인 페이지까지 간 사용자 수(5)를 방문 수(100)로 나누어 5%라는 전환율을 얻었다. 만약 깔때기의 마지막 숫자가 잘못되었다면? 어떻게 그런 일이 일어날 수 있을까? 결제 페이지까지 간 사용자 수는 곧 성공적인 주문의 수이므로 회사의 계좌에 실제로 돈을 송금한 수와 일치할 것이다. 이 경우에서 우리는 실제로 계좌에 돈이 들어온 수가 5가 아닌 3이라는 사실을 발견했다. 2개의 주문은 어디에서 왔으며, 회사 계좌로 들어오지 않았다면 그 돈은 어디로 갔을까?

지금이 바로 결제 확인 페이지에 방문한 데이터에 대해 더 구체적인 보고서를 작성할 타이밍이다. 이 보고서는 5번의 방문만을 보여 주어야 한다. 보고서를 작성해 보니 3건의 주문은 서로 다른 지역의 개인으로부터 왔고, 2건은 같은 지역에서 왔다는 사실을 깨달았다. 이게 꼭 이상하다는 것은 아니다. 그럼에도 이상한 점은 2건이 정확히 같은 제품을 구입했고, 각기 다른 날 정확히 똑같은 시간에 각 주문이 발생했다는 사실이다. 이런 상황을 보면 나는 실제 사람이 아닌 로봇이 주문했다고 믿게 된다. 이 경우 범인은, 시스템이 예상한 대로 정확하게 잘 작동하는지 검증하는 프로세스를 만든 우리 내부 팀원일지도 모른다. 품질 관리 팀 직원에게 물어보면 제품 웹사이트에 테스트용 신용 카드 정보로 테스트 주문을 넣은 후 실제로 주문은 실행되지 않고 확인 페이지를 보여 주도록 설정되어 있다고 알려 줄 것이다.

이 정보로 수수께끼가 풀렸고 기대했던 수치와 훨씬 유사한 3%라는 전환율을 얻었다. 진실을 알고 나니 더 자신감을 갖고 나머지 시스템을 정비할 수 있었다. 그저 안정적인 5% 전환율을 이루어 냈다고 기뻐하고 끝냈다면, 풀리지 않은 수수께끼를 안고 있었을지도 모른다. 시스템을 개선하는 작업을 해 나가면서 계속해서 레이더를 세우고 있어야 한다는 사실을 명심하라.

여러분이 여기에서 배우길 바라는 가장 중요한 점은 정보가 당신을 잘못된 길로 끌고 가지 못하도록 비판적으로 사고하고, 늘 호기심을 가지며, 숫자를 검증하기 위해 항상 노력해야 한다는 것이다.

구글 애널리틱스

2003년 내가 웹트렌즈WebTrends를 사용하기 시작한 무렵부터 사용성 분석의 발전은 가히 믿기 어려울 정도였다. 이후 다양한 사람들이 이 사업에 뛰어들어 저마다의 성공을 거두었다. 요즘은 어느 정도 수준에서 모두가 구글 애널리틱스를 사용하는 것으로 보인다. 다른 도구가 아예 없다는 뜻은 아니지만, 적어도 내가 지난 10년 동안 함께 일한 회사 중 구글 애널리틱스로 기본적인 사용성 정보를 수집하지 않는 회사는 없었다. 많은 비평가는 구글 애널리틱스가 지나치게 복잡하고 너무 많은 옵션을 제공한다고 말한다. 하지만 설치하고 정보 수집을 시작하기는 매우 쉬우므로, 특별한 대안이 없다면 구글 애널리틱스부터 시작하기를 추천한다. 무료일 뿐 아니라, 도움이 필요하면 데이터를 수집하여 사업에 가장 중요한 정보를 정제하도록 도와줄 컨설턴트도 많다.

구글 애널리틱스를 포함하여 자바스크립트^{JavaScript}로 시스템 사용성을 수집하는 분석 패키지와 관련하여 기억해야 할 것이 있다. '500' 오류와 같은 시스템 오류는 수집하지 못한다는 사실이다. 당신이 만든 사용자 경험이 아무리 대단하다고 해도 시스템 고장으로 사용자가 보지 못하면 무용지물이다. 기술 팀에서 잘 관리해 준다고 생각하겠지만 내 경험상 기획 팀에서 시스템 성능을 관찰하는 것도 나쁘지 않다. 개발 팀에서 어떤 모니터링 시스템을 사용하는지 함께 보고, 보고서에 접근하는 권한을 요청하는 것이 좋다. 시스템 상태 보고서는 서버 로그 파일에서 만들어지는데, 일반 사용성 정보와 함께 오류 발생 여부도 포함되어 있다.

마우스플로우

나는 사용자가 시스템을 사용하는 동안 실제로 무엇을 하는지 고객이 이해하도록 돕기 위해 오랫동안 마우스플로우^{Mouseflow}를 사용해 왔다. 다른 분석 도구와 달리 마우스플로우는 사용성 데이터를 차트와 표로 간단하게 보여 주고 사용자 화면을 녹화한 영상을 제공하여 사용자가 정확히 무엇을 했는지 알 수 있다. 이런 종류의 시각화는 매우 놀라울 뿐 아니라 내가 과거에 사용한 다른 어떤 도구에서도 얻지 못한 통찰을 준다. CEO에게 사용자가 결제를 잘 완료하지 못한다는 차트를 보여 주면 CEO에게는 시스템이 잘 돌아가지 않는다는 의미일 뿐이다. 기프트 카드 정보를 입력하는 방법을 찾지 못해 결제하지 못한 사용자의 영상을 CEO에게 보여 주고, 이 문제가 차트에 나타나는 전환율 하락의 원인으로 예상된다고 설명하면 훨씬 더 설득력이 있다.

팀원들 앞에서 전환율이 떨어졌다고 무기력하게 설명하는 대신, 똑같은 정보여도 잠재적인 원인을 함께 제시하여 팀원들이 그 문제를 해결하기 위해 앞으로 나아갈 수 있도록 만들어야 한다. 모든 전환 문제가 기프트 카드 문제에서 발생했다고 100% 확신할 수 없다면, 이미 정의한 문제의 수정 사항을 구현하는 동안 사용자 세션을 계속 관찰하여 다른 문제를 정의해야 한다.

스타트업을 위한 마우스플로우의 가치는 아무리 강조해도 지나치지 않다. 스타트업은 초기 고객이 그들의 제품을 어떻게 사용하는지 누구보다 잘 이해해야 한다. 만약 문제가 있다면 그 문제를 신속하게 발견하는지의 여부에 따라 블로그 게시물이 호의적일지, 서비스 테스트에서 발생한 문제를 집중적으로 다루는 부정적인 리뷰일지가 결정된다. 스타트업이 자리를 잡아 가는 초기 단계는 향후 나아갈 방향에 영향을 미치고 결국 성공과 실패를 좌우하기 때문에, 모든 사용자의 인터랙션을 최대한 활용해야 한다.

내가 함께 일하는 스타트업에서 비슷한 일이 일어났다. 우리는 가까운 친구들과 빠르게 테스트하기 위해 첫 번째 버전을 출시했다. 70명 정도의 타깃 사용자 집단에게 공개하기 전에 시스템이 예상대로 잘 작동하는지 확인하는 것이 목표였다.

첫 번째 테스트에 아주 가까운 지인 몇 명만을 초대했다. 그중 한 명이 버그가 발생하여 우리의 주요 기능 중 하나에 접근하지 못했다고 알려 주었다. 회사 내부에서는 한 번도 그런 일이 없었기 때문에 놀랄 수밖에 없었다. 같은 문제를 재현해 보려고 했지만 불가능했다.

단언컨대 마우스플로우가 없었다면 이 문제는 누구도 발견하지 못하고 놓쳤을 것이다. 이런 상황을 수도 없이 겪었다. 많은 사용자에게 일어나는 문제인데도 기획 팀에서는 들어 본 적이 없거나 매우 소수의 사용자만이 이 문제를 언급한다. 기획 팀이 이 문제를 인지하게 되면 재현을 시도하지만 불가능하다. 대부분 이 단계에서 좌절하고 만다.

경우에 따라 기획 팀의 팀원이 개발 팀이나 품질 관리 팀에 연락하여 보고된 문제를 재현할 수 있는지 혹은 그 원인을 파악했는지 물어보기도 한다. 하지만 대부분은 다음 단계에서 좌절한다. 결국 해당 문제를 재현하는 방법을 알지 못한 채 팀원 중 한 명이 버그 목록에 등록하고, 문제가 다시 보고되어 수정이 필요할 만큼 중요해질 때까지 그 버그는 하릴없이 기다리게 될 것이다.

이러한 유형의 문제는 구글 애널리틱스나 비슷한 도구로 발견하기 어렵다. 수천 명의 사용자를 확보했으나 시스템 주요 기능의 사용량이 예상보다 떨어지는 상황에서, 사용자 인터뷰 혹은 상세한 오류 보고서가 없으면 그저 사용자가 해당 기능에 관심이 없다고 생각하게 된다.

마우스플로우가 없었다면 우리가 처음 5명의 사용자와 테스트하며 발견한 이 문제가 아무 조치 없이 사용자에게 수 개월간 영향을 미쳤을 것이다. 사용자의 인식에는 몇 달이 아니라 더 오랜 기간 부정적인 영향을 미쳤을 것이라 해도 과언이 아니다.

마우스플로우가 설치되어 있었기 때문에 우리는 문제가 처음 보고되고 이틀 후부터 다른 사용자에게 일어나는 문제를 관찰했다. 나는 개발 팀에게 알렸고 그들도 화면을 보았다. 우리는 영상에서 문제의 원인을 발견하지 못했지만, 영상을 통해 이 문제가 일회성이 아님을 확인하고 문제 해결 프로세스를 시작했다. 마우스플로우가 가진 뛰어난 장점은 사용자 세션의 정보를 태그 형식으로 가져와서 보고서를 만드는 기능이다. 이 경우, 문제가 발생한 사용자의 화면에도 마우스플로우에 세션 ID 태그가 지정되어 있었다. 특정 세션과 문제를 결합하여, 개발 팀은 이 세션의 로그 항목을 바로 살펴보고 문제를 들여다보았다. 그 순간에는 무엇이 잘못되었는지 정확히 파악하지 못했지만, 우리에게는 훨씬 많은 정보가 있었고 반드시 해결해야 할 문제라고 확신하게 되었다.

며칠 후 개발 팀은 특정 문제를 추적하여 수정 사항을 만들었다. 문제를 이해하고 나니 백 엔드를 추적해야 한다는 사실을 깨달았고, 고쳐야 할 다른 여러 문제가 존재한다는 점 또한 알게 되었다. 미처 못 보고 넘어가거나 해결하지 못했을 문제를 감지하고 해결에 도움을 주는 마우스플로우와 같은 도구는 당신이 기울인 노력의 성패를 결정짓는 열쇠일지도 모른다.

실패 원인 파악을 위한 역방향 경로 분석

전환 깔때기를 통해 얼마나 많은 사용자가 구체적인 최종 목표에 도달하는지 쉽게 알 수 있다는 사실은 분명해 보인다. 분명하지 않은 것은, 웹사이트의 주요 부분에 역방향 경로를 생성하여 사용자 여정에 특정 문제가 발생하는 원인을 찾는 일에도 분석을 사용할 수 있느냐는 것이다.

역방향 경로 분석은 시스템의 특별한 부분을 보고 사용자가 그곳에 어떻게 도달했는지 보여 준다. 이 방법으로 사용자가 문의, 고객 지원, FAQ, 기타 유사 페이지에 도달한 원인을 정의한다. 사용자가 도움을 얻고자 전환 경로를 떠나는 원인을 문서화하여 그러한 문제를 피하도록 솔루션을 설계할 수 있게 된다. 이와 같은 문제는 발견만 하면 해결은 그렇게 어렵지 않다. 어려운 점은 그 문제를 발견하는 것인데, 역방향 경로 분석이 문제를 발견하는 가장 좋은 방법이다.

데이터가 잘못 사용되는 경우

기존 제품을 개선하거나 새로운 제품을 정의하면서 바른길로 가기 위해서는 데이터를 잘 사용해야 한다. 반드시 데이터에 따라 처리하되 모든 것을 거의 병적으로 의심해야만 잘못된 길로 빠지지 않는다.

데이터를 잘못 사용하여 잘못된 길로 가는 상황과 관련해 가장 먼저 알아야 하는 것은 당신 혹은 팀원들의 편견이 잠입할 가능성이다. 편향된 사고의 영향으로 평소에 중요하게 생각하는 믿음을 확신하는 데 도움이 되는 데이터에 무의식적으로 더 집중하게 된다. 이를 명심하여 개인적인 선입견이 팀에서 공유하는 숫자에 영향을 미치지 않도록 최선을 다해야 한다.

전형적인 예로 모바일 사이트를 들 수 있다. 담당하는 시스템이 현재 모바일 서비스를 제대로 제공하지 않는다면 모바일 지원이 우선이라고 귀에 못이 박히도록 들었을 것이다. 이 말은 사실일 수도, 아닐 수도 있는데 상황이 이렇다면 내부에서도 찬반이 갈린다는 점만은 확실하다.

영업 마케팅 팀에서는 최대한 빨리 모바일을 지원해야 한다고 이야기한다. 그들은 고객을 직접 만나며, 때로는 모바일 기기로도 서비스를 보여 주어야 하기 때문이다. 모든 것을 '모바일 버전 먼저' 만들어 달라는 압력이 엄청나겠지만 너무 필수적인 수순이기 때문에 의문을 제기하는 사람도 없을 것이다.

논쟁의 다른 측면은 제품 로드맵에 맞춰 분담한 업무만으로도 팀원들이 이미 과부하를 겪고 있다는 사실이다. 팀원들은 우선순위 상위권에 불필요한 작업을 추가하고 싶은 마음이 없으므로 이에 비판적이고 방어적일지 모른다. 모바일을 우선순위로 지정하는 것을 반대하기 위해 자주 사용하는 방법은 사용량 분석을 가리키며 "이것 보세요. 모바일 트래픽이 많지도 않잖아요"라고 말하는 것이다.

결정해야 하는 일들이 쌓여 압박을 느끼는 상태이고, 개발 팀의 업무가 감당하기 힘들 정도라는 것을 잘 안다면 그 말을 액면 그대로 받아들이고 싶을 것이다. 하지만 전체 사용량 중에서 모바일이 차지하는 비중이 작은 이유가 사용자가 모바일로 사용하기를 원치 않기 때문이라고 가정한다면 실제로는 그렇지 않다는 사실을 놓쳐 버리게 된다. 시스템의 모바일 서비스가 엉망이어서 사용자들이 도망갔을지도 모르는 일이다. 그 가능성을 평가하는 방법 중 하나는 모바일 사용자와 데스크톱 사용자의 작업 성공 비율을 보는 것이다. 만약 작업 성공률이 비슷하다면 사용자가 그저 모바일 기기 사용을 원치 않는 것이 사실일 수 있다. 하지만 모바일에서 작업 성공률이 훨씬 낮다면 사용자는 모바일 기기로 서비스를 사용하고 싶지만 사용자 경험이 개선되어야 한다는 뜻이다.

나는 이것이 다른 방향으로 흘러가는 것을 봐 왔다. 가끔 당신은 모바일 사용에 적합한 시나리오가 아예 없는 제품을 맡아 일하기도 한다. 콜센터 운영 서비스가 좋은 예다. 콜센터 직원의 주요 업무는 모바일 기기 사용과는 별로 관련이 없다. 하지만 온라인 커뮤니티에서 모바일 우선의 장점을 너무 많이 읽은 열정적인 경영진이 모바일 과제를 진행시키기 위해 다른 산업의 통계를 인용하려 하는 것을 막기란 쉽지 않다. 이 예에서 경영진이 팀을 잘못된 길로 이끌기 위해 악의적으로 다른 업계의 통계를 사용하는 것은 아니라는 점이 중요하다. 그들은 숫자를 보았고, 숫자는 그들의 믿음을 뒷받침했을 뿐이다. 그들은 합리적이라고 생각하여 그렇게 주장하는 것이다. 자신의 신념과 일치하는 정보만을 받아들이는 확증 편향은 누구에게나 일어날 수 있는 일이라는 사실을 알아야 한다.

변화에 대한 두려움

또 다른 문제는 바로 변화에 대한 두려움이다. 변화에 대한 두려움은 팀의 분석을 마비시키며 기회를 활용하지 못하게 만든다. 성공은 모든 죄를 용서한다고들 하지만, 나는 이 말이 기회비용이라는 개념을 전혀 고려하지 않았다고 생각한다.

만약 회사의 연간 수익이 백만 달러라면, 대부분의 사람들은 경영진이 천재쯤 된다고 생각할 것이다. 반면에 새로운 경쟁사가 등장하여 시장에서 큰 부분을 차지하고 급기야 연간 1억 달러의 수익을 올린다면, 이 새로운 스타트업이 시장을 장악하게 두었을 뿐 아니라 같은 시장에서 더 큰 가치를 이끌어 낼 방법을 찾아야 한다는 이유로 모두가 회사의 경영진을 바보 취급 할 것이다. 이 예시에서 천재와 바보의 유일한 차이점은 새로운 스타트업의 등장뿐이다. 스타트업이 나타나지만 않았다면 시장에서 연간 백만 달러의 수익은 충분히 훌륭하며 경영진은 천재라는 찬사를 들으며 회사를 운영했을 것이다.

이런 일은 언제나 발생한다. 그래서 최고의 디자이너와 개발자는 회사가 특정 규모에 도달하면 혁신을 위한 능력까지 잃는다는 보편적인 느낌 때문에 큰 회사에서 일하고 싶지 않다고 말한다.

사업에서 매번 혁신을 할 때마다 계속해서 질문을 던지고 팀에게 실제 고객이 원하는 것을 알아내라고 강조하는 것은 중요하다. 그렇지 않으면 경쟁사에게 추월당할 위험을 감수해야 할지도 모른다. 즉 현재 상태를 존중하며 의문을 가지고, 아직 발견되지 않은 기회를 탐색하고 정의하기 위해 데이터를 사용해야 한다. 블랙베리BlackBerry는 애플이 아이폰을 개발하는 동안 시장의 정상을 차지하고 있었다. 이 책을 읽는 사람 중에는 블랙베리가 무엇인지조차 모르는 사람도 많을 테지만, 아이폰이 무엇인지 모르는 사람은 단 한 명도 없을 것이다.

작은 회사도 변화의 두려움을 맞는 순간이 있다. 내가 한때 함께 일한 온라인 쇼핑몰에서는 홈페이지에 있는 제품이 베스트셀러라는 이유로 마케팅 및 판매 팀에서 그 제품을 아무도 바꾸지 못하게 했다. 해당 제품이 베스트셀러인 이유가 단지 홈페이지에 올라가 있기 때문은 아닌지 의문을 가져야 한다. 지금 보고 있는 결과가 자기 합리화적인 추측일지도 모른다.

만약 홈페이지에 올라가 있는 제품들을 이윤이 더 높은 제품으로 바꾼다면 어떨까? 혹은 평균 주문 금액을 높여 주는 제품으로 바꾼다면? 팀은 언제나 결정을 비판적으로 바라보아야 하고, 우려를 정중하게 전달할 방법을 고민해야 한다. 또한 새로운 접근 방식이 좋아 보일 때 스스로 가설을 검증할 방법이 필요하다.

변화에 대한 두려움 완화를 위한 A/B 테스트

A/B 테스트는 대안으로 내놓은 접근 방식이 시장에서 어떻게 작용할지 실질적인 데이터를 얻기에 좋은 방법이다. 사용 가능한 다른 방법도 많지만, A/B 테스트만큼 명확하게 이해할 수 있는 테스트는 없다. 당신이 세운 가설과 기존 가설을 직접적으로 경쟁 붙여 타깃 집단에게 테스트할 수 있기 때문이다. 과거 모집단과 진행한 테스트는 잘 설계된 A/B 테스트만큼 실제로 실행 가능한 정보를 제공해 주지는 못한다.

구글 애널리틱스의 옵티마이즈Optimize와 옵티마이즐리Optimizely가 괜찮은 선택지가 되겠지만, 도구가 그렇게 중요하지는 않다. 정확히 하나의 변형에 정확히 하나의 아이디어를 테스트한다면, 무엇이 결과에 영향을 미쳤는지에 관한 질문을 배제하고 더 낫다고 판단된 변형에 집중하도록 해 준다. 기존의 접근 방식을 선택지 중 하나로 유지하면 팀이 지속적인 혁신으로 나아가는 반복적인 과정에 편안함을 느끼도록 융통성을 제공하는 동시에 변화에 대한 두려움을 완화할 수 있다. 새로운 데이터가 KPI에서 더 나은 성과를 보여 준다면 경영진에게 변화를 제안하기도 훨씬 수월하다. 기존 방식이 여전히 가장 좋은 방법이라는 결과가 나온다면 이 역시 팀이 이해하는 데 도움을 준다. 고장나지 않은 것을 고칠 필요는 없지만, 두려워하지 말고 정기적으로 선택지를 평가하여 프로젝트를 가능한 한 성공적으로 이끌도록 하자.

마지막으로, 당신이 진행한 테스트가 결정적이지 않을 수 있다는 사실을 염두에 두어야 한다. 나에게는 매우 놀라운 점이었는데, 항상 어떤 접근 방식이 다른 접근 방식보다 현저히 낫다고 생각했기 때문이다. 하지만 항상 그렇지는 않다. 당신은 클릭을 유도하는 문구를 바꾼다. 아무 영향이 없다. 당황스럽겠지만, 일종의 게임과 같다. 버튼의 단어 하나를 바꾸었는데 전환율이 급격히 상승할 때도 있다. 좋은 점이 있으면 나쁜 점도 있지만, 아무것도 아닌 점도 있으며 이런 모든 상황을 받아들여야 한다.

도움이 되는 몇 가지 도구

1장에서 견고하고 반복적인 프로세스로 사용자 경험을 추적하기 위한 도구로 구글의 HEART 프레임워크를 소개했다. 앞서 언급했듯이 진행 사항을 추적하기 위해 잘 정의된 프로세스를 수립하는 것은 전체적인 개선 과정을 성공으로 이끌기 위해 필수적이다.

당신의 노력이 미친 영향을 측정하는 방식을 수립하는 데 도움이 되고자 어떻게 데이터를 모으고 검토할지를 비롯하여 더 상세한 정보를 담아 보았다.

H = Happiness, 만족

이러한 유형의 정보를 모으기 위해서는 사용자 의견을 직접 들어야 한다. 박람회 등에서 고객과 대면하거나, 소셜 미디어나 댓글 등 온라인으로 피드백을 얻을 수도 있다. 또한 피드백키파이Feedbackify나 드리프트Drift와 같은 도구를 사용해 사용자의 의견을 바로 구하는 방법도 있다.

피드백키파이 - 사용자들이 피드백이나 순고객추천지수NPS를 제공한다.
드리프트 - 서비스에 실시간 채팅 기능을 제공한다.

E = Engagement, 참여

사용자가 당신의 서비스 혹은 브랜드와 얼마나 자주 상호작용하는지 측정한다. 구글 애널리틱스의 '재방문자 수'는 이 데이터를 얻는 하나의 방법이다. 잘 설정되었다면 사용자 유형에 따른 참여를 조명하기 위해 사용자 세션을 추적할 수 있다.

A = Adoption, 유입

새로운 사용자가 얼마나 들어오는지 측정하는 것이다. '새로운 사용자 수/전체 사용자 수'는 다른 방법으로 수집하지 않는다면 개발 팀에 요청해서 얻을 수 있는 정보다.

R = Retention, 유지

월 단위로 지킨 사용자와 놓친 사용자의 비율을 백분율로 나타낸 것이다. 특정 기간의 시작점을 기준으로 등록된 사용자의 수를 측정해야 한다. 그리고 해당 기간이 끝나는 지점에서 등록된 사용자의 수를 다시 측정하여, 몇 명이 여전히 시스템을 사용하는지 알아본다. 세그먼트Segment와 같은 통합 도구를 사용하면 특정한 사용자 단위까지 더 정확한 정보를 얻을 수 있다.

T = Task Success, 작업 성공

어느 작업을 시도한 사용자가 결국 그 작업을 완료하였는지를 백분율로 나타낸 것이다. 분석 패키지 어떤 것을 사용하든 대부분 주요 인터랙션에 전환 깔때기를 설정하여 이를 측정할 수 있다.

더 읽어 볼 자료

이 주제가 다루는 내용이 매우 광범위하기 때문에, 책의 내용이 흥미를 유발하는 정도만 되어도 성공이다. 당신은 팀에서 이러한 주제를 깊게 연구해야 하는 역할을 맡고 있지는 않겠지만, 사용자 경험 개선을 추진하는 사람으로서 팀 내에서 지속적인 학습을 지지하고 권장하는 위치에 있을 가능성이 높다. 여정을 계속하기 위해 도움이 되는 종합적인 자료를 소개한다.

아비내시 카우쉭 Avinash Kaushik**의 오캄의 면도날**Occam's Razor **– 블로그**
비즈니스 분석의 모든 것을 담은 가히 최고의 자료라 해도 과언이 아니다. 나는 그의 블로그에 새로운 게시물이 올라오기만을 기다린다.
www.kaushik.net/avinash/sitemap

제프 소로 Jeff Sauro**와 제임스 루이스**James Lewis**의 메저링U**MeasuringU **– 블로그**
사용자 경험 측정과 관련한 모든 것을 배울 수 있는 훌륭한 자료이다.
measuringu.com/blogs

사용자 유입 전략 개발 및 측정 방법 – 블로그
mixpanel.com/topics/how-to-develop-and-measure-a-user-adoption-strategy

구글 애널리틱스를 활용한 참여 분석의 3가지 방법 – 블로그
dashthis.com/blog/measure-engagement-rate-with-google-analytics

6장

더 좋게 만들기

> 디자인은 목표를 충족하도록 최적화된 예술이다.
>
> — 시몬 시무엘리 Shimon Shmueli

반복 계획하기

UX의 생명 주기 중 나에게 가장 흥미롭게 느껴지는 순간은 작업이 진행되고 데이터가 어떻게 사용되는지에 관한 정보가 쏟아지기 시작할 때다. 모두 해피엔딩으로 흘러가고 항상 팀의 기대보다 나은 결과가 즉각적으로 나타나던 때가 떠오른다. 이것이 이야기의 끝이라고 말하고 싶지만 안타깝게도 일이 항상 계획대로 진행되지는 않는다. 앞서 언급했듯이 수치가 제자리로 돌아와 계획대로 일이 진행되지 않았음을 보여 줄 때 우리는 좌절할 수밖에 없다. 수치가 제자리로 돌아온 후 전혀 변화가 없는 것도 몹시 낙담하게 되는 순간이다.

숫자가 무엇을 나타내든 그 정보를 사용하여 다음 반복을 계획하게 된다. 일이 잘 진행되었다면 새로운 테스트를 달성하기 위한 계획을 세울 것이고, 긍정적인 흐름을 지속하는 한편 새로운 기회를 찾는 일에 집중하게 될 것이다. 일이 잘 진행되지 않았다면 동시에 여러 개의 우물을 파야 하기 때문에 업무가 복잡해질 것이다.

조직 내 다른 팀에 보고하기 위해서는 현재 상황을 파악해야 한다. 그다음 마지막 변경 사항에 나타난 문제를 처리하는 단계로 넘어가기 위한 통찰력과 이해를 얻을 수 있도록 이 일과 가장 밀접한 관련이 있는 팀과 논의해야 한다. 마지막으로, 경영진에게 정직하게 결과를 전달하여 다음 반복에서 새로운 기회를 발견해야 한다는 관점으로 보고한다. 제안할 해결책을 떠올리기 전까지는 상사에게 문제를 알리지 말라는 말을 나는 절대로 믿지 않는다. 경영진에게 처음부터 끝까지 상세히 알리고, 언제든 가능할 때 해결책을 제시하면 된다.

일이 잘 안 풀렸을 때는 행정적으로 처리해야 할 일이 많아지긴 하지만, 다음 반복을 계획하는 과정은 이전 라운드의 결과에 별로 영향을 받지 않는다. 일반적으로 이전 변경 사항을 기반으로 무슨 일이 일어났는지 이해하고 전략적으로 나아가기 위해 다음의 단계를 완료해야 한다.

조사

팀에서 만든 변화의 영향을 문서화하기 위해 먼저 조사를 해야 한다. 작업을 미리 계획해 두고, 성공 여부를 측정할 수 있는 시스템을 갖추고 있기를 바란다. 보통은 제품이나 서비스의 평균 주문 금액AOV과 같은 특정한 핵심 성과 지표KPI를 본다. 혹은 작업 성공률에 더 집중할 수도 있다. 예를 들어 업투데이트에서 일할 때 우리는 의사들이 매일 진료에서 발생하는 질문에 답을 찾기까지 소요되는 클릭 수를 줄이는 데 매우 관심이 있었다. 이 경우에 핵심 KPI는 '완료까지 클릭 수' 혹은 '작업에 걸리는 시간'이다.

분석만 해서는 결과를 내지 못할 때도 있고, 변경 사항이 미치는 영향을 이해하기 위해 참가자와 테스트 세션을 조정해야 할 때도 있다. 어떤 방법을 사용하든 수집하는 데이터가 완전하고 정확한지 확인하는 것이 가장 중요하다. 데이터의 완전성이나 정확성이 의문스럽다면 이를 적어 두었다가 팀에서 분석을 진행할 때 고려하도록 한다.

마지막으로 시야를 넓혀야 한다. 변경 사항의 영향을 조사할 때 시스템의 전반적인 상태를 주시해야 한다. 집중해서 관찰하는 KPI에는 긍정적인 결과가 나타나더라도 시스템의 다른 부분에 부정적인 영향을 미치고 있을지도 모른다. 시스템의 전반적인 상태를 주시하면 관련 없다고 생각했던 영역에서 나타나는 예상하지 못한 결과를 알아차리기 쉽다. 팀에서 모니터링하는 평균 주문 금액이 큰 폭으로 성장했다면 좋은 신호일 것이다. 하지만 평균 주문 금액의 성장이 주문 제작 상품의 판매와 직접적인 관련이 있다면 운영 효율성에 부정적인 영향을 미칠 수 있고, 따라서 전반적인 수익성은 감소한다. HEART 프레임워크와 같은 도구를 설정하면 시스템을 전반적으로 관리하는 데 광범위한 통찰을 제공하기 때문에 중요하다.

분석

분석의 부족은 대부분의 회사가 반복에 실패하는 원인이며, 소프트웨어 산업에 종사하며 겪는 너무도 슬픈 현실이다. 팀에서는 항상 애자일^Agile, 린^Lean UX, 반복적 개발, 사용자 중심 디자인 등을 이야기해 놓고 결국 분석이나 권고에 필요한 기술이 없다는 이유로 사용성 데이터를 무시하거나 잘못 이해하곤 한다.

내가 일했던 한 회사는 세계적인 수준의 리서치 팀을 포함하여 앞서 언급한 핵심 요소를 모두 갖추고 있었다. 그런데 내가 회사에 들어갔을 때, 사람들 대부분이 배포된 조사 요약 자료를 대충 훑어보고 치워 버린 후 다시는 꺼내지 않는 것을 보고 놀라지 않을 수 없었다. 나는 이것이 말도 안 된다고 생각했고, 리서치 자료를 검토하여 기회를 식별하고 구체적인 권고 사항을 만들기 위한 분석 과정에 일정 시간을 투자했다.

이 핵심 단계는 조사한 정보가 잠재적인 사업 결과로 전환되는 유일한 방법이다. 분석 단계를 거치지 않고 팀원들이 기대할 수 있는 최선은 그저 요약 내용이 아카이브에 보관되기에는 너무 강력한 나머지 제품 기획자가 이를 알아보고 사용자 서사를 만들어 내는 것이다.

이전에 무시당했던 모든 리서치를 다시 검토하는 과정에 시간이 제법 걸렸음은 두말할 필요도 없다. 게다가 경영진 중 한 명이 내가 그런 작업을 하고 있다는 사실을 알고는 즉시 그가 진행하는 프로젝트의 전략적인 업무에 나를 배치해 버렸다. 이것은 전체적인 프로세스를 망치는 일이다. 데이터를 분석할 시간과 자원이 부족하다면 나머지 프로세스에는 신경을 끄자. 분석 결과를 영리하게 사용하지 않으면 모두 시간과 돈 낭비일 뿐이다.

그 함정에 당신이 빠질 필요는 없다. 데이터의 가치를 극대화하는 가장 좋은 방법은 관련된 사람 모두를 같은 수준으로 유지하는 것이다. 이를 위한 방법은 다음과 같다.

- UX 팀, 개발자, 품질 관리자는 데이터 집합이 제대로 작동하여 데이터가 무결한지 검증해야 한다. 기획 팀도 참여해야 한다. 어떤 문제든 더 넓은 범위의 팀으로 가져가서 논의해야 한다.
- 리서치 팀은 정기적으로 데이터 요약을 제공하고 질문을 유도해야 한다. 여기에서 '요약'이라는 단어를 쓴 이유는 정보가 상세할수록 불필요한 데이터도 많이 포함되기 때문이다. 리서치 팀에서 정보를 요약해 주면 사람들이 관심을 갖고 논의에 집중하는 데 도움이 된다. 모든 세부적인 조사에 접근 가능한 공유 자원을 보유하면 팀이 수집한 모든 데이터에 관심을 가질 수 있다.
- UX 팀은 결과와 권고 사항을 정기적으로 제시하고 질문을 유도해야 한다. 이 과정은 프로세스에서 매우 중요하다. 작업이 하나의 주기가 되기 때문이다. 나는 다양한 팀으로부터 프로젝트 x, y 혹은 z의 결과가 무엇인지 궁금하다는 질문을 많이 받았다. 결과를 알지 못한다는 것은 곧 그 과정이 어딘가에서 무너졌다는 뜻이기 때문에 그들은 불안하게 웃곤 했다.
- UX 팀이 결과와 결론, 권고 사항을 제시할 수 있다면 현재 상황뿐 아니라 이후에 무엇을 해야 하는지도 알려 준다. 이것이 회사 내 사기 진작에 미치는 영향에 관해서는 할 말이 많다. 작업의 결과가 추적된다는 사실을 알고 있다면 야근도 한결 수월할 것이며 팀은 가까운 미래에 성공을 축하하길 바랄 것이다.
- 제품 팀은 배울 수 있는 것에 대한 안목을 가지고 공개적으로 정직하게 승리와 실패에 대해 논의해야 한다. 이것이 프로젝트를 완전히 마무리하는 단계이다. 제품 팀은 디자인, 리서치, 개발, QA 등 여러 팀의 방향을 간접적으로 주도하곤 한다.

팀의 노력이 어떻게 훌륭한 사업적 결과를 이끌어 냈는지 공개적으로 공유하는 일은 팀원 각각의 가치를 깨닫고 작업이 잘 끝났음을 인정하는 좋은 방법이다. 결과가 좋지 않더라도 팀 차원에서 공유하고 논의하여 모두 솔루션의 일부로 느끼도록 만들면 분명 도움이 된다.

결론

리서치 팀은 분석하고 결과를 요약하는 능력에 따라 다양하게 구분된다. 일반적으로 더 전문적인 리서치 팀은 더 나은 데이터를 생산하지만, 분석과 권고 사항을 제공하지는 않는다. 한편 공식적인 조사 부서가 없어 UX 팀에 의존하는 조직은 별로 좋은 데이터를 얻지 못하지만, 분석과 권고 역량이 뛰어난 경우가 많다. 이는 순전히 내 경험을 바탕으로 한 일반화이므로 모든 팀이 꼭 그렇다는 것은 아니다.

당신의 팀은 이와 다르다고 생각한다면 강점과 약점을 찾기 위해 최선을 다하고 결점이 보일 때마다 개선해야 한다. 이상적으로는 당신의 팀이 둘 다 잘해서 양쪽 세계에서 장점만을 취할 수도 있다. 그렇지만 팀에서 조사 및 분석, 권고 사항을 만들어 내는 유일한 사람이 바로 당신일지도 모르는 일이다. 이 시나리오에서는 작업을 조기에 자주 확인하여 팀이 최선의 결정을 내리는지 확신하기 위해 다른 사람들이 필요할 것이다. 무언가를 받아들이기 위해서는 협력, 개방성, 의사소통이 필요하기 때문이다. 팀 구성에 상관없이 동일한 기본 접근 방식으로 결과를 문서화하고 전달하도록 한다.

1 데이터를 상세하게 검토하고 개별 결과를 높은 수준으로 문서화하라. 나는 주로 데이터를 스프레드시트에 정리하고 계속 추적하여 반복되는 문제나 주제에 집중한다. 반복되는 문제는 테스트 참가자 두 명 이상에게 발생한 문제를 말한다. 반복되는 주제는 여러 명의 참가자에게 발생했지만, 완전히 똑같지는 않고 비슷한 문제를 말한다. '프로필'이라는 글자가 행동 유도성이 떨어져 클릭 가능한지 몰랐던 어느 참가자가 프로필을 업데이트하지 못하는 문제를 겪었다고 생각해 보자. 다른 참가자는 '환

경 설정'이라는 단어가 클릭이 되는지 몰라서 시스템 환경 설정에 접근하지 못했다. 이 경우 행동 유도성이 떨어진다는 공통적인 주제를 가지고 있으나 정확히 똑같은 문제라고 할 수는 없다.

2 패턴을 찾기 위해 모든 데이터를 검토하라. 간단하게 얼마나 많은 참가자가 특정한 문제를 겪었는지 추적하면 된다. 여기에는 선입견이 개입될 여지가 있다. 결과에 특정한 내용이 포함될 것으로 생각하고 조사하면, 그 결과를 뒷받침하는 일부 데이터를 보았을 때 당신이 옳았다고 결론 내리기 쉽다. 선입견이 결과에 영향을 주지 못하도록 하려면, 다음의 항목에 따라 수치화하는 것을 추천한다.

1. 발생 수(이 문제를 겪은 참가자의 수)

2. 심각성(참가자의 작업을 방해만 했는가, 혹은 작업을 완전히 중단시켰는가?)

3. 빈도(작업을 완료하는 동안 반드시 일어나는 문제인가, 혹은 참가자가 인지하고 있다면 피할 수 있는가?)

이렇게 하면 팀이 우선순위를 정하는 데 도움이 되는 통찰을 얻을 수 있으며 정직하고 선입견 없이 검토하는 데 도움을 준다.

3 패턴을 발견했다면 처음으로 돌아가서 그 패턴을 증명하거나 반증할 방법을 찾아야 한다. 이 단계에서는 회의론자처럼 생각할 필요가 있으며 당신이 보고하는 내용을 증명하거나 반증하라는 요청을 받았을 때 명확히 대답할 수 있어야 한다. 행운의 여신은 준비된 자에게만 미소 짓는다. 이 단계에 충분한 시간을 투자해야 회의에서 난감한 순간을 피할 수 있을 것이다.

4 각 주요 결과를 항목별로 상세히 작성하라. 나는 보통 이때 각 문제를 개별 슬라이드로 작성하여 최종 보고서에 사용한다. 슬라이드일 수도 있고 PDF 페이지일 수도 있다. 어느 쪽이든 특정 문제를 다루는 내용이면 된다. 작성한 페이지 혹은 슬라이드는 결국 하나의 프레젠테이션 자료가 된다.

각 문제를 문서화하기 위해 나는 그림 6.1과 유사한 형식을 따른다.

1. 문제가 발생한 작업 설명

2. 문제 설명

3. 이 문제를 경험한 참가자의 수를 보여 주는 차트

4. 문제를 보여 주는 화면 스크린샷과 적절한 설명

5. 결과에서 찾을 수 있는 참가자 의견. 내가 제공할 수 있는 가장 영향력 있는 정보

다. 문제를 경험한 참가자의 영상을 기록하는 방법이 가장 좋으며 슬라이드를 보여 줄 때 영상도 포함한다. 특정 문제와 그 문제가 사용자에게 미치는 영향을 팀원들이 이해하기에 영상보다 좋은 자료는 없다.

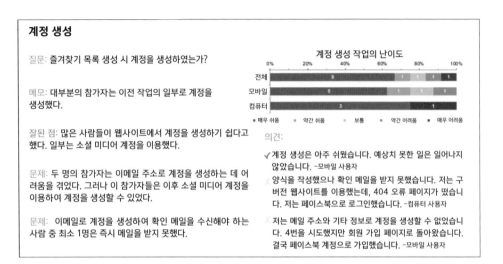

계정 생성

질문: 즐겨찾기 목록 생성 시 계정을 생성하였는가?

메모: 대부분의 참가자는 이전 작업의 일부로 계정을 생성했다.

잘된 점: 많은 사람들이 웹사이트에서 계정을 생성하기 쉽다고 했다. 일부는 소셜 미디어 계정을 이용했다.

문제: 두 명의 참가자는 이메일 주소로 계정을 생성하는 데 어려움을 겪었다. 그러나 이 참가자들은 이후 소셜 미디어 계정을 이용하여 계정을 생성할 수 있었다.

문제: 이메일로 계정을 생성하여 확인 메일을 수신해야 하는 사람 중 최소 1명은 즉시 메일을 받지 못했다.

계정 생성 작업의 난이도

의견:

✓ 계정 생성은 아주 쉬웠습니다. 예상치 못한 일은 일어나지 않았습니다. -모바일 사용자

✗ 양식을 작성했으나 확인 메일을 받지 못했습니다. 저는 구버전 웹사이트를 이용했는데, 404 오류 페이지가 떴습니다. 저는 페이스북으로 로그인했습니다. -컴퓨터 사용자

저는 메일 주소와 기타 정보로 계정을 생성할 수 없었습니다. 4번을 시도했지만 회원 가입 페이지로 돌아왔습니다. 결국 페이스북 계정으로 가입했습니다. -모바일 사용자

|그림 6.1| 완성된 결과 슬라이드의 예

결과 슬라이드는 대부분 이런 형태이다. 항상 같은 형식을 따르지는 않으며, 각자 상황에 맞는 스타일을 고민하길 바란다. 나는 그동안 이러한 방식을 잘 사용했기 때문에 계속 사용할 뿐이다.

권고

시작 페이지에서 회원 가입 버튼을 눌렀는데도 실제로 회원 가입을 완료한 사용자가 소수라는 사실을 알아냈다면 그 원인을 몇 가지로 가정할 수 있다.

먼저 사용자가 회원 가입을 완료하지 못하게 만든 기술적인 문제가 있는지 생각해 본다. 회원 가입 과정이 굉장히 새롭거나 특이하지는 않기 때문이다. 대부분의 회원

가입 프로세스는 근본적으로 동일하다. 내가 조사하는 대상도 그 표준에서 크게 벗어나지 않았다면, 백 엔드 시스템이 어디에선가 실패하지 않았는지 의심해 본다. 두 번째로 팀에서 디자인한 회원 가입 과정이 혼란을 야기하고 그것을 간과하지는 않았는지 생각해 본다. 마지막으로 회원 가입 과정 자체에서 사용자가 뒤로 가기를 누르도록 만드는 요소가 있는지 의심해 본다.

가정한 원인의 순서에 연연할 필요는 없다. 중요한 것은 양적 데이터(무엇)가 문제의 존재를 보여 주는데, 그 순간에 무슨 일이 일어났는지 정확히 알아내기 위해 검토할 질적 데이터(왜)가 전혀 없다는 사실이다. 무슨 일이 일어나는지 모르기 때문에 나는 가능성 몇 가지를 생각해 보고 실제로 무엇 때문인지 조사하기 시작한다. 이 상황에서 결과적으로는 범위를 좁히기 위한 질적 데이터 연구에 시간과 돈을 투자하기를 추천할 것이다. 하지만 일단 나는 초기에 가정한 원인과 명백히 일치하는 것이 있는지 확인하는 접근 방식을 택한다.

이 경우 연구를 시작하기 위해 품질 관리 팀이나 개발 팀에 이메일을 보내 그들이 회원 가입 프로세스와 관련된 시스템 오류를 인지했는지 알아본다. 만약 그들이 아는 오류가 없다면, 나는 문제의 시간 범위 내에 모든 작업이 예상한 대로 진행되었는지 확인해 달라고 요청할 것이다. 개발 팀에서는 시간이 좀 걸리겠지만 여기에서부터 나의 다음 가설을 조사하는 과정으로 넘어갈 수 있다.

시스템 문제를 검토하기 위해 나는 회원 가입 프로세스에 경험적 평가를 필수적으로 실시하여 필요한 모든 단계를 스스로 해 보고 처음 디자인할 때 놓친 부분이 있는지 확인한다. 이와 동시에 서비스와 관련해 알게 된 무언가로 인해 회원 가입 과정에서 뒤로 가기를 누르는 사용자에 대한 세 번째 가정을 고려한다.

질적 연구를 고려하기 전에 나는 마지막으로 회사 지원 팀에 연락하여 회원 가입 프로세스와 관련한 지원 요청을 얼마나 자주 받는지 물어보고 어떠한 통찰을 얻을 수 있을지 확인한다.

실제 문제는 한번도 생각해 보지 못한 것일 가능성도 많다. 이 모든 것으로부터 당신이 가져가야 할 중요한 사실은 대개 권고 사항을 만드는 작업에는 UX 담당자가 가장 적격이라는 것이다. 권고 사항을 만드는 첫 번째 단계는 정밀한 문제 진단이기 때문이다. UX 팀은 대개 시스템을 만들어 낸 디자인 과정과 가장 가까우므로 영향을 받은 사용자 집단을 이해할 확률도 높다. 따라서 UX 담당자가 문제를 진단하기 가장 좋은 위치에 있다고 생각한다. 이것은 팀 경기이므로 나머지 팀과 함께 확인하는 것도 늘 도움이 되지만, 나는 UX 팀이 이 과정을 이끌어야 한다고 생각한다.

당신이 문제를 이해했다고 합리적으로 확신한다면 이제 추천할 해결책이 무엇인지 고려하는 단계로 넘어간다. 나는 앞서 언급한 예시에서 회원 가입 도중 일부 사용자에게는 민감할 수 있는 파일에 접근 권한을 요청했기 때문에 사용자가 회원 가입을 망설인다는 결론에 다다랐다. 사용자가 이를 예상하지 못했을 수도 있고, 우리가 회원 가입 전에 무엇을 예상해야 하는지 이해하도록 제대로 돕지 못했을 수도 있다.

이 경우 전체 설정 프로세스를 포함한 데모 버전을 만들어 사용자에게 무엇을 준비해야 하는지 안내하기를 추천한다. 이렇게 하면 파일에 접근해야 하는 이유, 파일에 쓰기 권한은 얻지 않는다는 점, 이로 인해 사용자가 얻게 되는 이익에 대해 사용자에게 직접적으로 전달하는 기회가 되기도 한다.

조사에서 관찰된 문제의 근본적인 원인을 파헤치지 않으면 문제를 해결할 전략적인 계획을 세울 방법이 없다. 앞서 언급했듯이 근본적인 원인을 이해하지 못하면 조사에서 가치를 이끌어 내는 데 실패하는 많은 팀과 다를 바가 없다. 문제 자체가 이해되면 해결책은 비교적 사소한 경우가 많다. 그림 6.2는 권고 사항을 팀에 공유하도록 정리하는 방법을 예로 보여 준다.

사용성 평가
작성일 - 2020.02.15.

케빈 C. 브라운

부분	문제 설명	예시	잠재적 해결책	영향도	난이도	A/B 테스트 방법
장바구니	사용자는 처음에 찾던 내용이 아니라면 긴 글을 읽지 않는다. 대신 페이지를 훑으며 중요한 정보를 찾는다. 결제 시 '회원 가입' 정보의 대부분은 긴 문장으로 쓰여 있다. "계정을 만들면 45달러 이상 구매 시 무료 배송이며, 구입하는 음료마다 보상 포인트가 적립되고, 플래티넘 회원 할인 등을 확인할 수 있습니다. 이 정도면 원원 원원 아닐까요? 바로 가입해 보세요!"	화면링크	가독성과 이해력을 높이기 위해 각 가치를 개별적으로 제시한다. 무료 회원 가입 혜택 - 45달러 이상 구매 시 무료 배송 - 음료 구입시 보상 포인트 제공 - 플래티넘 회원 할인 - 로그인하여 주문 상태 확인 이 정도면 원원 원원 아닐까요! 	높음	낮음	각 가치를 개별적으로 제시한 B 버전을 생성하여 테스트한다. 색상, 크기, 글꼴 등을 사용하여 가치를 강조하는 다른 버전을 만들어도 좋다.
장바구니/결제	할인을 포함한 전체 가격을 보여 주지만 원래 가격은 보여 주지 않아 혼란스럽다.	화면링크	최초 주문 금액, 할인 금액 및 세금, 최종 결제 금액을 순서로 보여 준다.	높음	낮음/보통	최초 주문 금액, 할인 금액 등 상세 내용이 포함된 B 버전을 생성하여 테스트한다.
결제	텍스트가 미국 재활법 제508조 접근성 가이드라인의 가독성 측면에서 기준 미달이다.	화면링크	텍스트 크기와 색상 대비를 키워 가독성과 시각적 위계를 개선한다.	높음	낮음	텍스트 크기를 키운 B 버전, 색상 대비를 키운 C 버전, 둘 다 개선한 D 버전을 만들어 테스트한다.

그림 6.2 | 문제, 우선순위, 권고 사항을 보여 주는 스프레드시트나 슬라이드는 팀에 결과를 전달하는 데 도움이 된다.

우선순위

결과를 문서화할 때 각 문제의 발생, 심각성, 빈도를 항목별로 분류하여 우선순위를 정해야 한다. 이는 프로세스의 첫 번째 부분이며, 이것이 팀원에게 의미하는 바를 설명해야 한다면 다음과 같이 말할 수 있다. "이 문제는 10개 세션 중 6개 세션에서 발생했습니다(발생). 이 문제를 겪은 참가자는 작업을 완료하기는 했지만 작업 완료까지 평균 3분이 더 소요되었습니다(심각성). 참가자는 문제를 이해했고 앞으로는 이를 피할 수 있을 것입니다(빈도)."

요컨대 특정 페르소나에게 어떤 영향을 미치는지는 차치하고 이 예시를 보자면 나는 우선순위가 중간 수준인 문제라고 이야기할 것이다. 이 문제는 반 이상의 참가자에게 영향을 주고 문제를 겪지 않은 참가자에 비해 효율성을 떨어뜨린다. 만약 작업을 중단시킬 정도로 심각한 문제였다면 우선순위가 높은 항목으로 고려해 보겠지만, 참가자들은 앞으로 문제를 겪지 않을 확률이 높기 때문에 중간 수준의 문제이다. 그러나 이 문제가 영향을 미치는 페르소나를 고려하지 않았으므로 아직 반밖에 오지 않았다.

우리에게 우선순위가 높은 페르소나에게 영향을 미치는 중간 수준의 문제가 있다면, 그 문제는 높은 우선순위로 고려해야 한다. 페르소나의 상대적인 우선순위를 이해하여 기록하고 전달하는 것이 중요하다. 결정을 내릴 때 목표, 전략, 과제 설정이 중요하듯이 페르소나의 우선순위를 명확히 지정하면 팀이 다음 단계에서 가장 중요한 작업을 우선적으로 배정할 때 도움이 된다.

스타트업에서 일한다면 초기 사용자의 우선순위는 모두 동일할 것이다. 작지만 확실히 자리 잡은 회사에서 일한다면, 회사의 목표에 따라 사용자의 우선순위는 분기마다 유동적으로 변할 것이다. 이사회가 경영진에게 일단은 회사를 키우는 데 초점을 맞추라고 지시할 수도 있고, 초점이 이동하면 우선순위가 바뀔지도 모른다. 팀이 모든 변화를 인지하도록 하여 모두가 같은 페이지에 있어야 한다. 당신이 하던 일의 우선순위가 한 달 전에 떨어졌는데 팀에서 아무도 알려 주지 않은 것만큼 절망스러운 일도 없다.

해당 문제가 높은 우선순위의 사용자에게 어떤 영향을 미치는지도 함께 고려하여 전체적인 우선순위를 결정해야 한다는 사실 외에는 구체적인 접근 방식과 관련하여 감 놔라 배 놔라 할 생각이 없다. 대개 간단한 과정이지만, 팀이 전체적인 우선순위에 동의하는지 검증하고 의견 차이가 발생하면 해결하고 넘어가는 것이 좋다.

노력

노력은 이 과정에서 일종의 와일드카드(경기 출전 자격을 따지 못했지만 특별히 출전이 허용된 선수) 역할을 한다. 이를 보여 주는 가장 명확한 예시는 바로 시간 여행이다. 100명의 사람을 붙잡고 물어보면 대부분 타임머신을 원한다고 말할 것이다. 큰 관심을 보이는 사람이 있다면 그 사람은 큰돈을 지불할 확률도 높다. 그러므로 나는 시장이 가장 원하는 기능을 개발하고, 자원이 충분한 잠재 고객은 이에 기꺼이 돈을 지불한다. 액면가로 따지면 우선순위가 아주 높은 항목이다. 하지만 이를 실현하는 데 필요한 노력을 생각하면 이 거래는 성사되지 못한다. 기획 팀이 작업 일정을 수립하기 전에 노력을 고려하는 것이 중요하다는 뜻이다.

문제 자체와 문제에 영향을 받는 페르소나를 기반으로 다음 단계에서 실행할 후보의 우선순위가 결정되면, 디자인 팀과 개발 팀에 연락해 필요한 활동을 나머지 팀이 이해하도록 도와달라고 해야 한다. 그러기 위해서는 각 후보 항목에 관한 스웨그SWAG, Scientific Wild Ass Guess(과학적 어림짐작)를 제공할 필요가 있다. 우선순위와 스웨그가 있으면 팀은 다음 단계에서 진행할 가장 가치 있고 실현 가능한 작업을 선정하여 자신 있게 앞으로 나아갈 수 있다.

사실 스웨그는 본질적으로 추측의 영역이다. 따라서 팀이 작업을 시작할 때 필요하리라 예상되는 노력에 영향을 미치는 요소를 발견하는 것이 불가능한 일은 아니다. 만약 그런 일이 일어난다면 팀은 이를 처리하는 방법에 관한 선택지를 논의할 필요가 있다. 모두 그대로 두고 계획한 대로 일을 진행하는 방법, 문제가 되는 항목의 일정을 변경하고 다음 항목으로 교체하는 방법, 당장 해결책을 내놓을 수 없으니 문제와 관련이 있는 모든 작업을 중단하는 방법 등이 일반적인 선택지가 된다.

만약 팀이 작업을 중단하고 다른 항목을 꺼내 왔다면, 무슨 일이 왜 발생했는지 기록하여 이 작업을 다시 고려해야 할 순간이 왔을 때 팀이 알아낸 것을 잃어버리지 않도록 해야 한다.

더 읽어 볼 자료

반복 계획은 프로젝트 관리 방식에 따라 앞서 설명한 내용과 다를 수 있다. 다른 사람들은 어떻게 하는지 보고 싶다면 SAFe(Scaled Agile)에서 해당 주제를 심도 있게 다루고 있으니 참고하라.

확장된 애자일 반복 계획Scaled Agile Iteration Plannings
www.scaledagileframework.com/iteration-planning

7장

이 모든 방법을
내 것으로 만들기

두 번 측정하고, 한 번 코딩하라.

– 케빈 C. 브라운

그린필드 프로젝트나 스타트업에서 시작하기

축하한다. 이제 대강 그려 놓은 아이디어를 세련된 제품으로 바꿀 차례다. 첫 번째 단계는 현재 계획이 무엇인지 정확하게 문서화하여 팀원들 모두가 똑같이 이해하는 것이다.

1 아이디어가 무엇인가?

2 누구를 위해 이 문제를 해결하는가?

3 그들을 위해 어떤 문제를 해결하는가?

4 이 문제를 해결하는 데 경쟁사보다 나은 점이 무엇인가?

5 이 아이디어의 수익 구조는 어떠한가?

위의 정보를 토대로 아이디어가 올바른 방향으로 진행되는지 검증하고 수정이 필요한 부분을 정의할 수 있다. 이를 위해서는 시장을 깊이 파고들어 현재 시장이 무엇을 원하는지, 얼마를 지불할 의사가 있는지, 경쟁사가 시장이 원하는 것을 어떻게 제공하는지 알아야 한다.

시장 이해하기

시장을 마치 거대 페르소나처럼 생각할지도 모르겠다. 어떤 비즈니스가 하나의 시장에만 집중할 때, 또 다른 비즈니스는 여러 시장을 대상으로 삼는다. 어느 방식을 택하든 비즈니스 및 제품을 평가하고 개선하기 위한 과정의 일부로 하나 이상의 시장을 이해하고 정의해야 한다. 시장 조사는 개인의 요구 사항을 조사하는 것과 크게 다르지 않다. 후반에는 특정 페르소나를 생성하기 위한 데이터가 많이 쌓이기 때문에 오히려 초기 단계에서 참가자 모집에 더 많은 노력을 들이게 된다.

대표 집단 정의

만약 투자자가 있다면 그들은 시장 조사를 위해 신뢰도 높은 참가자를 소개해 줄 수 있을 것이다. 이렇게 유리한 점이 있어도 팀의 네트워크를 활용하여 더 많은 참가자를 모아야 한다. 사실 이 단계에서는 참가자가 많으면 많을수록 좋다. 참가자로는 당신이 해결하고자 하는 문제를 겪는 다양한 사용자를 대표하는 적임자가 25~100명 정도 있으면 이상적이다. 자격 요건이 까다롭지 않은데도 참가자를 찾기 어렵다면 저렴하면서도 입문하기 좋은 서비스로 유저테스팅(usertesting.com)이 있다. 자격 요건이 다소 까다롭거나 매우 구체적인 대상을 찾는다면 앱러즈(www.applause.com)가 어려운 상황에서도 참가자를 찾아 주므로 유용하다.

이 과정이 어렵게 느껴질지도 모른다. 리서치를 위한 참가자 모집은 제법 골치아픈 일이므로 가장 먼저 시작하자. 초반 3개월 동안 50명 정도의 참가자를 대상으로 하면 구축해야 할 시장 정보의 훌륭한 토대로 삼을 수 있을 것이다.

마지막으로, 나는 매번 이 단계를 거치지는 않는다는 점을 말해 두고 싶다. 나는 현재 친구와 함께 제품 개발 일을 하고 있다. 우리는 아이디어 정리를 완료했고, 가능한 한 빨리 사용자에게 테스트할 수 있도록 MVP 같은 것을 구축하는 방식으로 접근한다. 우리는 사용자에게 구체적인 무언가를 보여 줄 수 있도록 먼저 디자인 관련 첫 번째 라운드를 거친 후 시장과 관련된 작업을 할 예정이다. 규모가 크거나 자금과 관련된 프로젝트를 진행할 때는 시장에 파고드는 작업을 먼저 진행하는 편이다.

인터뷰 스크립트 작성

참가자를 모집할 때는 인터뷰 스크립트 초안을 작성해야 한다. 스크립트의 중요성은 아무리 강조해도 지나치지 않다. 참가자와 함께 자유로운 형식으로 주요 개념에 대한 대화를 나누고 싶을지도 모르나, 내가 직접 경험한 바로는 이런 방법을 선택하면 분석 과정이 고통스럽고 결과는 항상 만족스럽지 않았다. 자유로운 대화는 항상 주제를 벗어날 가능성이 있기 때문이다. 이번만큼은 나를 믿고 진행할 인터뷰에 적합한 스크립트를 작성하라. 분석을 마치고 데이터를 근거로 설득력 있는 이야기가 나온다면, 노력한 만큼의 가치가 있을 것이다.

스크립트의 필요성을 이해했다면 인터뷰 시간은 60분으로 유지하면서 표 7.1과 같이 다루어야 하는 내용에 따라 스크립트를 여러 부분으로 나누는 것이 좋다.

부분	시간 할당
소개	5분
우선순위가 높은 작업	15분
사용하는 도구	10분
우선순위가 높은 문제	10분
솔루션 홍보	10분
솔루션에 대한 참가자의 인식	10분

| 표 7.1 | 인터뷰 구성 예시

당신이 무엇을 구축하는지 정확히 알지는 못하므로 이것은 일반적인 예시다. 필요한 대로 수정해서 사용하면 된다. 만약 검증된 후보자가 있다면 이러한 틀 안에서 유용한 정보를 얻을 수 있을 것이다. 참가자가 인터뷰 구성을 인지하도록 서두에 설명하여 인터뷰 내용을 이해하도록 하라. 시간을 계속 확인하면서 대화가 주제를 벗어나지 않도록 적절히 개입도 해야 한다. 정말 흥미로운 참가자가 있다면 시간을 더 할애하거나 다음 인터뷰를 잡자고 요청할 수도 있다.

스크립트를 작성할 때는 질문의 범위를 좁혀 가장 가치 있는 정보에 대한 반응에 집중하는 것이 좋다. '가장 많이 하는 작업 세 가지는 무엇입니까?'라는 질문과 '가장 많이 하는 작업은 무엇입니까?'라는 질문을 비교해 보자. 제약을 두지 않은 질문은 답변에 시간이 더 오래 걸리며, '가장 많이'라는 수식어가 없다면 시간이 부족해 인터뷰를 중단하는 경우 정작 중요한 정보는 얻지 못할 수도 있다.

또한 유도 신문을 하지 않도록 주의해야 한다. 5장에서 언급했듯이 유도 신문은 '워싱턴, 그는 위대한 대통령인가, 혹은 역대 가장 위대한 대통령인가?'와 같은 질문이다. 이 질문은 조지 워싱턴 전 대통령에 대한 부정적인 이야기는 전혀 할 수 없게 만든다. 만약 이 질문의 결과를 보고한다면, 참가자 10명 중 10명이 조지 워싱턴이 위대한 대통령이라고 대답했다는 최악의 결과가 나올 것이다. 앞서 언급한 페이크 UX(FaUX) 프로세스에 참여하는 일부 부도덕한 사람들은 의도적으로 이런 작업 방식을 취하지만, 어떤 방식으로든 실수로 선입견이 개입된 질문을 작성할 가능성이 있으므로 질문을 유심히 살펴보고 개방적이고 정직한 답변을 권장하도록 한다. 때로는 진실이 고통스럽지만 그 진실이 무엇이든 결국에는 세상에 드러나며, 아무도 원하지 않는 것을 개발하느라 몇 달 혹은 몇 년을 허비하는 것보다는 훨씬 낫다.

다른 모든 UX 요소가 그렇듯 질문 초안을 작성할 때는 팀으로 작업하는 것이 가장 좋다. 기획 팀과 협력하여 관심 있는 주제에 관한 질문을 작성하고 팀이 결과에 직접적으로 연결된다고 느끼도록 해야 한다. 적어도 설문지 작성에 너무 집중한 나머지 중요한 문제를 놓치지 않았는지 팀원들의 도움을 받아 확인할 수 있다.

참가자 일정 수립

참가자의 인터뷰 일정을 수립할 때는 세션 사이사이에 메모를 정리하거나 휴식을 취하고 다음 세션을 준비할 시간을 충분히 두어야 한다. 이 시간이 최소 30분은 되어야 한다고 생각한다. 동의하지 않는 사람도 있겠지만 나는 세션을 하루 최대 4회로 제한하는 편이다. 대화는 집중력을 요하며 팀에 도움 되는 상세한 것까지 포착하려면 깨끗한 마음과 충분한 에너지가 필요하다. 인터뷰를 하루에 4회 이상 진행하면 프로세스에 금방 지쳐 버리고 결과물의 품질도 저하될 가능성이 높다.

조사 과정에서는 노쇼No-Show 참가자가 문제가 되기도 한다. 이를 명심하고 작업에 충분한 데이터를 확보하도록 한두 명 정도 여유를 두고 일정을 잡아야 한다. 노쇼는 상당히 당황스러운 상황이기도 하다. 내 생각에 노쇼를 최소화하는 가장 좋은 방법은 처음부터 충분히 검증된 참가자를 모집하는 것이다. 그리고 그들에게 이메일을 보내서 가능한 시간대를 알린다. 인터뷰에 동의하고 참석으로까지 이어질 가능성을 높이기 위해서는 최소 3개의 선택지를 제공해야 한다.

캘린더 초대장을 보내고 참석 확인을 받는 것이 좋다. 당신이 약간 집착하는 스타일이라면(이 상황에서는 괜찮다) 인터뷰 세션 하루 전에 이메일을 보내 날짜와 시간이 여전히 괜찮은지 확인해야 한다. 이렇게 해도 나타나지 않을 사람은 나타나지 않겠지만, 그래도 여전히 가능성을 높이기 위한 최고의 방법이다.

인터뷰 준비

참가자와 이야기를 나누기 직전에 인터뷰할 참가자를 알아갈 수 있는 좋은 방법이다. 나는 참가자를 파악하는 프로세스의 일부로 스프레드시트의 인구학적 부분을 먼저 채워 본다. 세션 전 15분을 할애하여 참가자의 정보를 공부함으로써 그들과 좋은 관계를 맺고 인터뷰를 진행하는 동안 사려 깊게 질문을 이어가기 위한 준비 시간이라고 생각하면 좋다. 그들의 이름과 역할, 일하는 회사 정도만 알아도 대화에 도움이 된다. 사전에 모두 기록해 두면 나중에 분석할 때 메모를 보고 작업하기에도 쉽다.

때때로 특정 역할에 한정된 질문이나 참가자가 일하는 회사에 따라 물어볼 특별한 질문이 생길 때도 있다. 약간의 준비를 통해 게임에서 한발 앞선다면 참가자와 대화하는 기회를 이용하면서 그들의 참여가 소중하다는 것을 전달하는 데 도움이 된다.

마지막으로 음성이나 영상 기록 도구 등 특별한 요구 사항이 있다면 배터리가 충전되었는지, 여분의 배터리와 메모리 카드가 있는지, 도구를 잘 다룰 수 있는지 확인해야 한다. 원격으로 인터뷰를 진행하는 경우, 참가자에게 인터뷰가 기록될 것이라고 안내해야 하는데 특히 영상 기록일 경우는 반드시 알려야 한다. 또한 참가자의 장비도 잘 설정되었는지, 사전에 테스트를 진행했는지 확인한다. 60분은 결코 길지 않기 때문에 기술적인 문제를 해결할 시간은 없다. 이 모든 것이 당연한 이야기처럼 들릴지도 모른다. 그럼에도 내가 이런 이야기를 하는 이유는 수년간 이런 것들이 잘못되는 경우를 보았기 때문이다. 여러분이 이러한 실수를 반복하지 않기를 바란다.

인터뷰

일찍 나서라. 참가자가 인터뷰에 진지하게 임하려면 당신이 전문적이어야 하며, 그들의 시간을 낭비해서는 안 된다. 참가자가 도착했을 때 내가 완벽하게 준비되어 있는 상태라면 인터뷰 과정은 즐겁게 느껴진다. 준비가 일부 미흡하면 그만큼 인터뷰 과정에서 스트레스를 받는다. 내 경험상 많은 참가자가 최소 5분 일찍 도착하기 때문에 이를 고려해야 한다.

인터뷰 중에는 스크립트에 충실하는 한편, 참가자가 다음에 무엇을 생각해야 하는지 그리고 당신이 그들에게서 무엇을 알아내고 싶은지 미리 알려야 한다. 스크립트에 충실하라는 말은 각 인터뷰에서 정확히 같은 질문을 해야 한다는 뜻이다. 질문 순서가 결과에 영향을 주지 않도록 질문 순서를 무작위로 하는 방법도 있다. 일부 질문은 반드시 순서대로 해야겠지만, 그렇지 않은 질문은 순서를 섞으면 결과의 품질이 나아질 때도 많다.

일반적으로, 나는 인터뷰 서두에 항상 참가자의 정직한 피드백이 프로세스에 필수적이라고 전달한다. 참가자가 그다지 비판적으로 대답하고 싶어 하지 않는 것도 이해하지만, 그럼에도 그들의 답변이 중요하다는 점을 참가자에게 알린다. 모든 사용자가 우리의 솔루션을 만족스럽게 사용한다고 생각하기보다 비판적인 피드백을 듣고 문제를 해결하는 편이 팀에도 훨씬 좋다.

내가 인터뷰 시간을 짧게 유지하려는 이유는 두 가지다. 첫 번째로 사람들은 보통 시간이 많지 않으므로 인터뷰 시간이 짧아야 사람을 모으기 쉽기 때문이다. 두 번째 이유는 '참가자 피로도'라고 불리는 것으로, 결과에 부정적인 영향을 미칠 수 있다. 주로 끝없이 느껴지는 설문이나 인터뷰에서 사용자는 피로를 느끼게 된다. 사용자가 한번 집중력을 잃으면 정직한 답변을 하는 대신 인터뷰를 빨리 끝낼 수 있는 방향으로 대답하기 시작한다. 유료로 진행되는 인터뷰는 1시간 미만이면 괜찮은 수준이지만, 나는 가능한 한 30~45분 정도로 끝내려고 한다.

준비 작업을 완료했는지 확인해야 하는 또 다른 이유는, 참가자는 자신과 큰 관련이 없다고 생각하는 순간 집중력을 잃기 때문이다. 내가 운영하지는 않았지만 참관했던 최근 리서치에서 이런 상황을 목격했다. 참가자와 공감대를 형성하지 못하는 질문이 많으면 그들은 인터뷰가 시간 낭비라고 생각하고 당신도 그렇게 여기게 된다. 일반적으로 참가자를 잘 선별하고 그들에게 초점을 맞추어 설문지를 작성했다면 참가자도 유용한 피드백을 제공할 것이다.

답변을 들을 때는 시간 공백을 불편해하지 말라. 당신이 질문을 던지고 참가자가 바로 대답하지 않으면 인터뷰 진행자가 끼어들어 설명을 추가하거나 대답을 재촉하는 경우가 많다. 대부분 생각을 정리하는 중이므로 재촉하지 않는 것이 좋다. 당신이 미처 고려하지 못한 부분을 참가자가 되묻기도 한다. 이는 훌륭한 발견이 될 수도 있으므로 그 생각을 방해해서는 안 된다. 또한 답변에 걸리는 시간 자체가 하나의 결과가 될 수도 있다. 누군가에게 화두를 던지고 어떻게 생각하는지 물었을 때 즉시 너무 좋다는 대답과 함께 그들이 좋아하는 핵심 요소가 술술 나온다면 그들의 말이 진심이라고 확신할 수 있다. 반면 한참을 생각한 뒤 "네, 뭐, 좋아요. 좋죠"라고 대답하며 마땅한 이유도 대지 못한다면 그저 예의를 차렸을 뿐 그 화두에 전혀 관심이 없다는 뜻이다.

가끔 참가자의 답변이 진심이 아니라고 느껴질 때 나는 이런 질문을 던진다. "답변을 망설이시는 것처럼 보입니다. 망설인 것이 맞습니까? 그렇다면 망설인 이유는 무엇입니까?" 참가자 대부분은 이런 질문을 받으면 웃곤 했지만 그다음 이어지는 대답에는 대개 그들의 진솔한 감정이 담겨 있다. 그렇지 않다면 "아닙니다. 그저 대답하기 전에 머릿속 내용을 정리하고 싶었을 뿐입니다"라고 대답할 것이다. 어느 쪽이든 의심이 생길 때는 후속 질문을 하면 팀에 보고할 내용에도 자신감이 생긴다.

메모

분석할 때 다시 참고하거나 중요한 기록 일부를 팀과 공유하기 위해서라도 모든 세션을 반드시 기록해야 한다. 훌륭하고 검증된 참가자가 서비스에 제공한 피드백을 듣는 일은 매우 강력한 동기 부여가 된다. 이를 통해 팀의 개인적인 의견이나 선호도를 배제하고 권고 사항에 확신을 가질 수 있다.

기록과 메모는 결과의 기반을 다진다. 나는 보통 인터뷰 중에 메모하고, 인터뷰가 끝난 직후 메모를 다시 보며 정리하여 요점만을 추린다. 메모한 모든 내용이 쓸모 있지는 않기 때문에 인터뷰 직후에 바로 메모를 정리하면 잡음에서 신호를 분리할 수 있다. 너무 오랜 시간이 지난 후 이 작업을 하면 맥락을 모두 기억하지 못해 적힌 그대로 받아들일 수밖에 없다.

인터뷰가 특별히 마음에 든다면 인터뷰 중 몇 부분을 타임스탬프timestamp(**특정시간을 기록하기 위해 사용하는 문자열**)로 발췌하여 메모와 함께 작성한다. 프로젝트의 분석 단계를 더 쉽게 만드는 것이라면 분명 더 나은 결과를 얻는 데도 도움이될 것이다. 줌Zoom 화상 회의에는 몇 가지 훌륭한 도구가 있는데 그중 하나는 녹음 내용을 텍스트로 변환하는 기능이다. 매우 유용한 기능이긴 하지만 당신이 관찰한 주요 내용을 구체화하기 위해서는 여전히 메모 작성이 중요하다.

스크립트 반복

인터뷰 중 듣는 내용에 따라 스크립트를 변경하고 싶어질지도 모른다. 변경에는 두 종류가 있다. 즉시 필요한 변경과, 다음 리서치에 도움이 되는 변경이다. 인터뷰를 시작하고 질문 목록을 변경하면 이전 참가자의 인터뷰가 무효화될 가능성이 있으므로 근본적으로 문제가 있을 때에만 변경해야 한다. 질문이 리서치에 해를 끼치거나 잘못되었거나 무언가를 유도하는 경우에만 즉시 변경이 허용된다. 참가자와 대화를 시작하기 전에 이런 내용을 알았다면 좋겠지만 종종 예상치 못한 일이 일어나기 때문에 미리 계획을 세워 두면 좋다.

긴급하지 않은 변경은 추적할 내용으로 두고 팀에서 다음 리서치 계획을 세울 때 킥오프 과정에 적용해 볼 수 있다. 변경 사항이 발생한다고 해서 현재 리서치에 결점이 있다는 뜻은 아니다. 나는 때때로 그저 특정 주제를 깊게 고민해 봐야겠다고 생각하고 이를 메모한다. 이러한 항목은 추적을 이어 나가기 쉽지 않으므로 최소한 공유 문서를 만들어 날짜와 함께 설명을 추가해 두어야 한다.

분석

인터뷰를 잘 준비하고 진행했다면 분석이 덜 고통스러울 것이다. 리서치 결과가 흥미진진하더라도 그것을 분석하는 작업은 고도의 집중력을 요하기 때문에 사실 하기 싫을 때가 많다. 내가 조사 리서치를 전문적으로 하지 않는 이유이기도 하다. 나는 여러 개의 리서치를 연속해서 진행하기 전에 머리를 비우기 위해 직접 디자인 작업을 한다.

프로세스를 느슨하게 진행하여 스크립트대로 운영하지 않았다면 모든 것을 하나의 일관된 보고서로 만드는 데 제법 오랜 시간이 걸린다. 어느 쪽이든, 이 과정에서 당신은 줌Zoom처럼 녹음 파일을 텍스트로 자동 변환하는 도구를 자주 사용하게 될 것이다. 특정 인터뷰를 열어 첫 번째 질문에서 키워드를 검색하면 결과 위치로 바로 넘어갈 수 있다. 이러한 기술이 상용화되기 전에는 조사원들이 영상이나 녹음 파일을 앞뒤로 돌려 가며 다음 질문의 시작 부분을 찾느라 어마어마한 시간을 소비했다. 참가자가 말한 내용을 들으면서 검색할 텍스트를 제공받는 것은 매우 강력한 기능이며 프로세스의 속도를 크게 향상시킨다.

나는 분석을 진행하는 동안 각 참가자가 그들의 인구학적 특성과 관련하여 어떻게 답변하는지 추적하기 때문에 마지막에 다시 집계할 필요가 없다. 참가자로서 그들의 응답을 상세히 기록해 보고서를 만들기도 하지만 참가자의 성별, 연령대, 지리적 위치 등과 관련하여 각 질문에 통계 정보도 작성한다는 뜻이다. 마지막에는 개개인의 답변과 함께 각 인구 통계 집단의 답변을 종합하기 때문에 팀에서도 세분화된 정보를 얻을 수 있다. 개별 결과를 상세하게 작성하면 여러 가지 이유로 도움이 되지만, 가장 중요한 장점은 원래 리서치에 포함되지 않았던 다른 질문에 관해서도 언제든 데이터를 다시 확인할 수 있다는 점이다.

분석이 끝났다면 결과를 요약해야 한다. 그리고 드디어 권고 사항을 작성한다. 혼자서 권고 사항을 작성할 때도 있겠지만, 큰 팀에 소속된 경우에는 대개 회의에서 결과와 요약을 검토하고 함께 브레인스토밍brainstorming(**참가자가 자유롭게 아이디어를 제시하는 회의 방법**) 기법을 이용하여 최고의 권고 사항을 작성한다.

수집하고 정리한 정보와 도출한 결과를 보고서로 작성하는 마지막 단계에 접어든다. 이 보고서가 지금까지 해 온 작업의 완성도를 결정하기 때문에 진지하게 임해야 한다. 급하게 작성한 보고서는 신용을 떨어뜨릴지도 모른다. 보고서가 세련되고 전문적이면 사람들은 무의식적으로 이 작업이 전문적으로 진행되었다고 생각하고 더 신뢰한다. 화려한 디자인 템플릿 같은 것은 필요하지 않다. 대신 제목 페이지, 개요 및 방법론, 참가자, 요약, 질문별 결과, 권고 사항이 들어가야 한다. 그림 7.1에서 7.6까지의 예시를 보라. 보고서를 보는 모든 이가 어떤 유형의 데이터를 검토하는지 알 수 있도록 사용한 테스트 방법을 언급해야 한다.

| 그림 7.1 | 제목 페이지에는 프로젝트 이름, 날짜, 작성자, 후원자를 포함한다.

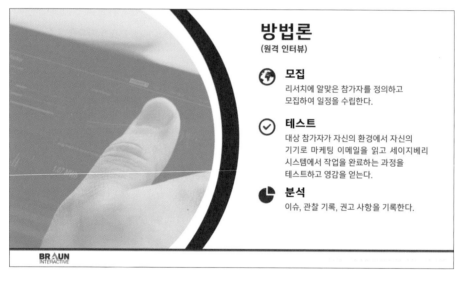

| 그림 7.2 | 개요 및 방법론에서는 리서치를 진행한 이유와 방법을 설명한다.

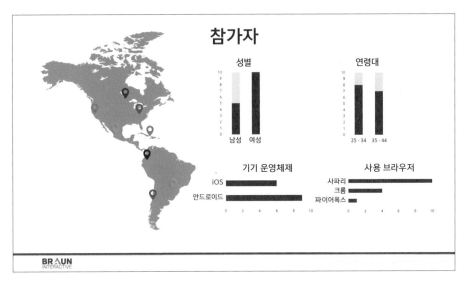

|그림 7.3| 인터뷰에 응한 참가자의 인구 분포를 그림으로 나타낸 슬라이드를 포함한다.

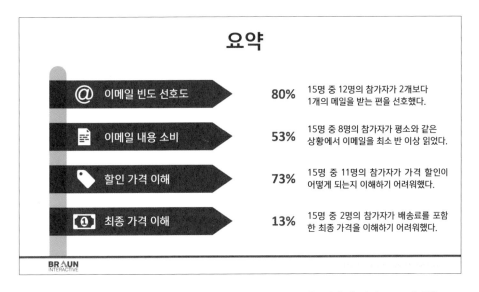

|그림 7.4| 요약에서는 핵심 결과를 보여 주고 이어서 나올 상세 슬라이드로 넘어갈
발판을 마련한다.

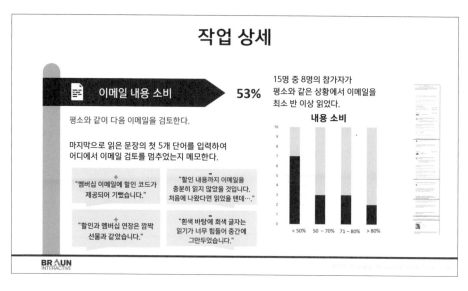

|그림 7.5| 질문별 결과에서는 각 질문의 상세 결과를 다룬다.

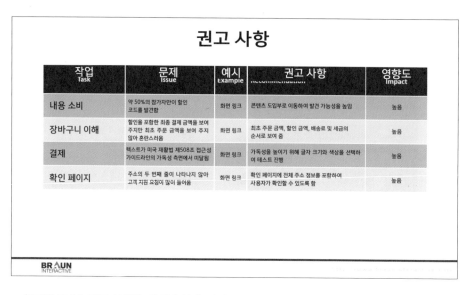

|그림 7.6| 권고 사항을 우선순위에 따라 보여 주는 슬라이드를 포함한다.

마지막으로 보고서를 자신의 것으로 만들고, 보고 중인 리서치와 잘 맞는지 확인해야 한다. 하지만 이 가이드라인을 반드시 지킬 필요는 없다. 목적에 맞게 작성한다면 누군가 특정 부분을 포함하지 않은 이유를 물어도 적절하게 답변할 수 있을 것이다.

시장 검토

회사가 현재 시장을 어떻게 이해하고 있는지 기록하는 과정의 일부로 경쟁사 또는 다른 산업에서 비슷한 서비스를 제공하는 회사를 3~5곳 정도 검토하는 것이 좋다.

대상 회사를 선정하면 각 회사를 규모, 시장 점유율, 제품 등 시장에서 중요하면서 문서화가 가능한 모든 항목에 따라 분류한다. 그런 다음 우선순위를 매겨 1등 기업을 선정하고 시간이 흐르면서 다른 기업들이 성장하는지 축소되는지 추적한다.

초기부터 경쟁사를 중요하게 생각하는가? 그렇다면 동일한 기능에서 경쟁사를 앞서고 시장 진입 장벽을 극복하기 위한 방법을 찾는 일에 집중할 가능성이 높다. 문서화할 정보가 매우 적더라도 초기 제품을 결정할 때는 시작점으로 삼을 만한 것은 무엇이든 모아 두는 것이 좋다.

고객 여정

시장의 현재 상태를 문서화하는 좋은 방법으로 고객 여정을 그려 볼 수 있다. 산업 분야에 따라 전형적인 여정이 하나 이상 존재할 것이다.

잠재 고객이 경쟁사 제품을 활용하여 작업을 완료하는 과정을 보여 주는 별도의 여정을 생성하는 방법도 유용하다. 어떤 방법을 사용하든 고객 여정 지도는 잠재 고객이 거치는 과정을 종합적인 방법으로 시각화한다. 이를 통해 팀이 문제와 기회를 파악할 수 있으며, 솔루션을 실제로 구축하기에 앞서 경쟁에서 살아남을 수 있을지 판단하기 위한 영감을 제공할 것이다. 그림 7.7은 잠재 고객이 자동차를 구매할 때 거치는 여정 지도의 예다.

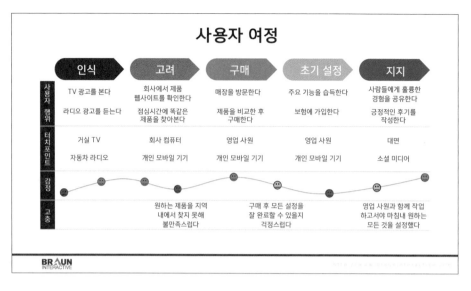

사용자 여정

	인식	고려	구매	초기 설정	지지
사용자 행위	TV 광고를 본다 라디오 광고를 듣는다	회사에서 제품 웹사이트를 확인한다 점심시간에 똑같은 제품을 찾아본다	매장을 방문한다 제품을 비교한 후 구매한다	주요 기능을 습득한다 보험에 가입한다	사람들에게 훌륭한 경험을 공유한다 긍정적인 후기를 작성한다
터치 포인트	거실 TV 자동차 라디오	회사 컴퓨터 개인 모바일 기기	영업 사원 개인 모바일 기기	영업 사원 개인 모바일 기기	대면 소셜 미디어
감정					
고충		원하는 제품을 지역 내에서 찾지 못해 불만족스럽다	구매 후 모든 설정을 잘 완료할 수 있을지 걱정스럽다		영업 사원과 함께 작업 하고서야 마침내 원하는 모든 것을 설정했다

BRAUN INTERACTIVE

|그림 7.7| 자동차 구매 여정 지도

MVP, MLP, 웨지를 향한 초기 방향

이 단계까지 왔다면 제품이 수행할 작업과 그 방법을 기초부터 알고 있을 가능성이 크다. 좋은 아이디어를 초기에 이해하고 시장 및 사용자 정보를 모두 새롭게 수집하면, 시장에 내놓을 제품의 초기 버전을 정의하는 중요한 단계를 수행할 수 있다.

초기 버전 제품을 일컫는 명칭은 수년에 걸쳐 베타beta에서 MVPMinimum Viable Product(최소 실행 가능 제품)를 지나 MLPMinimum Lovable Product(최소 선호 제품)로 변경되었다. 이제는 시장에서 웨지Wedge라는 단어로 표현한다. 이름이 무엇이든 그 취지는 같다. 진입 장벽을 극복하고 실제 사용자에게 경쟁사보다 더 나은 해결책을 제시하는 무언가를 비교적 빠른 시간 내에 개발해야 한다.

이 경우 더 나은 해결책이란 사용자가 해야 할 일을 더 빠르거나 효율적이거나 낮은 비용으로 완료하도록 도와주는 것을 뜻한다. 운이 좋다면 이 세 가지를 모두 만족시킬 수도 있다. 무엇을 하든지 비교적 빨리 개발하여 사용자에게 선보이고 실제 시장 조건에 따라 반복하며 개선해야 한다. 시장 적합성market fit(제품이 시장

수요를 충족하는 정도)을 발견하여 가치를 만들어 내기에 이보다 더 나은 방법은 없다. 그렇기 때문에 이 과정의 변형들이 구글, 페이스북, 아마존, 삼성과 같은 전 세계 최첨단 기술 기업을 비롯해 당신이 떠올릴 수 있는 성공한 소프트웨어 회사를 위한 산업 표준이 되었다.

목표

초기 스타트업에서 일하는 사람은 대개 대기업 문화에서 벗어나고자 그곳을 선택한다. 대기업 문화에는 프로세스도 포함된다. 많은 사람들이 프로세스를 답답하게 느끼고, 일부 스타트업에서 개발에 대한 열망을 볼 수 있었다. '우리는 작은 조직입니다. 서로 무슨 일을 하는지, 우리 사업에서 무엇을 해야 하는지 모두 알기 때문에 그 프로세스라는 것 좀 시키지 마세요'라는 정서가 깔려 있다.

능력 있는 사람들로 구성된 작은 팀에서 하나의 비전을 잘 정의하여 공유하고 실행한다면, 방향을 잡는 보호대 역할을 하는 프로세스 없이 가능할 수도 있다. 하지만 보호대가 없는 대부분의 프로젝트는 실패한다.

나는 개인적으로 모든 팀원이 프로젝트의 목표를 정확히 말하지 못하는 팀과 함께 일하는 것이 힘들다. 어떤 전략을 추구하는지, 자신이 거기서 맡은 과제는 무엇인지 알지 못한다면 어떻게 작업 계획을 세울 것이며 노력에 어떤 결과가 나오기를 바랄 수 있을까? 이 질문에도 대답하지 못한다면 도대체 무엇을 하고 있다는 말인가?

따라서 비즈니스 목표부터 정의하기를 추천한다. 'ABC 주식회사의 목표는 5년 안에 미국 내 매출을 기준으로 최고의 에너지 모니터링 시스템이 되는 것이다'와 같이 간단하게 작성하면 된다. 이 간단한 문장으로 당신의 팀은 업무에 비판적 사고 능력을 적용하고 회사의 목표를 지원하는지 확인하기 시작한다. 만약 그렇지 않다면, 왜 그렇게 하는지 질문을 던져 보아야 한다.

회사가 성장하면서 목표는 더욱 구체화되겠지만 초기에는 팀이 학습한 내용에 따라 변동이 잦아도 괜찮다. 반복과 조정은 초기 성공의 열쇠다. 목표가 한번 정해지면 당신의 팀은 목표 달성에 도움이 되는 전략을 수립해야 한다.

전략

전략은 최종 목표를 달성하기 위해 선택하는 접근 방식이다. 모두 성공하지 않더라도 괜찮다. 전략이 원하는 결과를 가져오는 데 실패하더라도 배운 것을 활용하여 새로운 전략을 수립하거나 이미 가지고 있던 다른 전략으로 옮겨 가면 된다. 원래의 목적을 잊어버리지 않고, 전략을 또 하나의 목표로 생각하는 자세가 가장 중요하다.

이전 예시로 돌아가서, 회사가 대체 에너지 모니터링 시스템 분야의 최고가 되는 데 도움이 되는 전략은 미국의 태양광 성능 모니터링 시장을 보는 것이다. 또 다른 전략으로 미국의 풍력 에너지 모니터링 시장을 살필 수도 있다.

규모가 큰 시장을 관찰하는 방법은 회사의 목표에 다가가도록 해 주지만, 제품 계획을 세우는 처음부터 적용하기에는 너무 높은 수준이기 때문에 더 세분화할 필요가 있다.

이런 명백한 전략만을 고려하라는 의미는 아니다. 팀이 가능성을 탐색할 수 있도록 적어도 한 번은 다양하게 연습해 봐야 한다. 이미 인정받은 큰 시장에 뛰어드는 대신 신규 기술을 개발하거나, 시장이 아직 작을 때 진입하여 업계를 확실히 잡는 등 도전적인 전략이 오히려 좋은 접근 방식이 될지도 모른다. 당신의 팀이 전략을 성공시키고 인정받는다면 그 분야에서 대형 경쟁자들과 맞설 때 가능성을 조금이라도 높일 수 있다.

방금 다룬 주제의 구체적인 내용은 중요하지 않다. 중요한 것은 팀이 시간을 할애하여 다양하게 생각해 본 후 다시 모여 의견을 나누며 목표를 달성할 가장 좋은 전략을 만들어 내는 것이다.

과제

과제는 측정 가능해야 하며 큰 전략을 논리적으로 세분화해서 명확히 보여 주어야 한다. 미국에서 가장 큰 태양광 모니터링 회사가 되고 싶다면, 이 문제를 세분화하여 50개 주에서 각각 매출 총액으로 업계 1등이 되자는 과제를 만들 수 있을 것이다. 이렇게 하면 과제가 전략을 전진시켜 목표에 도달하는 방법을 쉽게 알 수 있다. 성공과 실패를 측정하기도 쉽다. 연말에 회사에서 각 주의 판매량이 1위인지 아닌지 보거나, 총 판매량이 우세한 주가 몇 개인지만 확인하면 된다.

다수의 과제를 달성하여 이 전략이 유효하다고 결정함으로써 전략을 크게 발전시킬 수 있다는 사실을 알아야 한다. 완벽하게 성공하지는 못할지라도 과제의 결과를 측정하여 얻은 숫자들이 전략을 계속 이어 나갈 만큼 충분한 성공일지도 모른다. 즉 잘 실행되고 가치 있는 전략이 꼭 완벽한 전략일 필요는 없다. 그저 다른 전략과 속도를 맞추며 회사가 목표에 다가가도록 전진시키기만 하면 된다.

페르소나

UX 전략을 세우는 단계에서 실무 작업으로 전환하기 위해 우리는 각 과제를 세분화해야 한다. 이렇게 하면 팀이 누구를 위해 무엇을 해야 하는지 정확하게 이해하는 데 도움이 된다.

앞서 언급했듯이 캘리포니아주와 로드아일랜드주에서 태양광 모니터링 사업을 할 때 필요한 것이 각각 다르다. 이렇게 구체적인 예시를 드는 이유는 한쪽 시장이 다른 쪽보다 훨씬 크다는 것을 강조하기 위함이다. 로드아일랜드 보다는 캘리포니아에서 1위를 차지해야 전국적인 목표에 더 가까이 다가가게 된다. 차이점은 시장 규모만이 아니다. 구축하는 서비스를 변경하게 될 만큼 매우 중요한 사용량 차이가 크게 발생한다. 캘리포니아에서 당신의 서비스는 가정집 옥상에 설치된 것부터 세계에서 가장 큰 공공 프로젝트에 이르기까지 모든 것을 모니터링하게 된다. 로드아일랜드에서 가장 큰 프로젝트는 캘리포니아 최대 현장 생산량의 1%에도 못 미칠 것이기 때문에, 사업에 접근하는 방식부터 달라야 한다.

이 차이를 보면 이것이 다른 48개 주에는 어떻게 적용되는지 알아야 할 것 같지만, 50개 주 모두의 미묘한 차이를 다루기는 현실적으로 불가능하다. 팀에서 추적해야 하는 변수의 수를 줄이기 위해 나는 먼저 과제를 지역에 맞게 변경하려고 한다. 지역 차이를 없애는 방법을 찾기 위해 많은 시간을 투자하는 방식도 있지만, 일단 빠르게 움직이고 반복에 사용할 데이터가 충분히 쌓이면 모든 결정 사항을 다시 검토하기를 추천한다.

각 주마다 지리적 차이의 핵심을 검토한 후에는 나라 전체를 북동부, 남동부, 북서부, 남서부 등 네 부분으로 나누어도 괜찮겠다는 생각이 든다. 간단하게 미시시피강을 기준으로 동과 서를 나누고, 메이슨 딕슨 선으로 남과 북을 나누어 보자. 깔끔하게 나누어지진 않으므로, 네바다주나 캘리포니아주는 남서부에 속하는 것으로 한다. 이 간단한 분류는 비즈니스가 주요 시장 간의 차이점에 집중하여 고객 가치를 생성하는 데 도움이 된다.

지역	모니터링 수익 비율
북동부	80% 주택 옥상 10% 상가 옥상 5% 1MW 혹은 그 이하의 태양광 발전소 5% 1MW를 초과하는 태양광 발전소
남동부	65% 주택 옥상 5% 상가 옥상 10% 1MW 혹은 그 이하의 태양광 발전소 20% 1MW를 초과하는 태양광 발전소
북서부	70% 주택 옥상 20% 상가 옥상 5% 1MW 혹은 그 이하의 태양광 발전소 5% 1MW를 초과하는 태양광 발전소
남서부	5% 주택 옥상 10% 상가 옥상 20% 1MW 혹은 그 이하의 태양광 발전소 65% 1MW를 초과하는 태양광 발전소

| 표 7.2 | 태양광 산업을 위한 시장 정보 예시

표 7.2와 같이 지역별 정의가 완료되면 다음 단계로 페르소나를 만들기에 유용한 패턴이 있는지 확인하기 위해 각 지역에 주로 어떤 유형으로 설치되었는지 살펴본다.

설치 유형으로 분류한 내용을 바탕으로 북동부와 북서부 지방이 매우 유사하다는 사실을 알고 하나로 묶을 수도 있다. 이것은 새로운 데이터를 바탕으로 이후에 수정될 수 있고 수정되어야 하는 내용이라는 점을 명심해야 한다. 반복은 코딩, 인터랙션, 콘텐츠, 그래픽 디자인에만 적용되는 것이 아니다. 가능한 한 최고의 정보를 추적하기 위해 프로세스의 모든 부분을 정기적으로 반복해야 한다.

분류가 완료되면 시장 조사를 통해 수집한 데이터를 바탕으로 실제 페르소나를 생성한다. 혹자는 이를 사용자 세그먼트라고 부르는데 무엇이라 부르든 다음 기본 정보만 포함하면 된다(2장의 50페이지에서 자세히 설명하였다).

- 페르소나가 누구인지 한 문단으로 정의하는 설명
- 사용자의 핵심 동기
- 사용자의 핵심 고충
- 요구 사항
- 사용자 의견

스타트업은 소규모 팀으로 빠르게 실행하는 것이 중요하므로, 페르소나 디자인은 신경 쓰지 않아도 된다. 위의 목록을 사용하여 각 페르소나의 세부 정보를 간단히 텍스트로 작성하여 개요 형식으로 문서화한다. 실제로 나도 이렇게 했고, 개인적으로 가장 선호하는 방식이기도 하다. 팀원 누구든 코멘트를 달거나 수정할 수 있고, 그 수정을 반영하느라 디자이너를 거치는 시간이 필요 없기 때문이다.

이 단계가 완료되면 태양광 모니터링의 영향을 받는 대표적인 페르소나가 생성된다. 태양광 설치 규모, 날씨나 지리적 요인 같은 다른 요소가 다양한 지역에서 페르소나에 어떤 영향을 주는지 다각도로 설명하는 내용이 포함되어야 한다. 예를 들어 세 지역을 모두 다루는 투자자 수준의 페르소나는 하나만 있으면 되겠지만, 날씨와 지리적 요인이 설치와 유지 및 관리 페르소나에 미치는 영향을 설명하기 위해 세 개의 페르소나가 따로 필요할 수도 있다.

마지막으로 페르소나에 우선순위를 부여해야 한다. 작업을 계획하는 시점에 사업이 어느 단계에 있는지에 따라 우선순위를 매기는 방법이 달라진다. 스타트업은 신규 고객 확보가 우선순위 결정의 주요 요인이 될 수 있다. 이 경우 웹사이트 개발자와 소유자, 운영자가 가장 높은 우선순위가 될 것이다. 우선순위는 사업마다 다르지만 핵심은 현재 달성하고자 하는 가장 중요한 사업 결과에 미치는 상대적 영향에 기반하여 우선순위를 매긴다는 점이다.

시나리오와 필요 작업

시나리오와 필요 작업은 모두 사용자의 목표를 설명하는 것이 목적이다. 따라서 사용자가 어떻게 그 목표를 달성하는지는 설명하지 않는다. 페르소나는 당신의 사용자가 누구인지에 대해, 시나리오는 사용자의 목표와 해야 하는 일에 관한 정보를 제공한다. 목적을 달성하는 방법은 고의적으로 배제하고, 유스 케이스를 정의하는 작업에서 더 자유롭게 혁신할 수 있다.

지금까지 만들어 온 예시로 먼저 유지 관리 담당자의 페르소나를 살펴보자.

유지 관리 페르소나

라이언은 태양광 산업에 10년째 종사 중인 기술자다. 그는 캘리포니아주 남동부와 애리조나주 북서부에서 1MW가 넘는 태양광 설치 작업에 주력해 왔다. 그는 컴퓨터로 작업하는 일에도 익숙하지만 컴퓨터 전문가는 아니다. 작업의 일부로 시스템 성능 보고서를 검토하지만 교육 받은 분석가는 아니다.

핵심 동기

라이언은 계약상의 성능과 품질을 충족하면서도 가능한 한 적은 비용으로 일하는 현장을 유지 관리 하고 싶다.

핵심 고충

- 라이언의 팀은 설치 프로세스에는 관여하지 않았지만 시스템이 작동될 때 내장된 문제점까지 받아서 처리해야 한다.
- 그가 관리하는 장치는 대부분 사막에 설치되어 있는데, 시스템이 문제 없이 예상대로 작동하기 위해서는 정기적으로 패널을 청소해야 한다.
- 현재 모니터링 솔루션은 만족스럽지 않다. 작은 시스템에서는 잘 작동하지만, 큰 프로젝트에서는 로그가 데이터를 잃어버리거나 시스템 상태를 전달하지 못하는 등 시스템의 문제를 파악하지 못하는 경우가 발생했다.
- 시스템이 아무리 잘 연결되어 있어도 오작동이 보고되었을 때 현장에서 특정 패널을 찾기는 여전히 힘들다.

요구 사항

- 정확한 실시간 상태 정보
- 관리하는 모든 시스템의 정확한 유지 보수 일정
- 다양한 설치 현장의 문제 보고와 해결책 추적
- 패널 단위 프로젝트 연결 및 현장에서 길 찾기

의견

"저는 캘리포니아와 애리조나의 가장 먼 곳에도 접근할 수 있는 시스템이 필요합니다. 시스템을 정기 점검 해야 할 때 알려 주고, 긴급 상황 발생 시 알림을 보내 주며, 팀원을 파견할 수 있도록 해 주었으면 합니다. 또한 문제의 상태를 업데이트할 수 있어야 하고, 팀에서 해결할 수 없는 문제는 상부에 보고하여 현장 관리자나 운영자가 백업을 요청하도록 해야 합니다."

이 페르소나를 염두에 두면 적용 가능한 다양한 시나리오를 상상하는 것은 그리 어렵지 않다. 이 예에서는 라이언이 관리하는 모하비 사막의 대형 시스템에서 발생하는 성능 문제를 해결하기 위해 필요한 사항을 정리한 문서를 살펴볼 것이다.

페르소나: 라이언

시나리오: 성능 이상 알림

라이언은 일일 유지 관리를 계획하던 중 그가 관리하는 모하비 사막의 현장이 제대로 돌아가지 않는다는 알림을 받았다.

성능 문제는 그가 매일 설계하는 정기 관리 작업보다 우선순위가 높다. 그는 무슨 일이 일어났는지, 그 일을 해결하기 위해 무엇을 해야 하는지, 현장의 정확히 어느 위치에서 문제가 발생했는지 알아내야 한다. 이를 통해 미로 같은 패널 속에서 오류를 정확히 찾아내고 이를 해결하기 위한 조치를 취할 수 있다.

시나리오는 관련된 페르소나의 현실 세계 사용을 대표해야 하며, 분명한 결과가 있어야 한다. 원하던 결과를 얻으면 사용자는 참가해야 하는 활동에 집중할 수 있다. 이 경우 시나리오가 시스템에 관해서 말한 내용은 전혀 없다. 상세 정보를 생략함으로써 팀에서 시나리오의 세 가지 핵심 요소에 대한 해결 방안을 브레인스토밍할 때 인위적으로 사고의 범위를 제한할 염려가 없다. 각 페르소나에는 관련 시나리오가 여러 개 존재할 것이다.

팀은 이제 라이언과 같은 사용자에게 다음 항목을 제공하도록 시나리오에 관한 솔루션을 작성해야 한다.

1 무슨 일이 일어났는지 더 잘 이해할 수 있다.

2 문제를 해결하기 위해 무엇을 해야 할지 결정한다.

3 문제가 현장의 어디에서 발생했는지 명시하여 사용자가 미로 같은 패널에서 오류가 난 패널을 정확히 찾아 해결할 수 있도록 한다.

제품 로드맵의 뼈대

제품을 주로 사용하는 사람이 누구인지, 그들이 무엇을 해야 하는지 결정한 후에는 시장 조사에서 학습한 것과 결합하여 제품 로드맵의 뼈대를 작성할 수 있다. 스타트업에서는 이 단계에서부터 견고한 로드맵을 얻기는 어렵지만, 방향을 수립하여 팀이 나아갈 길을 살펴보고 계획을 전략적으로 받아들이는 데 도움이 된다.

제품 계획의 현재 상태를 문서화하면 효율적인 운영과 불필요한 시간 감축에 더 집중할 수 있다. 당신의 핵심 시나리오에서 검색 기능이 시스템에 나타날 필요가 전혀 없다면 건너뛰어도 좋다. 물론 포함한다고 누가 뭐라고 하지는 않는다. 서비스에 검색 기능을 포함하지 않을 계획이라는 뜻도 아니다. 그저 팀이 디자인하고 구축하는 과정에서 전략적으로 우선순위를 설정해야 한다는 뜻이다. 로드맵은 다음과 같이 간단하게 작성해 본다.

마일스톤 #1

시작 페이지

회원 가입 / 로그인

팀 관리

데이터 수집

태양광 설치 설명 문서

가용성 및 성능 보증 문서

알림 설정

마일스톤 #2

기본 보고

분석

태양광 설치 부품 위치 매핑

부품 검색

하나 이상의 태양광 시스템 모니터링 기능

이 제품 계획에서 나오는 것은 새로운 정보가 생길 때마다 반복되어야 하는 스웨그SWAG이다. 프로세스의 다음 단계에서 팀에서 도출해 낼 수 있는 최고의 솔루션을 만들었는데 만약 우선순위가 가장 높은 시나리오에 검색 기능이 필요하다면, 이를 개정된 제품 로드맵의 마일스톤 #1로 포함해야 하며 설계 및 개발 우선순위를 바꿔야 한다.

시간이 흐르고 회사가 성장하면 제품 로드맵은 점점 안정을 찾아 간다. 초기 단계에서는 가능한 한 간단한 방법으로 무엇이 필요한지 문서화하여 효율적으로 반복하는 것이 중요하다.

다음엔 무엇을 하는가?

앞서 언급했듯이 나는 내가 하는 작업을 고정된 프로세스로 보지 않는다. 나는 작업을 특정 기술의 사용이나 각 프로젝트 고유의 규칙 등 논리적인 단계들로 세분해 본다. 매번 같은 방법을 사용해서 모든 것을 처리하라고 말하고 싶지는 않지만, 낡은 방식으로 가능하다고 생각하지도 않았으면 좋겠다.

특정 프로젝트의 사용자 경험을 정의하는 방법은 팀의 규모 및 숙련도, 솔루션을 안내하기 위해 제공하는 정보의 품질, 사용자 경험을 만들어 내기 위해 들이는 돈과 시간 등 다양한 요소에 의해 결정되는 것이 사실이다.

목공소 10군데에 들어가 보면 모두 비슷한 도구들을 갖추고 있다. 그 도구들이 어떤 단계에서 얼마나 자주 사용되는지는 만드는 대상이 무엇인지, 얼마나 숙련된 사람이 만드는지, 얼마나 많은 시간과 돈을 들이는지에 따라 크게 달라진다. 이는 내가 지난 24년 동안 지켜본 현실 세계의 사용자 경험 디자인과 크게 다르지 않다. 프로젝트의 다음 단계는 상황에 따라 다음 중 하나가 될 가능성이 크다.

- **다양한 팀과 와이어프레임 연습**

    와이어프레임을 만드는 단계로 바로 넘어가면 당신의 팀이 다양한 관점에서 생각을 모으고 반복 작업의 속도를 높인다는 장점이 있다. 이것은 다양한 팀이 참여하는 경우에만 가능하다. 만약 모두가 디자인 팀에서 온 사람들이라면 개발·기획·품질 관리 팀에서 공유하는 생각들을 놓칠 수밖에 없고 이 접근 방식의 가치는 크게 떨어진다.

- **사용자 여정 생성**

    디자인 팀의 한 사람에게 작업이 집중되어 다른 사람들은 다른 작업에 집중 가능하다는 장점이 있다. 사용자 여정 생성 작업을 완료하면 사용자가 작업을 완료하기 위해 시스템을 어떻게 사용하는지에 대한 회의의 좋은 출발점이 된다. 이러한 고차원적인 관점은 문제를 일찍 드러내어 팀이 빠르게 움직이도록 도와준다. 기존 사용자 경험과 신속하게 연결하여 사용자 여정의 각 단계에서 어떻게 느끼는지 전달할 수 있다는 것도 또 다른 장점이다.

    그러나 팀원 한 사람이 경험의 기반을 마련하기 때문에 처음부터 제대로 될 가능성이 거의 없다는 단점이 존재한다. 팀 내에서 문제를 야기할 가능성이 있고 사용자 경험을 만드는 팀의 접근 방식을 제한할 수도 있다.

- **개념 모델 생성**

    모델링 대상이 될 시스템에 가장 익숙한 개발 팀의 한 사람에게 작업이 집중된다는 장점이 있다. 다른 장점은 개념 모델이 생성되면 사용자가 작업을 완료하는 과정에서 시스템의 모든 부분이 어떻게 활용되는지 시각화된 자료를 다른 팀원들이 볼 수 있다는 점이다. 의견 기반의 솔루션이 아니라 시스템이 어떻게 상호작용하는지 사실을 기반으로 문서화했기 때문에 작업을 시작하기 좋은 기반을 만들어 준다.

    유일한 단점은 이 작업을 팀이 모두 같이 하지 않는 이상 디자인 팀은 개념 모델이 완성될 때까지 기다려야 한다는 점이다.

- **유스 케이스 개발**

    이 방법은 각기 다른 팀의 대표들이 수행한 후 다 같이 검토하고 개선하는 방식이다. 한 명이 수행한 후 팀에서 검토할 수도 있다. 유스 케이스를 먼저 생성하면, 사용자 인터랙션과 시스템 응답 모두를 포함한 단계적 형식으로 작업 완료를 다룬다는 장점이 있다. 유스 케이스를 만드는 사람이 시스템 작동 방식을 잘 이해한다면 해결 방법을 전체적으로 나타낼 수 있다. 텍스트로 유스 케이스 작성을 반복하면 와이어프레임 스토리보드를 사용하는 것보다 훨씬 빠르다. 따라서 주로 와이어프레임을 생성하기 전에 추천하는 방법이다.

완전한 유스 케이스를 만들면 팀은 전체적인 사용자 경험의 스토리보드를 효과적으로 작성하기 위해 각 단계의 와이어프레임을 만드는 단계로 넘어갈 수 있다.

한 가지 단점은 종종 스스로를 앞서 나가 시스템의 기술적 한계를 고려하지 않은 솔루션을 내놓을지도 모른다는 점이다. 상세 정보가 충분하지 않은 유스 케이스를 만드는 경우에도 문제가 된다. 일반적으로 와이어프레임 작업을 하면서 정의되지 않은 것을 발견했을 때 비로소 문제가 분명해지며 디자이너가 이를 해결해야 한다.

의심스러운 시나리오를 해결하는 기존 사용자 경험이 존재한다면 여정 지도에서 시작하기를 추천한다. 이렇게 함으로써 팀은 사용자 경험의 현재 상태를 시각화하고 토론할 수 있게 된다. 사용자가 각 단계를 어떻게 느끼는지 보여 주는 데이터가 있다면 훨씬 좋다. 이 데이터는 인터뷰 세션 혹은 실시간 설문으로 수집할 수 있다. UX 팀의 궁극적인 목표는 경험 전체에 걸친 사용자 정서를 개선하는 것이다.

한 번도 해결한 적 없는 종류의 문제를 해결하려 한다면, 개념 모델을 먼저 생성하여 사용자의 여정 완료를 지원하기 위해 필요한 프로세스와 시스템을 보여 주는 방법을 추천한다. 개념 모델은 디자인 팀의 인터랙션 디자인 프로세스를 돕는 가드레일 역할을 한다. 그림 7.8은 내가 함께 일했던 팀이 전체 시스템의 작동 방식을 이해하도록 돕기 위해 만든 간단한 개념 모델의 예다. 다시 한번 강조하건대 산출물을 아름답게 만들기 위해 시간을 많이 소요하지 않길 바란다. 팀에 전달되는 정보 자체가 중요하다.

다양한 팀원과 다양한 와이어프레임 작업을 수행하면 모든 사람이 프로세스에 참여하여 가능한 솔루션의 범위를 찾아 가는 데 도움이 된다.

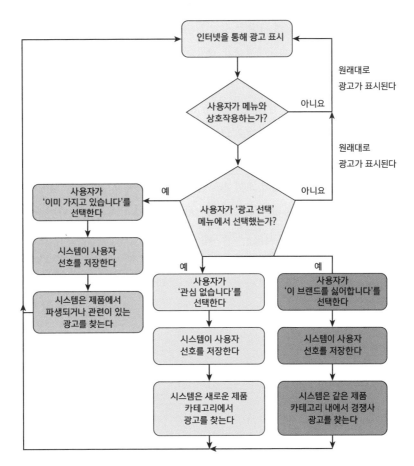

인터넷을 통해 광고 표시

사용자가 메뉴와
상호작용하는가?

아니요 → 원래대로
광고가 표시된다

사용자가 '광고 선택'
메뉴에서 선택했는가?

아니요 → 원래대로
광고가 표시된다

예 → 사용자가
'이미 가지고 있습니다'를
선택한다

시스템이 사용자
선호를 저장한다

시스템은 제품에서
파생되거나 관련이 있는
광고를 찾는다

예
사용자가
'관심 없습니다'를
선택한다

시스템이 사용자
선호를 저장한다

시스템은 새로운 제품
카테고리에서
광고를 찾는다

예
사용자가
'이 브랜드를 싫어합니다'를
선택한다

시스템이 사용자
선호를 저장한다

시스템은 같은 제품
카테고리 내에서 경쟁사
광고를 찾는다

|그림 7.8| 개념 모델 예시

팀은 세션이 완료되기 전에 다양한 접근 방식에 관한 회의를 거쳐 방향을 설정해야 한다. 그림 7.9의 그룹 와이어프레임 세션은 당신의 솔루션을 모든 관점에서 고려할 수 있는 훌륭한 방법이다. 이러한 유형의 세션에서 '승인'을 받으면 팀이 마감 기한을 맞추기 위해 열심히 일할 때 매우 유용하다.

방향이 설정되었다면, 다음 단계로 그림 7.10과 같이 단계별 유스 케이스를 작성한다. 유스 케이스는 디자인 팀이 상세한 와이어프레임을 생성할 때 참고하는 일종의 상세 설명이 된다. 유스 케이스 형식은 간단하지만 사용자가 거치는 각 단계 및 시스템 답변을 모두 문서화하면 팀이 디자인하고 구축해야 하는 마지막 솔루션의 범위를 좁힐 수 있으므로 그 가치는 어마어마하다.

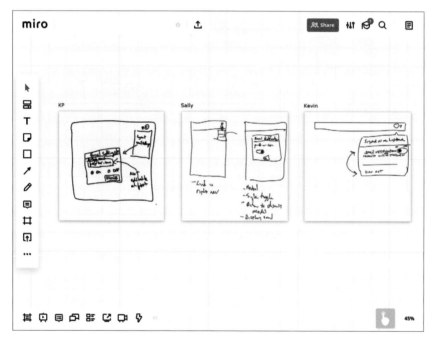

|그림 7.9| 그룹 와이어프레임

첫 번째 유스 케이스

평범한 아빠	브래드는 오후 4:30을 선택하고 날짜 선택 창을 사용하여 다가오는 월요일에 알람이 울리도록 선택했다.
앱	날짜와 시간을 선택하면 '알람 설정' 버튼이 활성화되고 다른 옵션이 등장한다. **다른 옵션:** 1) 알람 볼륨 설정 2) 설명 추가 3) 반복 설정 4) 알람이 울릴 기기(연결된 기기 목록 포함) 목적지의 교통 정보 알림 추가 a) *구글의 API가 지원하는 목적지인 경우 주차장 상황 알림 추가
평범한 아빠	브래드는 설명 칸에 '축구 교실에 아이들 데리러 가기'라고 작성한 후 '반복 설정' 버튼을 터치한다.
앱	앱은 복수의 요일을 선택할 수 있는 화면을 보여 준다.
평범한 아빠	브래드는 월요일과 수요일 체크박스를 선택한다. 브래드는 교통 정보 알림을 추가하기 위해 버튼을 터치한다.

다음 슬라이드에 계속...

"학교를 마친 아이들을 데리러 제시간에 출발할 수 있도록 바쁜 제게 반복적으로 알려 주는 알람이 필요합니다."

- 평범한 아빠 브래드

|그림 7.10| 유스 케이스 예시

    마지막으로, 디자인 팀은 그림 7.11과 같이 시나리오에 등장하는 문제에 적용하기로 결정한 사용자 경험을 보여 주는 스토리보드를 완성한다. 원하는 사용자 유형을 대상으로 테스트하기 전에 팀의 변경 사항이 있는지 완성된 스토리보드를 검토해야 한다. 스토리보드는 사용 사례 각 단계의 와이어프레임을 비롯하여 시나리오의 처음부터 끝까지 필요한 작업을 수행하기 위한 모든 것을 포함하여 작성한다.

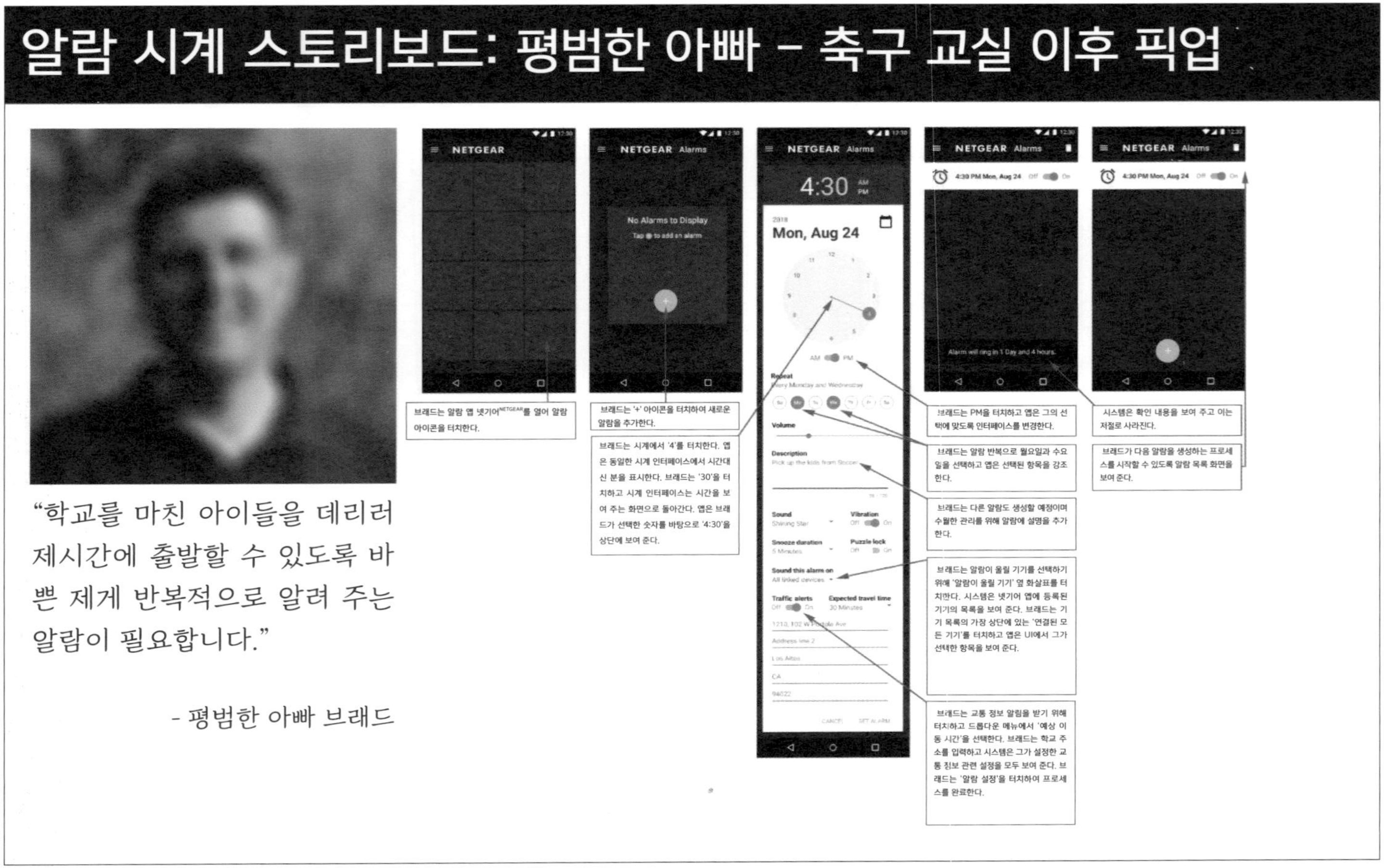

알람 시계 스토리보드: 평범한 아빠 – 축구 교실 이후 픽업

"학교를 마친 아이들을 데리러 제시간에 출발할 수 있도록 바쁜 제게 반복적으로 알려 주는 알람이 필요합니다."

– 평범한 아빠 브래드

브래드는 알람 앱 '기어™™™'를 열어 알람 아이콘을 터치한다.

브래드는 '+' 아이콘을 터치하여 새로운 알람을 추가한다.

브래드는 알람에 '내용 더하기' 버튼을 터치한다.

브래드는 알람 시계에서 '내용 더하기' 버튼은 클릭하면 안내페이지에서 시간을 조절하고 시계 안내페이지로 되돌아간다. 아이들이 학교를 마치는 시간을 위해 4:30분 오후를 선택한다.

브래드는 앱명 부분을 터치하여 알람을 위한 이름을 생성하여 앱명에 설정한다.

브래드는 다른 알람으로 돌아갈 수도 있어 선택하고 알람 앱명에 항목을 추가한다.

브래드는 PM을 터치하여 앱을 그린 선택하고 안내페이지에 설정한다.

브래드는 교통 정보 옵션을 켜기 위해 터치하고 들어가서 '방해 금지' 백색에서 동 시간을 선택하면 브래드는 학교 교통 정보 관련 설정을 모두 보여 준다. 브래드는 '설정' 알림을 터치하여 프로세스를 완료한다.

브래드는 P-R을 터치하면 동 시간대 시스템에서 지역이 시스템을 설정하는 시간이 보고 알람의 알림 항목을 수 있도록 설정한다.

Alarm will begin in 5 days and 4 hours.

브래드는 알람을 확인하고 내용을 생성하는 프로세스를 완료한다.

시스템은 확인 알림을 생성하고 스냅 시계를 수 있도록 알람 목록 화면을 보여 준다.

그림 7.11 | 스토리보드의 예

210

분류 및 정보 구조

핵심 분류와 정보 구조를 프로세스에서 반드시 고려해야 한다. 프로세스의 이 부분은 작업 중인 시스템의 성숙도에 따라 서로 다른 시점에 나타난다. 프로세스를 독단적으로 진행하고자 하는 사람들은 대개 이 작업을 먼저 진행한 후 그들이 만든 정보 구조를 바탕으로 시스템을 구축하고 싶어 한다. 일정 기간 존재했던 시스템의 경우에는 초기 개선 프로세스를 진행할 때 콘텐츠 목록을 먼저 만든 후 정보 구조로 매핑하여 기존 시스템과 연결될 수 있도록 한다.

새로운 스타트업의 경우, 사용자 중심 디자인 프로세스를 기반으로 하지 않으면 서비스가 구축된 시스템의 근본 구조를 사용자 경험이 그대로 따라갈 우려가 있다. 사용자나 디자이너의 입력 없이 개발자가 구축한 서비스가 유기적으로 성장한 경우에 나는 늘 이런 상황을 목격한다.

이런 문제가 일어나는 이유를 설명하기 위해 슈퍼마켓을 예로 들어 보자. 슈퍼마켓 물품 목록을 데이터베이스로 만든다면 알파벳순으로 정렬하는 것이 가장 논리적이다. 하지만 슈퍼마켓의 사용자 경험이 데이터베이스 구조를 기준으로 만들어진다면, 매장의 모든 상품이 알파벳순으로 선반에 진열될 것이다. 이렇게 하면 간단히 빨간 사과와 파란 사과의 가격을 비교하고 싶은 사람이 매장을 이리저리 돌아다녀야 하는 상황에 처하게 된다. 빨간 사과의 가격을 보기 위해 빨대와 빨래 건조대가 있는 선반까지 도착했는데 빨간 사과를 매장에서 취급하지 않는다면 화가 날지도 모른다.

이는 분명 매장 직원과 소비자 모두에게 바람직하지 않은 경험을 제공한다. 소프트웨어 디자인 측면에서도 마찬가지인데, 사람들은 소프트웨어 개발부터 시작하기 때문에 종종 이와 같은 일이 일어난다. 앨런 쿠퍼Alan Cooper(인터랙션 디자인 전문가이자 쿠퍼 인터랙션 디자인 회사 창립자)가 1990년대 후반에 저술한 《정신병원에서 뛰쳐나온 디자인The Inmates Are Running the Asylum》에서 이와 관련해 잘 알려진 문제를 다루었다. 이것을 알아도 여전히 소프트웨어 산업에 만연한 문제다.

그래서 나는 스타트업과 일할 때 사용자가 누구인지, 사용자가 무엇을 해야 하는지, 분류 및 정보 구조를 다시 개선하는 일 없이 모든 문제를 다루는 솔루션을 디자인하기 위해 우리 팀이 어떻게 제안해야 하는지 완벽하게 이해하고 싶다. 이 모든 정보가 있어야 사용자의 멘탈 모델mental model(작동 방식에 대한 사고방식이나 과정)을과 타깃 사용자의 기대에 부합하는 정보 구조를 만들기 위해 작업 요소 설명에 사용하는 용어 등 지식을 활용할 수 있게 된다.

테스트

와이어프레임이 완성되면 시스템을 구축하기 전에 작업이 현실 세계에 미치는 영향을 이해하기 위해 사용자 피드백을 얻어야 한다. 앱러즈와 같은 참가자 모집·테스트 회사와 함께 작업하는 경우 회사 측에 작업 접근 권한만 주면 알아서 참가자를 모으고 테스트를 진행한다. 그렇지 않으면 대상 사용자 기준에 맞는 사용자를 최소 10명 모집하여 테스트 세션을 진행해야 한다. 당신이 모집 프로세스 담당자라면 앞서 언급했듯이 usertesting.com이 참가자를 구하기에 좋은 자원이 될 것이다. 마지막 수단으로 팀원들의 네트워크를 이용할 수도 있다.

참가자 모집 방법으로 무엇을 택하든 시장 조사에 사용했던 기본적인 접근 방식을 따라야 한다. 사용자와 솔루션을 테스트할 때 다음과 같이 몇 가지 차이점이 있다.

- 테스트 세션은 최소 한 시간은 소요된다. 참가자가 피로해질 수 있으므로 테스트 시간을 가능한 한 짧게 유지하면서도 사용자가 작업을 완료할 시간을 충분히 주어야 한다. 또한 세션 사이에 메모를 정리하고 다음 참가자와의 인터뷰를 준비할 시간을 확보한다.
- 참가자가 접근 가능한 테스트 환경을 구축해야 한다. 참가자를 모으고 이후 의사소통할 때 기술적인 부분 역시 충분히 다루어야 한다. 세션을 시작할 때 참가자가 테스트를 진행할 준비가 되었는지 확인하는 것 또한 어려울 수 있다. 테스트할 때 비밀번호, 특정 URL, 테스트 신용카드 또는 기프트카드 등이 필요하다면 사전에 모든 정보를 전달했는지 확인한다. 테스트가 지연되면 프로젝트 일정 전체에도 심각한 영향을 줄 수 있다.

- 사용성 테스트를 진행할 때는 참가자에게 비용을 지불해야 한다. 타깃 사용자가 광범위해서 길에서 아무나 붙잡고 테스트를 진행해도 된다면 참가자 1명당 50달러 정도 지불하면 된다. 나는 최근에 고급 소프트웨어 관리자와의 인터뷰에서 각 참가자에게 200달러를 지급했다. 찾기 어렵거나 전문 경력이 있는 참가자가 필요할 경우 더 많은 비용이 든다. 프로세스의 다른 요소 대부분은 시장을 대표하는 제품으로 시장 적합성을 논의하는 방식으로 진행하면 된다.

테스트 스크립트

솔몬SolMon 앱 설문 초안 – 2020.02.15.

테스트 세션에 참여해 주신 여러분께 감사드립니다.

저는 작업 진행을 안내하고 여러분의 의견을 듣고자 하는 <진행자 이름>이라고 합니다. 안내를 잘 따라 주시고 궁금한 점이 있으면 언제든 편하게 질문해 주세요. 여러분의 의견은 저희에게 매우 소중합니다. 부디 솔직한 의견을 주시기를 부탁드리겠습니다. 여러분이 말씀하시는 어떤 내용에도 귀 기울일 것이며, 여러분의 솔직한 피드백은 추후 사용자의 경험을 개선하는 데 이용될 것입니다. 여러분이 작업 중 어떤 문제를 경험한다면 저희가 수정해야 한다는 뜻이기도 합니다.

아직 준비가 되지 않았다면 다음 안내에 따라 기기가 테스트 사이트에 접근 가능하도록 준비해 주시기 바랍니다. 〈안내 링크〉

도입 질문

시작하기 전에 간단히 자기소개 부탁드립니다.

- 현재 나이가 어떻게 되십니까?
- 태양광 산업에는 얼마나 종사하셨습니까?
- 솔몬 브랜드를 알고 계십니까?
- 솔몬을 사용하신 적이 있습니까?
- 근무하시는 태양광 시설 성능을 모니터링할 때 어떤 기기를 주로 사용하십니까? 기기 모델과 OS 버전을 함께 명시해 주세요.
- 태양광 시설 성능을 모니터링하기 위해 어떤 소프트웨어를 사용하십니까?

자, 그러면 다음 작업을 진행해 보겠습니다. 여러분의 기기에서 브라우저를 켠 후 다음 URL로 접속해 주세요.

uat.solmon.com

작업 1

이 세션에서 작업을 완료하기 위해 무언가 할 때 '생각나는 대로' 말씀하시면 저희가 프로세스의 각 단계에서 여러분의 생각을 더 잘 이해할 수 있습니다. 각 작업을 완료했다고 생각하시면 저에게 알려 주세요.

홈페이지에서 시작하겠습니다. 시스템이 제대로 작동하지 않았다는 내용의 알림을 받았다고 가정해 봅시다. 다음 단계를 결정하기 위해 알림의 세부 사항을 어떻게 살펴볼 것인지 설명하고 보여 주십시오.

〈사용자가 작업을 완료했다고 생각되면〉

작업을 완료하는 동안 느낀 감정을 다음 보기 중 선택해 주십시오.

즐겁다, 만족스럽다, 별 감흥 없다, 복잡하다, 당황스럽다, 화난다

〈만약 실제 작업을 완료하지 않았다면 나머지 프로세스를 진행하도록 안내하고 피드백을 듣는다.〉

나머지는 새로울 것 없이 반복되므로 모두 작성하지는 않겠다. 작업이 간단하면 일반적으로 한 시간짜리 세션에 작업을 20개 남짓 진행할 수 있다. 작업이 더 많거나 자유롭게 돌아다니는 탐색이 포함될 경우 작업 수를 10개로 제한해야 한다. 10개로 시작해서 스스로 테스트해 보는 것이 가장 좋다. 그리고 당신은 일반 사용자보다 작업 속도가 더 빠르다는 점을 염두에 두어야 한다. 또한 최종 질문 몇 가지를 위한 시간을 남겨 둔다.

최종 질문

마지막으로 몇 가지 질문드립니다. 세션 전체에 걸친 경험을 토대로 답변해 주시기 바랍니다.

솔몬 서비스를 사용하는 동안 가장 좋았던 점은 무엇입니까?

솔몬 서비스를 사용하는 동안 가장 나빴던 점은 무엇입니까?

동료에게 솔몬을 추천하시겠습니까? 0에서 10까지 숫자로 표현해 주세요.

 0 = 절대 추천하지 않는다, 10 = 매우 추천한다.

금일 진행한 테스트 혹은 솔몬과 관련하여 공유해 주실 다른 의견이 있습니까?

리서치에 참여해 주셔서 대단히 감사합니다.

| 분석

분석을 위해 모든 세션의 결과를 취합했다면 시장 조사 때와 같이 관찰한 점을 기록하고 권고 사항을 작성하라. 팀이 많은 시간을 투자하지 않고도 조사에서 가치를 도출할 수 있도록 개요서를 만들고 상세 검토를 요청한다. 간혹, 특히 회사가 아직 젊을 때는 팀 차원에서 결과를 빠르게 검토하여 모든 사람이 질문을 공유하고 당신의 작업에서 학습하는 시간을 가질 수도 있다.

| 다음 반복

목표, 전략, 과제를 이미 수립했기 때문에 다음 반복은 처음보다 훨씬 더 쉽게 설계할 수 있다. 핵심은 사용자 테스트에서 학습한 내용을 팀이 작업한 내용에 반영하는 것이다. 접근 방식에 근본적인 변화가 필요하다는 말을 듣지 않은 이상 당신의 팀이 작업에 만족하고 올바른 길을 가고 있다는 확신을 가져도 된다.

| UI 디자인

여기에서 다룬 모든 작업은 사용자나 회사에 아무런 가치를 가져오지 않는 일에 너무 많은 돈과 시간을 투자하기 전에, 무엇을 디자인하고 구축해야 하는지 정의해 야 한다는 기본적인 목표를 위해 수행되었다. 충실도^{fidelity}(정확하고 상세하게 표현된 정도)가 비교적 낮은 와이어프레임과 스토리보드를 사용하면 올바른 길을 가고 있다는 확신이 들 때까지 계속 신속히 나아가고 테스트하며 이 과정을 반복하기에 좋다. 이뿐 아니라 서로 다른 기술을 가진 다양한 팀의 구성원이 프로세스에 적극 적으로 참여함으로써 합의를 도출할 때 더욱 종합적인 솔루션을 제공할 수 있다.

UI 디자인 프로세스를 시작하면 작업은 더욱 고립된다. UI 디자이너는 인터페이스의 시각적 스타일을 생성하는 일에 집중한다. 최종 UI가 시각적 위계, 브랜딩, 콘텐츠 요구 사항, 인터랙션, 접근성을 제대로 지원하는지 확인하여 사용자 경험을 의도한 대로 구현하도록 한다. 와이어프레임 작업이 빠르게 대충 진행된다면 UI 디자인은 그 반대다. 서비스에서 제공하는 모든 콘텐츠를 보고, 읽고, 이해하고, 탐색하는 사용자의 능력을 향상시키면서 적절한 수준의 전문성을 전달하기 위한 프로세스이다.

프로젝트의 이 단계에서 새로운 UI를 지원하기 위해 개발 팀은 코드를 바탕으로 시스템 기반을 다지고 콘텐츠 팀은 모든 서류, 이미지, 영상을 최종 수정한다.

디자인 최종 버전이 승인되기 전, 디자인 팀은 UI에 몇 가지 변화를 제시하여 팀 차원에서 디자인 평가를 한두 번 진행하고 피드백을 얻는다. 평가는 개인의 의견이 아니라 사업 결과에 초점을 맞추어야 하며, 디자인 프로세스가 감정에 휘둘리지 않도록 긍정적이고 실행 가능한 피드백을 제공해야 한다.

이제부터 시스템의 향후 디자인과 개발을 지원하기 위해 스타일을 기록하고 필요한 모든 리소스를 만들어 내는 매우 구체적인 작업이 시작된다. 이 프로세스에 관한 더 자세한 내용은 3장 '아름답게 만들기'를 참조하라.

마지막으로, 제안한 내용이 UI로 디자인되면 충실도가 높은 화면이나 클릭 가능한 프로토타입으로 테스트를 진행하여 UI를 검증하고, 남은 문제를 찾아내어 솔루션을 코드화하기 전에 해결하도록 한다.

▌개발

개발 팀은 백 엔드 및 프론트 엔드의 변형을 포함하여 필요한 모든 기능을 개발의 영역으로 분류할 것이다. 팀이 긴밀하게 협업한다면 개발 영역을 구체화하는 데 도움이 되는 디자인이나 콘텐츠 영역이 있을지도 모른다.

모든 영역은 우선순위와 복잡성을 바탕으로 일정이 수립된다. 작업은 다양한 개발자에게 할당되고 대개 마일스톤으로 정의된 일정 기간 내에 완료된다. 디자인과 개발이라는 서로 다른 단계로 진행되기 때문에 변화가 일어나지는 않는다. R&D(연구 및 개발) 단계는 진행하는 동안 팀이 불확실성 그래프(**프로젝트의 시작 부분에서는 불확실성이 크고, 점점 불확실성이 낮아져 끝부분에서는 0에 수렴하는 모양의 그래프**)에서 가장 넓은 부분에 있기 때문에 일정을 수립하기가 매우 어렵다. 작업이 생산 단계로 이동하면 해야 할 작업을 이해하기가 쉽고 불확실성 그래프에서 좁은 부분으로 이동하므로 일정을 잡기가 훨씬 수월해진다.

개발 팀은 기능이 제대로 작동하는지 정기적으로 시연하여 올바른 방향으로 가고 있는지 확인하고 마일스톤에서 얼마나 진행되었는지 보여 준다. 이러한 검토 단계에서는 사용자 승인 테스트, 즉 UAT^{User Acceptance Test}를 고려할 수 있다. 공식적인 버전은 디자인 단계에서 사용성 테스트를 했던 것과 유사하게 타깃 사용자 기준에 맞는 사용자와 테스트한다. 하지만 내 경험상 많은 팀들이 이 단계에서 테스트를 진행하지 않았다. 대신 UAT라 부를 뿐 실은 기획 팀의 승인 테스트 과정을 거쳤다. 어느 쪽이든 기획 팀의 승인을 받기 위해 기능을 시연하거나 테스트를 진행하는 최종 검토 단계가 있다.

일부 팀은 QA를 전담하는 전문가가 있으며 이런 경우 QA 팀은 디자인과 개발 프로세스 전체를 진행하는 동안 피드백을 제공한다. 팀 구성이 이와 다른 경우, 변경 사항이 적용되기 전에 각 팀의 산출물이 고객 경험의 모든 측면을 확인하고 해결하도록 전체적으로 고려되었는지 확인하는 팀이 있을 것이다. 많은 스타트업은 이러한 준비가 부족하여 QA 및 준비 작업을 UX 팀이나 기획 팀에 기대는 경우가 많다. 어느 쪽이든 최종 검토가 끝난 후에는 새로운 경험을 시작하게 된다.

변경 사항이 적용되면 시스템이 계획한 대로 잘 만들어졌는지, 서비스에서 기대한 행동을 유도하는지 검증하기를 추천한다. 검증 과정 없이는 사용자 경험을 돕기는커녕 해치기만 할지도 모른다. 부하 분산 서버load-balanced servers(트래픽을 분산하기 위해 여러 대로 운영하는 서버) 중 하나의 서버에 파일 하나만 제대로 업데이트되지 않아도 사용성에 심각한 문제를 일으킬 가능성이 크다.

변경 사항 적용 후 시스템 검토 과정에서 어떤 문제가 포착될 때를 대비해 미리 원상 복구 계획을 세워 두면, 배포 실패로 사용자에게 부정적인 영향을 미치는 시간을 최소화하고 계획에 없던 원상 복구를 진행하느라 상황이 악화되는 일을 막을 수 있다. 이 프로세스에 관해 더 많은 정보를 얻고 싶다면 4장 '실용적으로 만들기'를 참고하라.

▎결과

앞서 언급했듯이 이 과정은 전체 프로세스 중 가장 즐거운 부분이다. 팀에서 열심히 만들어 낸 결과는 새로운 경험으로 드러나고, 모두 잘 동작한다면 그 경험은 사용자와 회사를 동시에 만족시킬 것이다. 여기서 반드시 알아야 할 한 가지는 바로 분석과 피드백 채널을 꾸준히 모니터링해야 한다는 점이다. HEART 프레임워크 대시보드를 설정하면 보고서를 준비할 때 이를 참고할 수 있다. 만약 그렇지 않다면 필요한 요소를 각각 수집하고 결합하여 변화가 가져온 영향에 관한 종합적인 이야기를 만들어 내야 한다. 더 많은 정보를 얻고 싶다면 5장 '측정 가능하게 만들기'를 참고하라.

▎성공

숫자가 확실한 성공을 나타낸다면 앞서 내가 여러 번 언급한 내용을 기억해야 한다. 숫자를 항상 의심하고, 숫자를 검증하기 위해 무슨 일이든 해야 한다. 일어난 적도 없는 성공을 축하하는 것만큼 나쁜 것도 없다.

결과가 진짜라고 확신한다면 이제는 칭찬에 관대해지고 복잡한 시스템에서 모든 것을 달성해 내느라 수고한 팀의 노력을 치하해도 좋다. 나는 팀의 성공을 공개적으로 이야기하고 개인적으로 기여도가 높은 사람들은 따로 칭찬하는 방식을 선호한다. 내 경험상 팀원들이 있는 자리에서 개인을 칭찬하면 긍정적인 면보다 부정적인 면이 더 많다. 결국은 그 누구도 성공이나 실패에 책임감을 느끼지 않아도 된다.

마지막으로, 성공 이후에는 대개 내부적으로 테스트를 진행하여 가능한 것을 다시 정의해 본다. 적절한 때가 되면 다음 단계에 어떤 목표를 새롭게 세워야 하는지 생각하고 계획 프로세스를 시작한다.

▌실패

숫자가 확실한 실패를 나타낸다면 앞서 내가 여러 번 언급한 내용을 기억해야 한다. 숫자를 항상 의심하고, 숫자를 검증하기 위해 무슨 일이든 해야 한다. 프로젝트는 사실상 성공했는데 숫자가 잘못되었다면 이미 실패라고 공표한 상황에서 번복하기가 쉽지 않다. 어떤 말을 덧붙여도 안 좋은 결과를 장황하게 포장하는 것처럼 들릴 것이다.

한편 그 숫자가 정확하다고 확신한다면 팀과 결과를 공유하고 다음번에 긍정적인 영향을 만들어 내기 위해서 무엇을 해야 하는지를 논의하는 것이 좋다. 팀을 책망하는 것은 전혀 도움이 되지 않으며 개인에 대한 건설적인 비판은 개인적으로 전달하되 진심을 담아 도움이 되는 방향으로, 실행 가능한 내용을 이야기한다.

마지막으로, 실패는 의욕을 저하시키고 지금까지 해 온 전체 프로세스에 의구심을 품게 만들지도 모른다. 그렇기 때문에 이것이 팀 스포츠이며, 실패하고 반복하는 모든 과정이 게임의 일부일 뿐이라는 것을 팀원들에게 충분히 설명하고 시작하도록 한다. 실패는 결코 달콤하지 않지만 같은 일을 반복하지 않도록 프로세스가 중단된 위치를 팀 차원에서 신중하게 파악하는 사후 검토를 실시해야 한다. 사후 분석은 다양한 팀 사람들이 프로세스에 관해 각자의 생각을 공유할 기회를 마련해 주므로 큰 프로젝트를 마무리할 때 꼭 필요한 과정이다.

▌사후 분석, 회고

팀이 성공하든 실패하든 일종의 회고전, 즉 전체 리뷰를 진행하는 것이 좋다. 리뷰 소요 시간은 프로젝트 및 팀 규모에 따라 달라진다. 나는 회의를 주로 2시간 이내로 잡는다. 날짜와 시간이 정해지면 프로젝트에 참여한 팀원들을 모두 초대하여 한 사람도 빠짐없이 프로세스에 의견을 낼 수 있도록 한다.

이 회의에서 당신은 프로젝트를 여러 개의 핵심 요소로 분류해야 한다. 대개는 전략·계획, 디자인, 사용성 테스트, 개발, 측정으로 나누게 된다. 각 요소의 어떤 부분이 잘 진행되었고 어떤 부분이 안 되었는지 더 상세하게 쪼갠다. 소제목을 붙이면 메시지 전달과 피드백 분류에 도움이 된다. 팀 규모가 크다면 리뷰를 여러 세션으로 나누어 역할에 따라 개별 회의를 진행하도록 한다. 여러 팀이 참여한 회의에서 서로 배울 내용이 많으므로 가능하다면 함께 진행하기를 추천한다.

전체 리뷰에서 나는 화이트보드를 부분과 각 부분의 세부 항목으로 나누는 방식으로 접근한다. 포스트잇을 사용해 사무실의 한쪽 벽에서 진행할 수도 있다. 이런 방식으로 진행하기로 했다면 내용을 적는 포스트잇과 화살표 모양의 포스트잇, 사인펜을 팀원 모두에게 나누어 준다.

준비를 마친 후 부분과 세부 항목을 보고 자신이 기여한 부분을 포스트잇에 작성해 각 부분에 붙이라고 한다. 참가자 모두가 모든 부분에 피드백을 제공할 필요는 없다. 자신이 붙이려고 했던 내용과 비슷한 포스트잇이 이미 붙어 있다면 기존의 포스트잇에 '+'라고 적는다. 이 방법으로 사안이 중복되는 것을 막고, 불필요하고 잡다한 내용을 제외하고 비슷한 생각만 간결하게 나타낼 수 있다.

참가자가 완전히 동의하지 않는 포스트잇을 발견하면 '-'라고 적어 표시한다. 모든 팀이 각 부분에 의견을 더하는 작업을 완료하면, 각 항목에 대해 논의할 차례다. 나는 세션이 긍정적인 내용으로 끝나는 편을 선호한다. 따라서 잘되지 않은 부분을 먼저 다루기를 추천한다. 이 예에서는 프로젝트의 전략 수립에서 잘되지 않은 부분으로 시작해 보겠다. 진행자는 첫 번째 포스트잇을 떼고 그것을 쓴 사람에게 크게 읽어 달라고 한다. 어떠한 논의라도 시간제한을 두어 세션이 예정된 시간에 끝나도록 한다. 논의가 더 필요하면 진행자가 파란색 화살표 포스트잇을 붙여

액션 항목을 생성하고 날짜를 정해 추가 회의를 잡는다. 뗀 포스트잇은 다시 제자리에 붙여야 한다.

이 프로세스는 마지막 핵심 요소의 '잘된 부분'을 모두 다룰 때까지 계속된다. 세션의 목적은 언급되는 문제를 해결하는 것이 아니다. 잘된 부분은 긍정적인 피드백을 통해 충분히 인정하고, 잘되지 않은 부분은 제대로 인식하고 고려해 보는 시간을 갖는 것이 목적이다. 이 세션이 해결책을 찾는 방향으로 흘러가 버리면 며칠이 걸릴지 모르며 팀원들의 시간을 낭비하는 셈이다. 문제에 우선순위를 부여하고 해결책을 찾는 작업은 조직 내 팀 리더들이 할 일이다.

사용성 결과에서 학습한 모든 것과 사후 분석에서 수집한 정보를 바탕으로 당신의 팀은 다음 단계에서 반복을 통해 개선할 준비가 된 것이다.

자리 잡은 회사와 일하기

조직이 너무 커서 각 팀에 누가 있는지 모르면 이전 부분에서 설명한 프로세스 사례로는 훌륭한 경험을 만드는 데 필요한 미묘한 뉘앙스까지 다루지는 못한다. 내부 정치, 부서 간 상충되는 우선순위, 오래된 정책 및 프로세스는 모두 고려해야 할 요소가 된다.

이 부분에서는 내가 경험한 가장 흔한 문제를 인식하고, 사용자 경험을 개선하기 위해 일할 때 문제를 다루는 몇 가지 접근 방식을 제공한다.

속도 높이기

이미 자리 잡은 회사와 일할 때 내가 항상 충격을 받는 지점은 조직 내 수많은 리더들이 회사의 목표와 전략을 명확히 전달하지 못할 때였다. 내가 회사에서 얻게 되는 정보들은 객관적으로 측정 가능한 과제 결과와는 별 상관없이 팀이 하려고 하는 단기적 항목에만 직접적으로 관련된 경우가 많았다. 이러한 관찰은 《MIT 슬론 매니지먼트 리뷰MIT Sloan Management Review》에서 발표한 〈누구도 당신의 전략을 알지 못한다. 당신의 리더마저도〉라는 글에서 제시한 데이터로 뒷받침된다. 한 연구에 따르면 설문 조사에 참여한 관리자의 4분의 1만이 회사의 5개 전략적 우선순위 중 3가지를 나열했다고 한다. 설상가상으로 회사의 전략 수립을 책임지는 리더의 3분의 1은 단 하나도 대지 못했다.

당신의 능력이 아무리 출중해도 이러한 규모의 문제를 신속하게 해결할 수는 없지만 이는 솔루션의 일부가 될 수 있고, 되어야만 한다. 이 문제는 내가 책을 쓴 이유 중 하나이기도 하다. 전 세계의 많은 삶이 쓸모없는 것을 디자인하고 구축하느라 낭비되고 있으며 이 문제의 근원은 팀이 나아가야 할 목표와 전략, 과제를 모르거나 제대로 전달하지 못하는 회사의 리더로부터 시작된다.

자리 잡은 회사에서 당신의 여정을 시작하거나 그 회사와 함께 일할 때 목표, 전략, 과제를 식별하고 문서화하는 역할을 수행하고, 요청받은 작업을 하기 위해 방향을 설정하는 대화에 이를 이용하라. 이것은 민감한 주제이므로 신중하게 접근해야 한다. 공개 포럼에서 팀 리더가 이러한 주제에 관한 지침이 부족하다고 말해 버리면 모두의 입장이 난처해진다. '우리가 성공한다면 그 사실을 어떻게 알 수 있을까요?'라고 묻는 접근 방식이 더 낫다. 프로젝트를 이끄는 사람이 대답을 하지 못한다면, 성공과 실패를 결정하는 데 사용할 기준을 문서화하는 데 도움이 되도록 다른 세션 준비를 제안하라.

이렇게 하면 준비가 미흡한 리더도 궁지에 몰리지 않고 정보를 수집할 시간을 갖게 된다. 이 책에서 여러 번 언급했듯이 UX는 팀 스포츠이며, 다른 팀원의 단점을 노출하여 얻는 개인적이고 단기적인 이익보다는 반복 가능한 성공을 장기적으로 지속하는 방향으로 나아가는 것이 훨씬 더 중요하다. 높은 수준의 전략적 비전이 문서화되면, 이 정보를 KPI 및 측정 시스템의 내부 기준과 다시 연결해야 한다.

지금쯤이면 내가 숫자에 상당히 회의적이라는 사실은 모두 알 것이다. 새로운 회사에서 KPI를 비롯한 측정 항목을 처음 보았을 때, 이 숫자들이 수집된 방법과

정확성을 비판적으로 생각해 보아야 한다. 수치를 제공하는 팀원이 데이터 수집 방법을 당신과 공유하고 이 수치가 믿을 만한지를 논의할 수 있다면 다행이다. 초기에 숫자를 파고들면 수집하는 항목과 그렇지 않은 항목에 관한 통찰력을 얻을 뿐 아니라 이 새로운 회사에서 분석과 보고 작업이 돌아가는 방식에 익숙해져 스스로 탐색이 가능해진다.

높은 수준의 목표, 전략, 과제가 KPI와 측정 시스템을 통해 현재 성과로 직결되는 방법을 명확하게 이해하고, 발견한 단점을 해결하기 위한 계획을 세우면 현재 UX와 디자인 산출물을 더 잘 이해할 수 있다.

팀 내 자신의 위치 알기

현재 팀이 함께 작업하는 방식은 매우 중요하며, 기존 프로세스에 자연스럽게 녹아드는 방법을 찾기가 어려울지도 모른다. 나는 각 팀원들을 알아 가고 그들이 무슨 일을 하는지 이야기 나누는 간단한 회의를 추천한다. 팀의 강점과 약점을 이해하고 당신이 가장 큰 가치를 제공할 수 있는 지점을 찾는 데 도움이 된다. 당신을 고용한 사람이 이미 이런 일을 해 두었다면 좋겠지만, 결국에는 모두 당신의 경력이 될 것이므로 스스로 부지런히 일하고 자신과 팀을 성공으로 이끌기 위해 상황을 잘 파악해야 한다.

자료 읽기

거의 대부분의 경우 요청만 하면 언제든 이전에 수행된 리서치에 접근할 수 있다. 때로는 그 리서치가 대충 이루어졌을지도 모르나 대개는 전문가들이 명확하게 수행한 훌륭한 리서치 역사가 존재한다. 요청하지 않으면 둘 중 어떤 상황인지 알 수 없다. 검토할 리서치 결과가 많이 저장된 공유 드라이브에 접근 가능하도록 동료 중 한 명에게 부탁하자.

리서치는 존재하나 분석이나 결과가 없는 경우, 최초 보고서를 작성한 팀에 이 작업이 제품에 어떤 영향을 주었는지 물어볼 수 있다. 그들이 알지 못한다면 제품 기획자에게 확인해 보자. 그들도 모른다면 리서치와 실무 사이에 보이지 않는 벽이 존재한다는 뜻이며 UX 팀이 그 벽을 부숴야 한다. 모든 팀원이 해당 리서치가 제품에 어떤 영향을 미쳤는지 정확하게 말해 준다면 이 프로세스는 잘 작동하고 있으며 당신은 다른 작업으로 관심을 돌려도 좋다. 자료 검토의 핵심은, 분석이나 권고를 작성하지 않은 리서치는 아무 의미가 없다는 점이다.

UX 산출물, 인터랙션 패턴, 프로세스 규칙

UX 팀이 사용자 경험을 관리하기 위해 사용하는 모든 산출물에 빨리 익숙해질 필요가 있다. 만약 그렇지 못하다면 간극을 메우기 위해 팀과 함께 작업하고 필요하다면 계획을 세운다. 일반적으로 다양한 도구를 사용해야 하는 디자인 팀은 최신 트렌드를 따라잡는 것이 주요 과제가 되었다. 최근에 참여한 프로젝트에서는 팀과 문제없이 일할 수 있도록 서로 다른 디자인 도구를 능숙하게 다뤄야 했다. 스케치가 가장 유명한 도구이긴 하지만 현재는 피그마로 일하며, 몇 달 전에는 Xd(어도비에서 제공하는 UI/UX 디자인 도구의 일종)를 포함한 어도비 스위트Adobe Suite를 주로 사용하는 팀과 함께 작업했다.

도구의 변화는 일부분일 뿐이다. 자료 폴더 구조, 명명 규칙, 문서 계층 접근 방식, 기호 사용 기술도 모두 다르다. UX가 팀 스포츠라면 경기 이름은 바로 적응력일 것이다. 팀이 사용하는 표준이 무엇이든 당신은 배워야 하며 훌륭한 팀원이 되고 싶다면 그 표준을 고수해야 한다. 일이 진행되는 방식에 동의하지 않는다면 최대한 정중하게 의견을 제시하되 개인적인 의견뿐 아니라 당신의 접근 방식이 더 나은 이유를 뒷받침하는 객관적인 정보를 강조해야 한다. 조직에 가치를 제공하기 위해서는 자기 뜻대로만 할 수는 없다는 사실을 받아들일 필요가 있다.

기획·판매·지원 팀 이해하기

이들은 고객과 가장 가까운 팀이다. 나는 이 사실을 깨닫기 위해 먼 길을 돌아왔다. 과거에 온전한 리서치 팀이 있는 아주 큰 회사에서 일했을 때의 이야기이다. 처음 합류했을 때 나는 UX 팀이 리서치 팀에 조사 계획을 요청해야 한다고 생각했다. 그러나 리서치 팀은 다른 팀 관련 리서치로 너무 바빴다. 그렇다면 내가 참가자를 모집할 테니 리서치 팀이 도움을 주어야 한다고 생각했다. 리서치 팀도 노력했으나, 그 팀에서 진행 중인 일로도 사람이 부족했기 때문에 내 일은 전혀 진행되지 않았다.

기획 팀원들과 회의실에 둘러앉아서야 기획 팀이 고객들과 직접 연결되어 있고 매일같이 시장 적합성을 조사하고 있다는 사실을 깨달았다. 내가 직접적인 채널이라고 여긴 방법을 통해 참가자 모집에 낭비한 시간을 생각하면 지금도 고통스럽다. 이 일로 나는 영업·지원·기획 팀이 고객과 매일 직접 소통할 가능성이 높으며, 사용자와 대화할 필요가 있을 때 그들이 좋은 자원이 된다는 교훈을 얻었다.

기대 수준을 관리하는 빠르고 잦은 소통

고객의 기대를 능가하도록 빠르게 자주 전달하라. 나도 때로는 이렇게 하지 못하지만, 당신의 작업을 믿고 기다리는 사람들의 중요성을 부인할 수 없기 때문에 이러한 습관을 들이라고 말할 수밖에 없다. 간단히 말해서 프로젝트 초기에 바보 같은 질문을 하는 것이 프로젝트가 마무리될 때까지 질문하지 않아 바보처럼 보이는 것보다는 훨씬 낫다. 이해 관계자와 빠르게 자주 의사소통하여 당신이 그만큼 집중하고 있고 그들의 목표와 조언에 신경 쓰고 있음을 보여 주자. 이는 곧 당신이 전문적이라는 의미이기도 하다.

내가 종종 의사소통에 실패하는 이유는 다른 사람을 방해하고 싶지 않다는 함정에 빠지거나, 반복이라는 경험을 개선하기 위해 '충분히 좋은' 것을 '완벽하게' 하려는 함정에 빠졌기 때문이다. 정기적으로 점검하여 이해관계자를 의사결정 프로세스에 불러들이고 충분히 좋은 길을 결정하는 과정의 일부가 되도록 하라.

빠지기 쉬운 또 다른 함정은 바로 무리한 약속이다. 나는 낙관주의자로서 내가 하는 일을 좋아하기 때문에 이런 함정에 빠지곤 한다. 좋은 일처럼 들릴지도 모르겠지만 약속한 것을 전달하지 못하면 나머지 팀이 진행하는 작업에 병목 현상을 초래하여 팀에 해를 끼칠 수도 있다.

의사소통 문제를 극복하기 위해 먼저 자신의 관점에서 과하게 소통하려 하지는 않는지 확인한다. 지금까지는 늘 고객이 나보다 더 자주 최신 내용을 전달받기를 원했기 때문에 그런 문제가 없었다. 하지만 정확히 반대의 일은 있었다. 내가 문제를 감당할 수 없을 때까지 내버려 두지 않고 상태를 자주 업데이트하는 것에는 감사 인사를 듣곤 한다.

무리한 약속 문제는 해결하기가 더욱 어려운데, 지키지 못할 약속을 하지 않기 위한 최선은 작업을 정확하게 분석할 시간이 필요하다고 요청하는 것이다. 시간을 산정할 때 잠깐이라도 생각할 시간을 가지면 '뭐든지 가능하다'는 마음가짐에서 벗어나 먹고 자는 시간까지 포함하여 실제로 얼마나 걸릴지 비판적으로 생각할 수 있게 된다.

물론 일정을 맞추지 못하는 경우도 있다. 하지만 의사소통 방식을 개선하여 일정이 어긋날 가능성을 사전에 논의하고 계획했다면 그렇게 부정적인 영향을 미치지는 않을 것이다.

피드백, 어떻게 주고 어떻게 받을 것인가

매우 저명한 디자이너 친구가 이런 이야기를 한 적이 있다. 친구가 디자인을 담당한 프로젝트의 관리자가 친구의 작품을 보고 나머지 팀원들 앞에서 자신의 개가 오늘 아침 마당에 싸 놓은 것 같다고 말했다는 것이다. 그 친구는 그때나 지금이나 나에게는 최고의 디자이너다. 내가 사회 초년생일 당시 클라이언트가 한 말때문에 화가 나 씩씩거리자 그녀가 자신의 이야기를 해 준 것이었다. 나는 디자이너로서 그 친구를 매우 존경했기 때문에 그녀가 발표한 작품이 훌륭했으리라 확신한다. 심혈을 기울여 훌륭한 결과물을 만들어 내도 개인적으로 기분 나쁘다고 폭언을 일삼는 사람에게 상처받을 수 있음을 알게 되었다.

이런 피드백이 전문성이 없다는 점 외에도 끔찍한 진짜 이유는 그 속에 아무 가치도 없기 때문이다. 그의 피드백에는 근거라고 할 만한 내용이 전혀 없었다. 피드백이 도움이 되려면 긍정적이고 구체적이며 나아가야 할 방향을 포함해야 한다.

피드백은 왜 긍정적이어야 하는가? 우리는 같은 목표를 갖고 일하는 전문가이기 때문이다. 모든 것에 동의할 수는 없겠지만, 회사에 최고의 솔루션을 제공해야 한다는 사명감을 갖고 서로를 존중하는 마음으로 대해야 한다는 점은 분명하다.

이것을 읽고 무시하는 사람들도 있을 것이다. 하지만 나만의 의견이 아니라는 점을 모두가 이해하기를 바란다. 구글은 2년 동안 프로젝트를 진행하여 팀이 좋은 성과를 내기 위해 도움 되는 것이 무엇인지 연구했는데, 구글의 산업 담당자 폴 산타가타Paul Santagata는 《하버드 비즈니스 리뷰Havard Business Review》에 게재한 〈팀이 성과를 내려면 심리적 안전이 필요하다〉라는 글에서 "신뢰가 없으면 팀도 없다"고 말했다. 나는 이를 확장하여 존경심도 필수 요소라고 말하고 싶다. 일반적으로 사람들은 팀원에게 위협을 느끼면서 효율적으로 일할 수 없다. 왜냐하면 이런 상황에서 우리의 에너지는 당장의 문제를 해결하기보다 스스로를 보호하는 데 더 집중되기 때문이다.

피드백은 왜 구체적이어야 하는가? 모호함은 오해와 혼란을 야기하고 팀이 명확한 길을 찾아 나가는 데 더 많은 시간을 허비하게 만들기 때문이다.

피드백은 왜 다음 단계를 포함해야 하는가? 팀의 일원으로서 피드백으로 더 풍부한 맥락을 제공하여 우려 사항을 명확히 설명하며 앞으로 나아가기 위함이다.

양질의 피드백을 제공하면서도 성공을 축하하고, 실패를 솔직하고 개방적으로 인식하여 다음 단계에 집중하고, 큰 문제를 해결할 때 팀워크의 가치를 강조하여 팀의 심리적 안전을 증진하도록 한다.

대기업에서 일하기

세계에서 가장 크고 영향력이 있는 기업에 컨설팅을 나간 적이 있다. 큰 규모와 영향력이 항상 같지는 않기 때문에 나는 이 두 가지를 구분하려 한다.

업투데이트는 의사에게 임상 정보를 제공하는 세계 최고의 자원이다. 미국 전역의 병원 교육에서 사용되며 지난 15년 동안 병원에 간 적이 있다면 업투데이트를 사용하는 의사에게 진료를 받았을 가능성이 크다. 의료 산업에 종사하지 않는다면 업투데이트를 들어본 적 없을지 모르지만 세계적으로 치료의 표준에 영향을 미친다는 사실은 부인할 수 없다. 내가 업투데이트에서 일했을 때 창업자는 팀원들에게 우리의 작업이 매우 중요하다고 자주 상기시켰다. 오늘 우리가 저지른 실수가 내일 임상 치료의 표준이 되기 때문이다. 전 세계 사람들의 생명에 영향을 미치는 시스템에서 작업할 때는 완전히 다른 수준의 집중력을 발휘해야 한다.

또 한 번은 세계적으로 사용되는 시스템 개선을 돕는 연구자로서 앱러즈를 통해 구글에 컨설팅을 했는데, 세계에서 가장 큰 규모의 회사답게 다른 곳에서는 보지 못한 규모의 디자인 팀과 개발 팀이 일하고 있었다. 그들의 서비스 대부분은 한 달에 최소 10억 명 이상이 사용했다. 다른 회사의 전체 UX 담당자보다 구글에서 작업한 프로젝트 하나에 관련된 UX 담당자가 더 많았다. 구글은 활용 가능한 자원이 풍부함에도 불구하고 동시에 진행되는 계획이 너무 많고 그들의 서비스가 너무 많은 사람에게 영향을 미치기 때문에 수많은 계약 업체와 일해야 했다.

이 정도 규모에서 일하려면 다른 곳에서는 고려하지 않을 규율과 조직이 필요하다. 이런 규모에서 발생하는 문제는 실행하고 계획할 수 있는 수준으로 세분화되어야 한다. 초점을 엄청나게 좁게 설정하여 여러 사람이 대규모로 하나의 프로젝트를 수행하는 것은 그다지 드문 일이 아니다. 구글에서 컨설팅 업무를 하면서 나는 한 번에 한 가지에만 집중했고, 그 한 가지에만 집중하는 대규모 팀의 일원이었다.

이는 업투데이트에서 4년 동안 일하며 전방위 UX 전문가 가면을 쓰고 마케팅 사이트, 온라인 쇼핑몰, 웹 버전 애플리케이션 등 전체 시스템을 다루었던 것과 대조적이다.

둘의 작업 방식은 완전히 다르다. 둘 다 보람 있고 각자의 과제가 있다. 대기업과 일할 때 가장 좋은 점은 디자인 커뮤니티의 일원이 되는 것이다. 때로는 진행 속도가 느리기도 하지만 나는 대기업과 일할 때 항상 즐거웠다. 그토록 모든 UX에 미쳐보고, 다른 사람들도 나와 같고, 서로 배울 수 있는 곳이 또 없기 때문이다. 대기업은 대부분 정기적인 지식 공유 활동을 하기 때문에 전문적인 개발 지식을 진지하게 고민해 볼 기회가 있다는 장점도 있다.

대기업에서 일하는 UX 리더의 중요 과제 중 하나는 정규직 및 계약직 인력이 계속해서 변화하는 상황에서 균형을 잡고 채용을 진행하는 것이다. 균형을 유지하기 위해서는 세 가지 서로 다른 기술이 필요한데, 상당히 기술적인 부분임에도 불구하고 그다지 공로를 인정받지는 못한다. 관리자들은 최고의 인재를 유지 및 개발하고, 컨설턴트를 찾고 적응시키며, 새로운 인재를 인터뷰하고 채용함으로써 프로젝트를 지원해야 한다. 실리콘 밸리처럼 경쟁이 치열한 시장에서는 더욱 어려운 일이다.

국제적 테스트 고려 사항

수십억 명이 사용하는 시스템을 만들 때 당연히 모든 사용자가 같은 국가에 살거나 같은 언어를 쓰지 않는다. 국제화는 대규모 프로젝트를 계획할 때 필수적이며 사용성 테스트는 큰 과제가 된다. 공휴일 같이 사소해 보이는 일도 참가자 모집 및 일정 수립에 큰 부담이 될 수 있다. 어떤 이유로든 한 국가에서 보고가 지연되면, 기획 팀이 다음 반복에 개선할 문제를 식별하고 우선순위를 설정하기 위해 정리된 결과를 전달하는 데 큰 영향을 주기도 한다. 이러한 지연은 마치 도미노처럼 디자인 팀과 개발 팀에도 영향을 미친다.

예상치 못한 문화적 실수를 방지하기 위해 프로젝트 구성원에 현지인을 포함하여, 팀의 문화권이 아닌 곳에서 작업할 때 발생하는 다양한 문제를 파악하고 계획에 도움을 주도록 하는 것이 가장 좋다. 대상 지역에 친숙한 사람은 현지인이 아니면 알기 어려운 휴일이나 문화 행사, 직업 윤리적 기대, 기술적 한계, 언어 문제가 들이닥치는 경우에 대비할 수 있다. 일을 아무리 잘해도 모든 곳의 모든 것을 알 수는 없다. 현지 전문가의 자문은 프로젝트 진행에 분명히 큰 도움이 된다.

번역하고 또 번역하라

국제적인 프로젝트 작업에 발생할 수 있는 모호한 문제가 또 있다. 바로 모든 번역 서비스가 똑같은 결과물을 만들어 내지 않으며, 최고의 번역 서비스도 현지인 직원이 다시 검토해야 한다는 것이다. 검토하는 사람은 대상 언어는 물론 프로젝트가 배포될 지역에서 사용하는 은어나 비속어까지 유창하게 구사할 줄 알아야 한다. 나는 그동안 잘못된 번역이 프로젝트에 악영향을 미치는 경우를 두 번이나 목격했으며, 이는 사용성과 브랜드 인식에 심각하게 부정적인 영향을 미칠 수 있으므로 가능한 한 피해야 한다.

애자일에서의 UX

지난 10년 내 소프트웨어 산업에 몸담았다면 당신이 일하는 회사의 규모에 상관없이 애자일 팀에서 일한 적이 있을 것이다. 나는 2007년부터 애자일 팀에서 일했는데 분명 장점도 많았지만 UX가 프로세스에 포함되는 과정에서 큰 문제점들을 발견했다.

가장 크고 명확한 문제는 스프린트Sprint(애자일 방법론에서 사용하는 하나의 개발 주기)가 주로 2주나 한 달 단위로 이루어진다는 점이다. 최고의 상황이 아닌 이상 그 짧은 시간 내에 팀에서 리서치, 디자인, 테스트, 반복 디자인, 작동하는 소프트웨어 개발까지 충분히 해낼 수 있다는 생각은 터무니없는 발상이다. 이 프로세스는 결국 '납기에 맞춘 디자인'으로 이어진다. 납기에 맞춘 디자인은 말 그대로 디자이너가 말도 안 되게 짧은 시간 내에 쥐어짜 낸 결과물을 뜻하는 것으로 결코 좋은 것이 아니다. 그리고 그런 형편없는 디자인이 코딩된다. 작동하지 않는 것은 제거하고 좋은 것만 진행하면 된다고 생각하겠지만 실제로는 형편없는 디자인이 시스템에 포함되고 만다. 일단 코딩이 완료되고 출시되면 대부분의 회사가 각 스프린트마다 새로운 가치를 배포하기 위해 경쟁하기 때문에 엉망인 것들을 다시 검토할 확률은 매우 낮다.

최소 실행 가능한 경험이 고객 경험이 되고 그대로 유지된다. 다시 검토하지 않는 것에 대한 변명은 '더 중요한 일이 많아요'부터 '핵심 기술로 개발되었기 때문에 이 시점에서 다른 것으로 바꾸기는 정말 어려워요'까지 다양하다. 나의 의견에 비판적인 사람들이 존재할 거라 확신하지만, 지금 하는 이야기는 나만의 경험이 아니다. 일반적인 통념이며 일하면서 또는 사적으로 만난 여러 UX 디자이너와 제품 전문가에게 들은 이야기이다.

애자일 선언문에서 가장 먼저 언급하는 내용이 '가치 있는 소프트웨어를 조기에 지속적으로 제공하여 고객을 만족시키는 것이 우리의 첫 번째 우선순위'이기 때문에 이 상황은 나에게 너무 이상하게 느껴진다. 사용자가 누구인지 정의하지 않고, 그들이 무엇을 해야 하는지 식별하지 않고, 그들이 해야 할 일을 돕기 위해 팀에서 변형 테스트 하는 시간을 들이지 않고 어떻게 고객에게 가치 있는 소프트웨어를 제공하고 만족시킬 수 있겠는가?

절대로 만족시키지 못한다고 단언할 수 있다. 당신이 할 수 있는 최선의 방법은 추측이다. 만들고자 하는 제품의 슈퍼 사용자이자 전문가 페르소나를 대표하는 사람으로서 당신의 추측은 맞아떨어질 것이다. 이것은 다른 팀에서 한 것을 똑같이 가져와 사용할 수 있는 종류의 일이 아니다.

디자인 팀도 개발 팀과 같은 방식으로 구체화하고 설계하고 테스트하는 일련의 반복 과정을 자체 스프린트로 진행해야 한다. 디자인 프로세스에서 테스트를 거쳐 유용하고 사용 가능하다고 판명된 솔루션을 내놓은 다음에는, 이를 구축하기 위한 작업을 개발 팀의 백로그에 추가해야 한다.

결론

　소프트웨어 회사와 함께 일할 때 겪는 대부분의 문제는 회사가 설립된 출발점에 집중되어 있다. 스타트업은 대부분 아이디어가 있는 한 창업자로부터 시작된다. 창업자가 첫 번째 버전을 만들 개발 능력이 있다면 스스로 개발할 것이다. 그렇지 않다면 개발자를 고용해 첫 번째 버전을 만들 것이다. 그 첫 번째 버전이 잘된다면 사용자를 확보하거나 투자를 받으려고 할지도 모른다.

　어느 쪽이든, 대부분의 경우 첫 번째 버전은 코드와 디자인의 기반이 된다. 기능을 추가하고 버그를 해결하는 반복적인 작업이 시작되겠지만, 창업자나 개발자 모두 측정해야 하는 휴리스틱이 무엇인지조차 모르기 때문에 최악의 UX 문제만 겨우 해결될 것이다. 팀이 새로운 기능을 추가하고 새로운 고객을 끌어들임에 따라 첫 번째 버전이 계속 개선되어 간다.

　이러한 유기적 성장은 경쟁사가 시장을 더 차지하거나 경쟁사의 투자 팀이 새로운 시장에 진입하기 위해 해결되어야 하는 근본적인 문제를 제기할 때까지 계속된다. 그 과정에서 어느새 사용자 경험이 주요 화두로 떠오를 것이고, 그제서야 데려온 디자이너는 매우 전술적인 작업을 맡게 되겠지만 근본적으로는 호박에 줄 긋는 격일 뿐이다.

　이 단계에서는 코드에 막대한 투자가 이루어진다. 대부분의 회사 문화는 팀의 유일한 구성원이자 처음부터 그곳에 있었던 개발 프로세스 중심으로 돌아간다. 이 두 가지는 디자인 중심의 조직이 되기 위한 노력을 물거품으로 만든다. 유감스럽게도 내 경험상 대부분의 회사에서 UX 팀과 디자인 팀은 기껏해야 2등 시민이다. 사용자 데이터를 바탕으로 권고 사항을 작성하더라도 회사가 초기에 내린 결정 때문에 생긴 기술적 한계를 핑계 삼아 그들의 작업은 먼지 쌓인 채 선반에 방치되어 사용자에게 공개되지 않는다.

　나는 유용하고 사용 가능하며 아름다운 제품으로 사용자들에게 사랑받기 위해서는 디자인 중심의 방법론이 가장 좋다는 사실을 애플, 구글, 아마존을 포함한 세계 최대의 브랜드들이 보여 주었기 때문에 이 책을 썼다. 그들이 대기업이기 때문에 디자인 중심인 것이 아니다. 디자인 중심이었기 때문에 대기업이 된 것이다. 내가 이 책에서 다룬 도구와 프로세스로 팀 규모에 상관없이 당신과 당신의 팀이 가능한 한 빨리 중요한 일에 집중하기를 바란다. 또한 그렇게 함으로써 당신의 사업적 꿈을 이루기 위한 강력한 기반을 다지는 데 도움이 되기를 바란다.

당신의 모든 노력에 행운이 깃들기를 바란다.

UX 기획의 기술

페르소나와 시나리오 기반의 디자인 프로젝트 관리법

초판 발행   2022년 2월 7일
펴낸곳   유엑스리뷰
발행인   현호영
지은이   케빈 브라운
옮긴이   권보라
편 집   김민기
디자인   오미인
주 소   서울 마포구 백범로 35, 서강대학교 곤자가홀 1층 경험서재
팩 스   070.8224.4322
이메일   uxreviewkorea@gmail.com

ISBN 979-11-92143-09-5

유엑스리뷰의 정통 UX 레퍼런스 브랜드 **UX ground**의 책입니다.

FROM CHAOS TO CONCEPT:
A Team Oriented Apporoach to Designing World Class Products to Experience